CW01433360

La frivolité
est une affaire sérieuse

Du même auteur

**Romans**

*Une vie sans fin*, Grasset, 2018.
*Oona & Salinger*, Grasset, 2014.
*Un roman français*, Grasset, 2009. Prix Renaudot.
*Au secours pardon*, Grasset, 2007.
*L'égoïste romantique*, Grasset, 2005.
*Windows on the world*, Grasset, 2003. Prix Interallié.
*99 francs*, Grasset, 2000.
*L'amour dure trois ans*, Grasset, 1997.
*Vacances dans le coma*, Grasset, 1994.
*Mémoires d'un jeune homme dérangé*, La Table Ronde, 1990.

**Nouvelles**

*Nouvelles sous ecstasy*, Gallimard, coll. « L'infini », 1999.

**Essais**

*Conversations d'un enfant du siècle*, Grasset, 2015.
*Premier bilan après l'Apocalypse*, Grasset, 2011.
*Je crois moi non plus. Dialogue entre un évêque et un mécréant*,
 avec Jean-Michel di Falco, Calmann-Lévy, 2004.
*Dernier inventaire avant liquidation*, Grasset, 2001.

Frédéric Beigbeder

# La frivolité
# est une affaire sérieuse

**99 essais**

Éditions de
L'Observatoire

ISBN : 979-10-329-0498-5
Dépôt légal : 2018, octobre
© Frédéric Beigbeder et les Éditions de l'Observatoire /
Humensis, 2018
170 *bis*, boulevard du Montparnasse, 75014 Paris

À *Léonard Octave François Jésus*
*Dernier de mes héros,*
*Ce message de l'Ancien Monde*
*Adressé au Nouveau.*

« *Il a fallu la guerre pour nous apprendre*
*que nous étions heureux.* »
*Roland Dorgelès,*
Les Croix de bois, *1919.*

« *Quand je suis faible, c'est alors que je suis fort.* »
*Saint Paul,*
*2ᵉ épître aux Corinthiens.*

# AVANT-PROPOS

J'écris dans les journaux depuis trente-quatre ans : je vous laisse imaginer le fatras qui s'entasse dans ma cave, au Pays basque. Mes archives ressemblent au site d'enfouissement des déchets radioactifs de Bure. Après nombre d'expéditions archéologiques, voici quelques textes ayant survécu à l'emballage des poissons, à l'allumage du feu et au festin des souris. Je les ai classés en trois parties : avant 2015 ; pendant 2015 ; après 2015.

Depuis l'élection d'Emmanuel Macron, Paris est cette « Ville dont le prince est un enfant », imaginée par Montherlant. On évoque souvent à propos de ce jeune président l'irruption d'un Nouveau Monde qu'il faudrait opposer à l'Ancien. Selon moi, le changement de perspective est advenu deux ans plus tôt, avec le massacre de *Charlie Hebdo* en janvier, puis les fusillades des terrasses et l'extermination du Bataclan en novembre. La capitale française a été transformée par quelques meurtres collectifs autant que par le baron Haussmann.

L'idée de ce recueil est venue de l'éditrice Muriel Beyer, qui m'écoute parfois à la radio, car elle appartient à la France qui se lève tôt.

— Tiens mais dites donc, Frédéric, on dirait qu'il vous arrive de réfléchir ?

— Je me demande ce qui me prend.

— C'est peut-être l'âge ?

— Malheureusement. Je ne sais pas ce que je pense. Je défends sûrement quelque chose mais j'ignore quoi. La légèreté est un combat de chaque instant... L'alcoolisme est un art difficile... La nuit, les gens ont meilleure mine...

— La frivolité est une affaire sérieuse ?

C'est pratique quand votre éditrice trouve le titre de votre nouveau livre : vous n'avez plus besoin de la convaincre. Elle se sent impliquée ; peut-être même en parlera-t-elle avec enthousiasme aux libraires. Mes chroniques journalistiques n'ont jamais eu l'ambition de commenter l'actualité mais de l'utiliser comme prétexte pour faire le mariole. Je n'ai jamais rendu un article à un rédacteur en chef sans le sourire narquois du farceur qui vient de réussir un canular. Comme si tous les magazines qui m'ont employé étaient systématiquement datés du 1er avril.

C'est qu'on ne débute pas impunément par la chronique mondaine. Dès le départ, j'avais du mal à prendre au sérieux ce qui ne l'était pas : je rédigeais des légendes de photos de nyctalopes oubliés, des récits de soirées arrogantes, des blagues élitistes, la caricature d'un monde codé. J'ai mis longtemps à parler d'événements plus « importants » car on ne passe pas facilement des souvenirs noctambules à la chronique sociologique ou à la critique littéraire. J'ai gardé les stigmates de ma formation : même quand j'évoquais les sujets les plus tragiques, je n'ai jamais pu me débarrasser d'un goût pour la plaisanterie potache, le clin d'œil snobinard, la galéjade bourgeoise, la saillie référencée. Au fond, toute ma vie professionnelle – mes romans, mes films, ma « carrière » dans la presse –, tout ce que j'ai écrit peut être ramené à ce péché originel :

tourner en dérision le monde auquel j'appartiens. Cela m'a toujours semblé la seule activité digne d'intérêt. On a souvent voulu me disqualifier pour cette raison ; au fond, je le faisais tout seul. Combien de fois ai-je entendu que je crachais dans la soupe ? Le principal reproche qu'on me fit durant quatre décennies, c'était : comment osez-vous contester ce milieu/ce métier/ce système dont vous êtes le symbole/l'incarnation/le profiteur ultime ? Je suis navré mais je n'ai jamais rien trouvé de mieux à faire. Je demande ici officiellement pardon à tous mes lecteurs d'avoir passé la majeure partie de mon existence à taguer des graffitis sur les murs de ma prison dorée.

Et puis est arrivé 2015. En 2015, j'ai découvert quelque chose de fondamental. Je croyais que j'étais superficiel alors que j'étais un auteur engagé. Je pensais m'amuser alors que je pensais tout court. Je croyais m'autodétruire alors que je défendais une civilisation. J'étais persuadé d'être un mondain décérébré alors que j'étais un sol-dat de première classe dans la guerre de l'insouciance. Toutes ces années passées à badiner la nuit constituaient une forme de militantisme pour la futilité, la séduction, l'ivresse, la liberté de se moquer de tout... Mes gesticula-tions éphémères incarnaient une certaine idée de l'huma-nité. Cumulez toutes mes dérives et vous obtenez presque une philosophie. En multipliant les occasions de mourir, on façonne un art de vivre.

Dans le documentaire des frères Naudet sur le 13 novembre, une survivante du Bataclan déclare : « Merde, je me suis dit que je n'allais tout de même pas être assassi-née par un mec en jogging... » Cette victime traumatisée a condensé en une phrase l'objectif (inconscient) de toute ma vie. On ne va tout de même pas se faire flinguer par des types en survêtement. La meilleure manière de réagir face à la violence idiote est de s'habiller mieux.

Perdant en 2015 ma honte d'être vide, j'ai ressenti de la gratitude envers tous ceux qui m'avaient autorisé à gratter mes impressions dans des magazines sur papier glacé. J'ai appris que je tenais à beaucoup de choses qui disparaissaient : l'odeur du journal, la sensation du texte éphémère, la vitesse et la régularité du rythme hebdomadaire (ou mensuel), la vie non dématérialisée d'avant Internet, la joie de feuilleter des objets jetables et intelligents. Les exégètes pourront, s'ils n'ont rien d'autre à faire, discerner chez l'auteur de ces fariboles un fil directeur : la défense du monde ancien. Ce livre raconte l'histoire d'un branché qui devient un conservateur, un amateur de bruit militant du silence, un travailleur qui fait l'éloge de la paresse. Passer du nouveau à l'ancien monde est un processus normal : cela s'appelle vieillir. Je refuse de m'inscrire sur Instagram, pour moi ce serait aussi déshonorant que de porter une casquette Nike à l'envers ou une boucle d'oreille dans le nez. La digitalisation m'a fourni une révolte toute neuve au début du deuxième millénaire, après l'échec de mon stage de dircom du Parti communiste français en 2002. J'ai compris que, désormais, je serais un résistant à la numérisation du monde. Tel l'homme-livre qui récite la *Vie de Henry Brulard* par Stendhal à la fin de *Fahrenheit 451*, ma lutte, durant les années qui me restent à vivre, consistera à :

– aller voir des films de cinéma en salles obscures,

– lire des livres, des journaux, des revues littéraires, des magazines en papier, fréquenter les librairies et les kiosques à journaux, le plus souvent et longtemps possible, tant que ces lieux existeront,

– écouter des disques en vinyl, acheter des nouveautés en CD, aller aux concerts physiquement, et au théâtre le plus fréquemment possible,

– parler aux gens directement, sans m'inscrire sur les réseaux sociaux, en continuant de boire la nuit dans des endroits où les barrières peuvent tomber entre les vivants.

Voilà ma trajectoire : comment passer de jeune gandin à vieux brontosaure planifiant sa propre extinction. Je sais que la nouvelle définition de la vieillesse est la suivante : est obsolète tout être qui ne poste rien sur Twitter. Suis-je vraiment seul à n'y rien comprendre et à refuser de m'adapter ? N'y a-t-il pas une immense foule silencieuse de personnes qui estiment qu'Instagram est un Loft-Story géant pour Narcisses frustrés, Facebook une entreprise de crétinisation condamnée pour espionnage, et Twitter un recueil d'éructations aussi laides que banales ? Où êtes-vous, humains blessés comme moi, individus fragiles noyés dans cette frénésie de prétention creuse ? Pourquoi vous taisez-vous tous, à part l'ermite cabossé Sylvain Tesson ? (« Éteignez tout et le monde s'allume ! » – comment le dire mieux ?) Pourquoi avons-nous laissé le monde se transformer en foire aux vanités, en compétition de « J'aime », en course à la mythomanie, en affrontement de corbeaux ? Pourquoi acceptons-nous comme une nécessité la surveillance, l'agression, l'humiliation de tous par tous ? Pourquoi avons-nous renoncé à tout ce qui exaltait notre sensibilité et cultivait notre intellect ? Est-il forcément réactionnaire de réclamer un moratoire à la connerie, un barrage au déferlement de haine, et la nationalisation des GAFA, ces monopoles ayant imposé, en vingt ans, l'obligation de flicage numérique de toute l'humanité ?

Le président du Monde Nouveau a intitulé son manifeste : *Révolution*. Si le mien ne s'intitule pas *Résistance*, c'est uniquement parce que j'ai, davantage que lui, le sens du ridicule.

La chronique est une tentative pour créer du provisoire qui infuse, c'est l'école d'une écriture qui milite contre l'ennui, une bulle nécessaire et insuffisante. Le journalisme frivole m'a appris ceci : on peut écrire vite sans être illisible, une fois qu'on a trouvé l'angle. Même un papier parfaitement vain sera meilleur s'il est lesté d'une discrète gravité. Le jeu consiste à masquer qu'on dit des choses sérieuses, mais à les glisser tout de même, mine de rien. Le relâchement est interdit, surtout quand on prône l'inconséquence. Parfois un détail suffit à gâcher un texte, ou à le sauver. Et le plus important : ce n'est pas parce qu'on n'a rien à dire qu'il faut poser son stylo. On finit toujours par dénicher la trouvaille qui justifiera la lecture comme l'écriture ; quelques verres peuvent y aider. C'est une autre forme que le roman, plus cadrée, mais tout aussi indisciplinée. L'essentiel est de trouver la première et la dernière phrase. Entre les deux, on doit se débrouiller pour alléger la ponctuation. La futilité, à l'oral comme à l'écrit, est un exercice d'acrobatie : au lieu de jongler avec des assiettes, on enlève des points-virgules, des adverbes et des adjectifs (il en subsiste trop dans ce livre). Comme au cirque, chaque pirouette demande des heures de transpiration invisible à l'œil nu. La date de remise est le couperet qui redonne parfois l'inspiration. Si c'est pour lundi, on besognera toute la nuit du dimanche comme un lycéen paresseux qui a méfu tout le week-end avant de bâcler sa dissertation. Si c'est pour le jeudi matin à la radio, il est déconseillé d'y passer la nuit du mercredi, mais cela peut

arriver... Quand l'article paraît, on attend des applaudisse-
ments qui ne viennent pas : aucun prof pour vous noter ;
le journalisme léger est un *one-man-show* sans public. À la
rigueur, un rédacteur en chef ou une directrice des pro-
grammes vous invitera à déjeuner en note de frais, une
fois l'an. Le maître de cet exercice était Bernard Frank. Il
a sué sang et eau pour qu'on le traite d'auteur paresseux.
Il faut un long labeur pour avoir l'air de bâcler. Tout ce
boulot sert à quelque chose : alléger le poids de l'air, du
temps, et de l'air du temps.

Tirez les premiers, Messieurs les brutes épaisses !

Je mourrai non la fleur au fusil mais à la boutonnière,

Avec, en guise de grenade dégoupillée,

Mon verre de Moscow Mule glacé,

Et un zeste d'humanité en bandoulière.

FB

# AVANT 2015

# Frank le patron

« Sans mauvaise foi, pourrions-nous écrire ? » La réponse est non et la question est de Bernard Frank. Pour entretenir la mauvaise foi qui est son fonds de commerce, un chroniqueur littéraire doit beaucoup souffrir : certains picolent ou cessent de publier, ou rééditent éternellement les mêmes textes, voire meurent en parlant de Dominique Strauss-Kahn. Bernard Frank a fait tout cela, et pire : débuter chez Sartre et se moquer de lui comme Boris Vian, avoir un accident d'Aston Martin en 1957 avec Françoise Sagan avant de s'exiler à Grimaud, quitter le jury du prix Décembre, refuser d'être publié chez Gallimard, continuer tout de même d'aller chez Castel, et même, un jour de 2001, se farcir un déjeuner avec moi lors duquel nous nous sommes aperçus que nous étions tous les deux nés au même endroit (Neuilly-sur-Seine). Le restaurant était le Tiburce, rue du Dragon, tenu par Mme Lavigne, qui n'existe plus depuis longtemps, puisque tout a fermé, et que tous ces gens sont morts et enterrés, et voilà que je digresse, à la manière du maître, par un morbide effet d'imitation mâtiné de *name-dropping*. Les phrases de cet homme-chat retombaient toujours sur leurs pattes, tandis que les miennes... Ceux qui espéraient un double salto final feraient mieux de relire *Un siècle débordé* (Flammarion, 1992), le livre qui m'a fait comprendre que la littérature est avant tout une conversation.

Frank est le saint patron, le mètre-étalon de tout chroniqueur digne de ce nom. Sa façon nonchalante de bavarder sur la littérature en fait une sorte de Vialatte noir, plus caustique, moins farfelu. La méchanceté de Frank a une explication : quand il était adolescent, on l'obligea à se cacher pendant toute l'Occupation, dans son propre pays. Très tôt, il se rendit donc compte qu'aimer les grands écrivains français ne protégeait nullement contre la déportation : en France, la littérature n'a rien d'une police d'assurance. Il m'est impossible d'écrire cette page sans songer que Frank aurait, de toute façon, été meilleur. Ses vagabondages égotistes dans *Le Monde* ou *Le Matin de Paris* fournissent à tous ses épigones de formidables excuses pour parler d'eux-mêmes dans les journaux, et pour lire au restaurant.

Souvent j'essaie d'imaginer ce que Frank aurait écrit à ma place. Pour pondre un article, il est vivement recommandé de rêver qu'on a du talent. Frank aussi se choisissait des modèles illustres : je le soupçonne de s'être pris pour Montaigne plus souvent qu'à son tour. Écrire, c'est se hisser sur la pointe des pieds, comme le président de la République quand il entonne *La Marseillaise*. La réédition de *Solde* et le bel hommage de Martine de Rabaudy (*Une saison avec Bernard Frank*, Flammarion, 2010) nous font sentir, quatre ans après sa mort, le vide qu'a laissé Bernard Frank derrière lui. C'est tout un art d'organiser sa vie pour que personne ne vous empêche de ne rien faire de la journée. La vie de Frank ressemble à son œuvre : « La vie eut un goût de whisky, de villa, de Série Noire. » J'adore ce que Sartre lui a dit : « Comment vous demander de travailler alors que vous écrivez pour ne pas travailler ? » Pourquoi avoir renoncé si vite au roman ? Pourquoi ne pas avoir écrit *L'Amant de Madame Bovary* ? Les disciples de Frank en voudraient davantage : le journal de Léautaud fait dix-neuf tomes, celui de Jules Renard trois mille pages... On réclame la suite mais il n'y en a pas. C'est frustrant. On a trop vite fait le tour de cette œuvre, comme de celle de Salinger. Comme si les vrais amoureux de la littérature ne voulaient pas trop l'encombrer de leur production. Après *99 francs*, Frank m'a dit de ne plus écrire pendant vingt ans. C'était lors d'un dîner organisé par Nicole Wisniak pour le lancement du magazine *Égoïste* à l'ambassade des États-Unis, rue du Faubourg-Saint-Honoré, et cela ne s'invente pas. « Frédéric, un seul conseil : ne publiez plus rien avant vingt ans. » C'était une très amicale recommandation. Je ne l'ai pas suivie, j'aurais peut-être dû.

# Gracq ou Sagan ? Choisis ton camp

Il y a deux sortes d'écrivains : ceux qui se cachent et ceux qui se montrent. Ceux qui disparaissent pour ne pas entraver la lecture de leur œuvre et ceux qui s'agitent pour séduire les lecteurs. Ceux qui font passer l'écriture avant la vie et ceux qui préfèrent vivre pour raconter le monde. Ceux qu'on ne voit jamais et ceux qu'on voit tout le temps. Ceux qui rentrent et ceux qui sortent. Vous voulez la liste ? Dans la première catégorie : Julien Gracq, J. D. Salinger, Milan Kundera, Thomas Pynchon, Gustave Flaubert, Cormac McCarthy, Yves Adrien, André Blanchard, Albert Cossery, Claude Simon, Jean-Jacques Rousseau, Jonathan Littell, Réjean Ducharme, Marc Cholodenko, E.M. Cioran, B. Traven (l'auteur du *Trésor de la Sierra Madre*), Carlos Castaneda, François Augiéras, Louis Skorecki.

Dans la seconde catégorie : Françoise Sagan, Philippe Sollers, Andy Warhol, Alexandre Dumas, Victor Hugo, Émile Zola, Francis Scott Fitzgerald, Ernest Hemingway, Romain Gary, Jean Cocteau, Voltaire, Oscar Wilde, Truman Capote, Boris Vian, Jean-Paul Sartre, Marguerite Duras, Jérôme Garcin, Bernard-Henry Lévy, Jean d'Ormesson, Gonzague Saint-Bris.

Reconnaissons-le : la première catégorie est infiniment plus respectable mais la deuxième s'ennuie moins. Les exhibitionnistes rigolent davantage que les planqués. Et leur vie est confortable : les mystérieux gagnent en aura ce qu'ils perdent en liquidités. On peut croire que les reclus se sacrifient sur l'autel de la Littérature mais les omni-présents aussi, qui s'immolent en public : ils seront plus souvent ridicules, mais ils auront des compensations, puisqu'ils feront plus souvent l'amour avec des grou-pies téléspectatrices. C'est pourquoi beaucoup d'auteurs hésitent, changent d'avis, passent d'un camp à l'autre, notamment sur l'insistance de leur éditeur.

Patrick Modiano a parfois quitté le club des discrets pour celui des médiatiques. Michel Houellebecq se fait rare mais réapparaît de temps à autre, en particulier quand il publie un roman, tout comme Jean-Marie-Gustave Le Clézio ou Jean-Jacques Schuhl. À la suite de menaces terroristes, Salman Rushdie a dû disparaître pendant quelques années mais dès qu'il a pu sortir de sa cave, il en a été enchanté. N'oublions surtout pas que l'immense majorité des écrivains sont involontairement invisibles : la plupart des auteurs sont inconnus ou oubliés. Il existe aussi des enfants gâtés qui regrettent de s'être trop montrés en photo dans *Voici*, et fantasment sur une vie d'ermite misanthrope ou d'exilé barbu... Parfois des gre-nouilleurs parisianistes réussissent à se faire passer pour des provinciaux agoraphobes. Ce sont évidemment eux les plus malins.

Cette question peut sembler accessoire : après tout, ce qu'on demande à un auteur, c'est d'écrire ses livres, et la vie qu'il mène en dehors de son travail nous importe peu. Allons, allons, ne soyez pas naïfs. Écrire est une déclara-tion de guerre. On entre en littérature comme on entre en résistance. Participer au totalitarisme publicitaire nuit à la crédibilité d'un écrivain. S'il gesticule trop, on ne l'entend plus. D'un autre côté, s'il ne gesticule jamais, on ne l'entend pas non plus. Julien Gracq avait réfléchi à ce problème : son choix de refuser le prix Goncourt et les interviews télévisées, il l'a défini comme une forme de « postérité de son vivant ».

Françoise Sagan a, elle aussi, connu la postérité de son vivant : sa légende, son mythe, qui firent de l'ombre à son œuvre. Pourtant ces deux auteurs à pseudonyme, aujourd'hui réunis dans la mort, sont autant lus l'un que l'autre. Lequel a eu raison : Louis Poirier ou Françoise Quoirez ? Fallait-il choisir le refus ou l'acceptation du monde ? Le retrait ou la fête ? N'espérez pas une conclusion en bas de cette page. Si j'avais la réponse à cette question, je ne me la poserais pas.

# Nostalgie de la prohibition

Eurêka ! *Docteur Jekyll et Mister Hyde* (1886) de Robert Louis Stevenson me fournit la réponse à la question que je me posais à la page précédente (« Gracq ou Sagan ? Choisis ton camp »). Un écrivain doit-il préférer le retrait ou la fête ? Les deux, mon général ! Gracq le jour, Sagan la nuit ! Voilà la solution. Isolement diurne, mondanité *by night*. Du matin au soir : travail, misanthropie, ermitage, écriture, solitude. Du soir au matin : futilité, société, plaisirs, autodestruction, foule. La double vie est l'équilibre parfait des déséquilibrés. L'écrivain est toujours un funambule qui titube entre le ciel et la terre.

J'ai lu un entretien accordé au blog *92ᵉ Rue* par Gary Shteyngart, le jeune auteur du chef-d'œuvre romanesque de ce début d'année : *Absurdistan* (L'Olivier, 2008). Il y confie que son rêve aurait été de vivre à New York dans les années 1920 : « J'aurais aimé vivre à l'époque de la prohibition. J'aime faire des choses illégales. J'aime boire aussi. Et les *flappers*, mmm, les *flappers*... » Beaucoup d'auteurs ont cette nostalgie de la Prohibition. L'alcool avait sûrement meilleur goût quand il était illicite. L'atmosphère sulfureuse des *speakeasies*, les danseuses de charleston coiffées comme Zelda Fitzgerald, avec leurs longs colliers et leur petite vertu... Mmm, comme il dit. Mais ce n'est pas seulement le goût des années 1920 qui séduit le génial Gary Shteyngart. C'est l'Interdit tout court. Pourquoi la littérature a-t-elle cet étrange besoin de braver les lois ? Beaucoup d'écrivains se mettent à fumer des cigarettes dans les bars en ce moment, juste pour le plaisir de désobéir. Essayons de comprendre cette puérile pulsion d'illégalité qui est la nôtre. J'y vois quatre raisons.

1) Le romancier n'est pas au-dessus des lois mais à côté. C'est quelqu'un qui dicte ses propres lois. Il fixe les règles de son jeu. Il construit un monde dont il est le maître. L'écrivain est Dieu chez lui, il se fiche du code pénal. Il n'obéit qu'à lui-même. Seuls ses personnages ont le pouvoir de lui désobéir, et encore.

2) L'état second peut être une source d'inspiration. De Théophile Gautier à Will Self, on ne vous fera pas ici l'injure de dresser la liste des auteurs qui ont eu recours aux substances prohibées (l'espace qui nous est imparti n'y suffirait pas). Durant la Prohibition, Dorothy Parker, Ernest Hemingway et Scott Fitzgerald se sont mis quotidiennement hors-la-loi pour s'amuser mais aussi parce qu'ils cherchaient à décrire leur époque en contre-plongée (vu du caniveau, le glamour est plus esthétique).

3) Lorsque tout est permis, l'art est impossible. La littérature la plus ambitieuse a toujours flirté avec les tabous. Elle a besoin de la transgression comme d'un carburant. Explorer les limites de sa liberté est un exceptionnel moteur d'écriture. Pour Flaubert, ce fut l'adultère bourgeois. Pour Baudelaire, les putes et le haschich. Pour Fitzgerald, l'alcool. Pour D.H. Lawrence, le sexe. Pour Nabokov, les petites filles. On n'écrit rien d'intéressant en restant dans la norme. Les bons livres sentent le soufre, le danger, la garde à vue.

4) Plus prosaïquement : qui a envie de lire un roman où il ne se passerait que des choses autorisées par la Justice ? La fiction a été inventée pour permettre à l'homme de vivre en marge de la réalité. Les premiers héros de romans (Don Quichotte et Gargantua) étaient des détraqués qui bravaient toutes les lois. Depuis, rien n'a changé. Un romancier est quelqu'un qui imagine, expérimente et raconte à autrui des vies juridiquement interdites, politiquement incorrectes et sexuellement condamnables.

Pour toutes ces raisons, je suis heureux de vivre en 2008 dans un pays qui traverse probablement l'une des plus graves périodes de Prohibition de toute son Histoire.

# Ma dure vie de rédactrice de mode

LUNDI, 15 HEURES. La semaine de la haute couture commence et déjà j'ai une heure de retard. En ce début d'année, ma résolution est simple : me tenir droit comme Carine Roitfeld du *Vogue* français. Il paraît que tout le monde la déteste, je décide de lui faire la bise dès que je la verrai. Il faut toujours embrasser les gens que tout le monde déteste, car ils en ont plus besoin que les autres. Je m'entraîne devant ma glace à prendre un air tour à tour dégoûté, exaspéré, ulcéré, épuisé, comme un vrai spécialiste de la « fashion ». Surtout, ne jamais sourire. Je soupire très fort dans le taxi ; le chauffeur me demande si tout va bien. En levant les yeux au ciel, je lui explique que je viens d'être nommé rédacteur de mode au *Madame Figaro* et alors il comprend mon stress : « Oh là là, bien sûr, bon courage Monsieur. »

J'ai mis une chemise et une cravate Dior pour célébrer les dix ans de John Galliano chez LVMH. Au Polo de Paris, un labyrinthe obscur mène des journalistes effrayés à une reproduction géante du petit salon de la rue François-Ier, aux fauteuils gris surdimensionnés. Le même décor aurait pu être planté n'importe où : à l'aéroport d'Orly, au Louvre ou au Champ-de-Mars, mais il faut que ce soit route des Moulins, à Bagatelle ! Pied de nez à Ralph Lauren ? Ou ordre de Nicolas Sarkozy qui joue au tennis dans ce club ? J'ai à peine le temps d'embrasser Carine Roitfeld comme promis, ainsi que Mademoiselle Agnès (Canal+), Virginie Mouzat (*Le Figaro*), Diane Kruger, Estelle Lefébure et Alexandra Golovanoff (Paris Première) que déjà les lumières s'éteignent : pile une heure de retard, finalement j'avais vu juste. Dans un défilé de mode, seuls les ploucs sont ponctuels. La musique choisie par le DJ londonien Jeremy Healy me transporte : nappes de synthés et arabesques gothiques, This Mortal Coil, les Cocteau Twins, *Madame Butterfly* remixé par Malcolm McLaren et ma chanson préférée de Michael Jackson : *Stranger in Moscow*. Des geishas défilent, mais c'est surtout ma jeunesse que je revois. Les mannequins sont tellement maquillées que leur visage semble de cire, John Galliano leur a même collé des bouts de Scotch sur les tempes pour brider leurs yeux. Parfois des branches d'arbre ont poussé dans leur chevelure ; voilà ce qui arrive quand on ne se shampouine pas ! Je suis émerveillé et abasourdi par une telle magie, un tel savoir-faire. Rien vu d'aussi dingue depuis les défilés de Thierry Mugler dans les années 1980. La haute couture n'a plus beaucoup de clientes, ce spectacle est donc un investissement immensément gratuit. Un exercice de haut style qui sert à vendre des parfums en Extrême-Orient, des sacs en Russie, des bijoux en Amérique. Je trouve rassurant que le capitalisme français ait besoin d'une telle poésie pour survivre.

LUNDI, 20 HEURES. Valentino fête ses quarante ans de mode à l'École des Beaux-Arts. Babette Djian (la rédactrice en chef de *Numéro*) porte lunettes noires et talons hauts, mais elle rigole trop. Je lui dis qu'il faut faire la gueule si elle veut qu'on la prenne au sérieux comme Carine et moi. Elle éclate de rire : « Je sais mais je n'y arrive pas ! » Ça y est, je fais partie du milieu : je suis à gifler. La *public relation* de Valentino s'appelle Olivia Berghauer ; je me souviens d'elle au Caca's Club, l'association de trublions de ma jeunesse dissolue : c'était déjà la plus jolie de la salle. Si j'étais mannequin, je n'aimerais pas que l'attachée de presse soit plus belle que moi. Je lui ferais un procès pour concurrence déloyale ! Avec Inés Sastre, qui est là également, Camille Miceli chez Vuitton et Mathilde Agostinelli chez Prada, les girls du Caca's tiennent la mode mondiale (et les mecs tiennent la finance et les médias : eh ouais, ami lecteur, j'ai créé dans les années 1980 un club de fêtards alcooliques qui est devenu, vingt ans plus tard, un réseau plus puissant que la loge P2). Et la collection Valentino, me direz-vous ? Des femmes pressées, impeccables, propres sur elles, dont les corolles translucides laissent parfois entrevoir un fruit défendu. L'élégance féminine est cette recherche d'équilibre entre candeur et sophistication.

MARDI, 11 H 30. Chanel défile beaucoup trop tôt : gueule de bois maximale, heureusement qu'il y a l'heure de retard pour se reposer. Marie-Louise de Clermont-Tonnerre a réuni sans conteste le parterre le plus *people* : Sofia Coppola, Anna Mouglalis, les sœurs Paradis, Sigourney Weaver, Marc et Sarah Lavoine. Dans une dizaine d'années, après la fin du monde, un extraterrestre retrouvera ce livre et se demandera à quoi pouvait bien servir ce reportage. Il se dira que les Terriens aimaient une dame qui s'appelait Gabrielle Chanel et son successeur, Karl Lagerfeld, parce qu'ils se savaient mortels. Au lieu de régler les problèmes de pollution qui ont mené à leur extinction, certains Terriens préféraient se réunir au Grand Palais, à Paris, pour applaudir une chanteuse live (Cat Power) et des vêtements rigoureusement Noir et Blanc. Cette espèce est morte en beauté, soupirera l'Alien avant de jongler avec d'autres planètes. Je pense toujours à des trucs absurdes quand je manque de sommeil. Lorsque la rampe de spotlights s'est allumée, j'ai compris l'utilité des lunettes noires (ainsi que l'importance du Doliprane dans ce métier). Je décerne le Madame d'or du Meilleur Casting à Chanel : les modèles évoquaient un troupeau de Bambis qui n'auraient pas perdu leur mère, leur fragile espièglerie était rassurante ; parfois, je bloquais sur un détail ayant échappé à la sagacité de maître Karl, par exemple, une cheville égratignée qui saigne ; tiens, ami extraterrestre, voilà, c'était ça un être humain au sommet de sa gloire : un faon ensanglanté.

MARDI, 17 HEURES. Je me suis fait deux nouvelles copines devant le palais de Tokyo : Laure et Sophie, deux étudiantes en mode à l'école Duperré. Elles poireautaient dans le froid glacial pour essayer d'entrer au défilé de Christian Lacroix. Reconnaissant en moi le rédacteur de mode montant, elles m'ont demandé si je pouvais les aider. J'ai demandé au vigile s'il acceptait de laisser passer mes deux stagiaires non rémunérées et, à mon grand étonnement, il a accepté : « J'adore le Grand Journal de Canal+ ! » Passer à la télévision est un atout pour éviter les bousculades. Le défilé commence : superpositions chatoyantes, musique du monde, gaieté sous la dentelle magique, il n'y a que chez Lacroix que j'ai l'impression que la haute couture est un conte de fées. Je me penche vers Nicole Picard (grande prêtresse du *Madame Figaro*) pour lui chuchoter : « Plus de couleurs que chez Karl ». Elle opine : « Effectivement, Frédéric ! » Je me sens adoubé. Nous retiendrons une strophe du poème de Françoise Lacroix : « Bouquet serré de rouges denses/Soucis légers, amandes blanches/

Du nez à la pointe des hanches/Toutes natures réconci-
liées. » Ensuite, nous ferons comme tout le monde : jeter
un œillet rose sur Christian Lacroix venu saluer.

MARDI, 19H30. Chez Givenchy, certains mannequins
continuent visiblement de ne rien manger. La maigreur
n'est pas sexy. C'est comme la nudité. La haute couture
est avant tout un acte de militantisme en faveur de la
beauté de la femme habillée plutôt qu'affamée. Un défilé
est comme un numéro de trapèze volant : on retient son
souffle. Et l'on est soulagé quand personne ne tombe.
Mais le final du spectacle était hallucinogène. Des mélan-
coliques en daim bleu sur une scène de théâtre posaient
derrière un rideau d'eau. Cela se passait dans un hangar
sur un boulevard périphérique intérieur, les robes traî-
naient dans les flaques, sirènes dans la bruine et le brouillard. Le défilé le plus arty, avec sa bande-son aquatique.
J'ai tenté de composer un haïku à mon tour : « Traînes
dans l'eau/Grands chapeaux/Bout du rouleau/Lâche pas
l'morceau. » Pas évident, la poésie. Le mannequin Sneja-
jana Onopka semblait regretter qu'aucun vampire ne
vienne boire son sang. J'avais envie de crier « Gorgeous »
mais j'étais trop enroué.

MERCREDI, 14 H 30, rue Saint-Martin, Jean Paul
Gaultier nous reçoit sur son lieu de travail transformé en
cathédrale. Catherine Deneuve arrive plus en retard que
moi : c'est aussi cela l'expérience. Victoria Beckham fait
la moue quand je m'assieds à côté d'elle, espèce de pim-
bêche ! Je me vengerai dans ma légende photo : « Mais
qui est cette bécasse à côté de notre sémillant chroniqueur ? » Dans l'odeur d'encens et les orgues religieuses,
nous assistons à une procession, comme à la messe, de
vierges auréolées qui convertiront beaucoup d'hommes

au catholicisme dans les prochains mois. Désormais, je saurai que si le Diable s'habille en Prada, le Bon Dieu, lui, s'habille chez Jean Paul Gaultier. Ce n'est pas un hasard si ce grand couturier porte un prénom de pape. Dita von Teese ressemble à un bonbon à la cerise. Ces cœurs rouges qui saignent sur ses seins sont saints. Les larmes noires sur ses pommettes seront sanctifiées. Hosanna ! Mon cantique préféré reste *Like a Virgin*, de Madonna.

MERCREDI, 20 HEURES. Quand j'ai vu qu'Armani ne m'avait pas assis au premier rang, j'ai failli m'immoler par le feu façon Temple solaire. Mais j'ai pris sur moi : c'était la dernière collection importante, mon marathon s'achevait. La quille approchait. J'étais assis en face de Katie Holmes et de Cate Blanchett : j'avais l'impression d'être invité à la cérémonie des Oscars. En arrivant j'ai attrapé une coupe de champagne sur un plateau qui passait, mais le serveur m'a dit : « Attention, monsieur, elle est sale. » J'ai donc bu du champagne sale toute la soirée en contrôlant si les mannequins avaient la marque du BCG sur le bras (je préfère les mannequins vaccinées contre la tuberculose). La collection était chic classique, avec des chignons latéraux qu'il devait être agréable de défaire. Mais tout d'un coup j'en ai eu marre, trop de diamants et de perles, « I was fed up » ; écœuré, transpercé par trop de *high heels*, shooté aux regards froids, les filles étaient aussi belles dans le public que sur le *catwalk*, je n'en pouvais plus de ces modèles interchangeables, la dernière fois que j'avais passé trois jours aussi épuisants, c'était pour mon service militaire, c'est trop dur d'être érotisé de la sorte. Je voulais partir, rentrer chez moi, lire des livres ennuyeux, dormir un an ou quelques mois, mourir un peu... jusqu'à la prochaine saison.

# La Fashion Semaine

C'est seulement depuis deux ou trois ans que la « Fashion Week » de Paris est devenue un événement aussi important que le Festival de Cannes. Auparavant, les défilés du prêt-à-porter féminin étaient réservés à une élite de quelques snobs, gardés par des étudiants bécébégés de chez Ludéric en cravates rouges dans la cour carrée du Louvre. C'était l'ancienne époque, avant la création de Fashion TV. À présent, la semaine de la mode est ultra-médiatisée : la presse féminine est sur les dents, et la presse *people* lui embraye le pas, attirée par les stars, les paillettes et les limousines, et les reportages télévisés abondent dans les émissions, de plus en plus nombreuses, qui vivent de l'actualité glamour. Il y a tellement de « Fashion Weeks » dans le monde qu'on peut désormais parler de « Fashion Year ». Milan, Londres, New York, Moscou, Dubaï, Shanghai : la mode ne s'arrête plus de tourner, vingt-quatre heures sur vingt-quatre, comme la finance. Les mannequins marchent toute l'année avec arrogance vers des flashes qui crépitent sans relâche, jour et nuit. Il y a longtemps qu'elles ne voient plus la réalité derrière les phosphènes. Le monde a renoncé à toute vérité. Nous voulons défiler dans la lumière, nous aussi désirons être aveuglés. Il faut être canon, sur les cinq continents, sinon t'es mort. Dans un roman de

2007, j'ai baptisé cette idéologie le « fashisme » : l'obligation de rester jeune, beau, mince. 99 % des habitants de la planète n'y parviendront pas : c'est injuste, et pourtant personne ne se révolte, parce que cette oppression nous séduit. Nous sommes des cibles consentantes, des masochistes de la mode. C'est un esclavage sexy, une délectable soumission : « *50 shades of Karl* » ! La publicité est une dictature enivrante qui nous transforme en machines de désir et de frustration. Elle unifie la planète. Bientôt tous les citoyens du monde ressembleront à des hipsters de Brooklyn, eux-mêmes copiant les stagiaires de chez Dolce e Gabbana. On peut dénoncer ce système ou s'y vautrer : moi, cela dépend des jours. Je me regarde dans la glace et que vois-je ? Un homme occidental qui culpabilise de porter une chemise Lanvin, une cravate Brooks Brothers, un jean Rag & Bone et des chaussures Clarks. Cependant, me comparant aux citoyens des années 1940, je remercie le ciel de me permettre de vivre une époque aussi futile.

J'en parlais avec Grégoire, mon photographe-reporter : attention, la « Fashion Week » est une épreuve physique pour laquelle il faut une grande préparation mentale. Cette semaine dure en réalité dix jours : cette année, elle a démarré le lundi 27 septembre à 21 h 30 au Mathis Bar (anniversaire de la photographe Sonia Sieff) et s'est achevée avec le dernier défilé de Gaultier pour Hermès mercredi 6 octobre. Dix jours sans dormir. Dix jours durant lesquels Paris fut envahi de célébrités planétaires et de victimes du textile, de rédactrices de mode stressées et de mannequins estoniens, de photographes barbus et d'une faune d'immigrés vêtus de noir que le ministre de l'Intérieur ne songea même pas à raccompagner à la frontière puisqu'ils venaient investir beaucoup d'argent dans notre pays. Dix jours de folie créative (91 défilés !) et de fêtes décadentes, dix jours pour oublier la crise, dix jours pour changer le monde – ou à défaut son apparence extérieure pour le printemps-été 2011.

– Waow, *baby*, quelle responsabilité ! me dit l'über-fashion Olivier Zahm (du magazine *Purple*) quand je lui lis l'intro ci-dessus, rédigée au Montana sur mes genoux. T'as trop raison, mec ! La mode c'est de la *fucking* politique.

– Merci. Observer ce milieu s'exciter à chaque saison m'a fait arriver à cette conclusion optimiste : le monde ne peut plus se permettre un seul FFP.

– FFP ? C'est quoi ?

– Fashion Faux Pas.

Le « fashion faux pas », c'est l'angoisse métaphysique de l'individu sans Dieu, l'épée de Damoclès du consommateur mondialisé, le complexe d'infériorité du néo-capitaliste russe, chinois ou brésilien. C'est la dernière chance de la France : si elle snobe adroitement le reste du monde, notre pauvre nation aura encore de belles années devant elle, consacrées à dicter l'élégance et le bon goût aux ploucs enrichis du reste de la planète. Selon Houellebecq, la France doit accepter son destin de musée pour touristes des pays émergents. Nous devrions être fiers d'être le pays de la bonne bouffe et des femmes chic ; c'est mieux que rien. Partout sur terre, dire « Je suis Français » attendrit les regards, en particulier féminins. On passe pour un oisif obsédé par la cuisine, les robes et le sexe. C'est un luxe merveilleux hérité de longs siècles de savoir-vivre et d'une grande civilisation disparue.

Notre plongée commence à l'École des Beaux-Arts, louée par Roberto Cavalli pour fêter ses 40 ans... Enfin, les 40 années d'existence de sa société. Inutile de répéter le nombre de vannes perfides que cet anniversaire attire sur le visage ocre du couturier italien. Une exposition résumait son œuvre : des robes, des photos, des amies. Avec mon invitation volée, j'ai pu faire rentrer Édouard Baer et Alfredo Arias. Même la vodka de la soirée était griffée Cavalli mais Roxane Mesquida (l'actrice qui a joué dans ces deux chefs-d'œuvre : *Kaboom* et *Rubber*) refusa de boire de l'alcool. On était assis sur des coussins en zèbre. Bianca Jagger, Kylie Minogue, Naomi Campbell, Heidi Klum et Charlotte Le Bon (la Miss Météo québécoise du Grand Journal) passaient par là avec une nonchalance calculée. Sur la scène, Mareva Galanter reprenait joliment *Love Will Tear Us Apart* de Joy Division sous les yeux énamourés de Jean-Charles de Castelbajac. Si Ian Curtis voyait sa chanson dans un contexte aussi bling-bling, il se re-suiciderait. David Guetta n'était pas blasé. Quand je l'ai félicité pour son succès international, il m'a souri : « Attends, devine pour qui je viens de travailler : U2. » La semaine de la mode venait de commencer et déjà j'étais couvert de champagne. Plus tard, au Montana, je me suis retrouvé assis à côté de Leonardo di Caprio, qui portait une casquette de base-ball pour qu'on ne le reconnaisse pas (avec l'effet inverse : les gens se demandaient « qui peut bien porter une casquette de base-ball au Montana ? Mais oui, suis-je con : ce doit être Leonardo di Caprio ! »). La preuve que c'était lui, c'est qu'il alluma son cigare dans la boîte en toute impunité. Sa fiancée Bar Refaeli est une poupée Barbie qui respire. Les yeux de Natalia Vodianova brillent comme des saphyrs, surtout quand elle semble pompette. Mais Léa Drucker était plus drôle quand elle a fini par retirer son manteau. En rentrant me coucher, je marchais comme dans ce sketch des Monty Python intitulé *Le Ministère des Marches ridicules*.

La fête des 90 ans de *Vogue* était la plus belle de la saison : le thème « Eyes Wide Shut » érotisait les mannequins. À l'hôtel Pozzo di Borgo (surnommé Pozzo di Bongo depuis qu'il a été racheté par un potentat africain), les invités portaient des masques mais on dénombrait trop de photographes pour que l'ambiance dégénère en orgie SM comme chez Kubrick. Dialogue entendu :

— Enlève ton masque, il est affreux !

— Je ne porte pas de masque : ceci est mon visage.

— Quelle horreur ! Tu veux que je te prête le mien ?

— Non merci : je ne veux pas faire ta connaissance.

À la question posée par Christophe Ono-dit-Biot : « Est-il exact que les filles russes adorent les écrivains ? », le top Yulia Vasiltsova a répondu ceci : « *Yes. Dead or alive.* »

Gisele Bündchen, Dita von Teese, Kate Moss se sont bien amusées. Paris n'était pas mort, moi si. Et nous n'étions que jeudi !

Et les fringues dans toute cette gueule de bois ? La collection Christian Dior annonça clairement la couleur. Le printemps prochain sera en soie pastel translucide imprimée, style vacances balnéaires ou rien. Les problèmes que rencontre le monde actuel seront réglés par ces matelots asiatiques aux lèvres rouges. Lou Doillon et Mylène Jampanoï sont d'accord avec moi : tous les problèmes obtiendront des solutions. Il y aura des sandales lacées orange de 15 centimètres qui feront aux filles des jambes cuivrées. Il y aura des orteils vernis comme des mini Chupa Chups.

— D'où viens-tu ?

— Du Fashion World, celui dont le rêve est le seul carburant.

— Bienvenue à toi. Ici tu ne seras jamais triste, tu recevras toujours des bisous.

— Ah bon ? Pourquoi ?

— Parce qu'ici, *Darling*, la réalité on s'en fout !

C'est l'impression globale que m'ont donnée les défilés (même chose chez Balenciaga, Lanvin et Balmain, les trois marques les plus pointues du moment) : *Fuck reality!* On veut s'oublier dans le confortable et la rêveuse bourgeoisie, surtout ne jamais être lucide. Il n'y a guère que Vivienne Westwood pour continuer à militer contre le réchauffement de la planète en distribuant des gourdes métalliques (comme celle que j'avais dans mon paquetage à l'armée) pour que les journalistes cessent de l'être (gourdes) en polluant la planète avec leurs bouteilles en plastique. Westwood, comme John Galliano à l'Opéra-Comique deux jours après, fait défiler des créatures évanescentes, des marquises post-apocalyptiques, un style à la Mylène Farmer punk.

J'étais assis derrière Carine Roitfeld, la rédactrice en chef du *Vogue* français. J'épiais ses moindres gestes pour savoir quelle serait la tendance du printemps prochain. (Si elle baille, c'est foutu ; si elle tousse, la boîte ferme.) Elle a applaudi ces deux défilés : donc les it-girls de 2011 seront des muses qui se pâment comme dans les tableaux de Modigliani, des vestales évaporées aux seins roses échappant du décolleté, des cariatides aux yeux exorbités... Mais aussi les punkettes de Jean Paul Gaultier, cavalant au son des Runaways, avec des robes aux imprimés en 3D, des bas filés, des colliers cloutés, des cordes de bondage... Ah zut, je m'y perds, je ne serai jamais une bonne rédactrice de mode. Wow, wow, wow ! Une modèle a trébuché sur le podium et failli tomber sur moi : quelle mort parfaite ! « Frédéric Beigbeder est décédé cet après-midi d'un crash de mannequin au défilé Gaultier. » Impossible de mourir mieux.

On ne parle que des it-girls, ces nanas qui savent s'habiller et ne font rien d'autre. Moi je sais ce que je veux désormais : être un it-boy, un beau gosse creux, une girouette textile, une victime du vide. Oui, je voudrais être un it-writer, un it-clone, un it-être, une it-personne. *Oh my God* ! Et toi, ami lecteur, tu es désormais un it-lecteur. Tu sais ce qu'il faut savoir ! Toi aussi, un jour tu seras stylé. Peut-être pas autant que moi, mais un peu tout de même.

# Les Biopuzz

Une nouvelle forme de biographie nous vient d'Amérique. Elle consiste à donner la parole à tous les proches d'une personnalité décédée. L'idée est de n'être ni pour ni contre, juste nombreux à parler de quelqu'un qui n'est plus en position de se défendre. L'accumulation de témoignages, parfois contradictoires, finit par brosser un portrait kaléidoscopique du mort, comme si l'on regardait son visage se refléter dans une boule à facettes disco suspendue au-dessus de son cercueil, le jour de ses funérailles. Nous pourrions baptiser cette nouvelle méthode la « biographie façon puzzle », ou « biopuzz » – après tout, on dit déjà « biopic » pour « *biographical picture* ». Plimpton préfère appeler cela « biographie orale », mais ici c'est moi le patron. En 2009, mes trois biopuzz préférées sont : Truman Capote par George Plimpton, Edie Sedgwick par Jean Stein et Don Simpson par Charles Fleming. Pour que le livre fonctionne, il faut choisir des cadavres dont les existences furent suffisamment dingues, violentes, riches en rebondissements et mondanités. Truman Capote et Edie Sedgwick étaient des proies idéales pour un tel recueil de ragots. L'écrivain snob et alcoolique et la top model junky, à la fois égérie et victime de la Factory, ont connu tout le monde ; et ceux qu'ils n'ont pas connus, ils les ont énervés. Cependant, la meilleure biopuzz est sans conteste *Box-office*, sur la vie de Don Simpson, qui est le livre le plus brutal que j'ai lu sur Hollywood depuis les romans de Bruce Wagner. On a l'impression de voir défiler l'existence de l'agent hystérique Ari Gold de la série *Entourage*, fusionné avec le producteur sadique interprété par Kevin Spacey dans *Swimming with Sharks*. Charles Fleming a reconstruit, à partir de nombreux témoignages, tous plus croustillants les uns que les autres, la carrière démente de Don Simpson (1943-1996), « le producteur le plus déjanté d'Hollywood » qui succéda au légendaire Robert Evans à la Paramount où il fabriqua *Officier et Gentleman*, *Flashdance*, *Top Gun* et *Le Flic de Beverly Hills 1* et *2* durant les années 1980. Associé à Jerry Bruckheimer, Simpson devint un anti-héros dépravé à l'extrême. Quand il perdait une partie de tennis, il pissait sur le filet. Un jour, il enferma le chat d'un ami dans le congélateur pour « l'entraîner à survivre en Alaska ». Ses orgies sadomasochistes avec des call-girls sont indescriptibles dans un ouvrage aussi chic. Son vocabulaire ne se composait que de mots en quatre lettres. Pendant une vingtaine d'années, ce nabab autodestructeur bodybuildé, dopé et lifté régna sur le produit d'exportation numéro un des États-Unis : l'*entertainment*. Un jour, on arrêtera de blâmer les banquiers pour la crise du capitalisme, et l'on s'intéressera aux fous qui ont imposé au monde leur idéologie (les trois « P » : Porsche, Piscines, Putes). Livre haletant et hilarant, *Box-office* peut donc aussi être considéré comme la première pièce à conviction dans le procès de Nuremberg du nihilisme démocratique.

# Gagner du temps

L'une des plus grandes escroqueries du capitalisme aura consisté à faire croire à des milliards d'individus que le travail était un luxe, alors que le seul vrai luxe, c'est le temps. Il fallait le faire ! Parvenir, pendant tant d'années, à convaincre les humains que le chômage était une honte, une infamie, une humiliation, alors qu'il s'agit de l'état naturel de tout mammifère. Ce qui distingue l'homme de l'animal ou de la plante verte, c'est l'art, le rire, la voiture, mais certainement pas le travail.

Le travail ne nous rend pas supérieurs : étymologiquement, le mot vient de torture. Il y aura eu au XIXᵉ siècle et au XXᵉ siècle un hold-up gigantesque, un crime inconcevable : l'industrie nous a volé le temps. Proust est un des rares à l'avoir compris très vite : la seule activité digne de nous, désormais, c'est de rattraper le temps perdu. Savait-il qu'il était d'accord avec le gendre de Marx, le suicidé Paul Lafargue, auteur du *Droit à la paresse* ? Alors, comment redevenir oisifs ? Les 35 heures sont un progrès mais il faut aller plus loin. On peut utiliser les progrès technologiques pour supprimer le travail. Le XXIᵉ siècle doit changer de critères : cessons de souhaiter la croissance économique qui détruit la planète et de terrifier les gens avec des menaces de licenciements.

Les paresseux vaincront, le boulot est absurde ! Le travail, c'est l'esclavage (seul Big Brother affirme le contraire) ! La paresse, c'est la liberté ! Créons un RMO (Revenu maximum d'oisiveté) qui sera financé par la taxe Tobin (Très ouverte banqueroute des investissements nationaux). Certes, je suis un piètre économiste, ayant raté l'ENA, car je ne me suis pas réveillé le jour de l'examen. Mais je sais que la vie est courte et s'achève dans une boîte de sapin. Il est hors de question que je prostitue davantage mon bref laps de temps sur cette terre. Ma durée de vie n'appartient qu'à moi. Que tout le monde démissionne ou se fasse virer le même jour !

Qu'on nous donne de l'argent pour lire et écrire, pour élever nos enfants, pour aller au cinéma, pour aider ceux qui en auront besoin, pour danser dans la rue mais pas contre de la sueur et des larmes.

La prochaine révolution n'opposera plus les ouvriers aux patrons, mais les travailleurs aux paresseux. Et les paresseux vaincront, car ils seront moins fatigués.

# Cache ta joie

Refrène ton enthousiasme, dit le titre de ma série télévisée favorite (*Curb Your Enthusiasm*). Elle est l'œuvre d'un génie méconnu en France mais adulé aux États-Unis : Larry David. Si vous avez vu *Whatever Works*, le dernier Woody Allen, vous le connaissez : c'est le chauve aigri qui en interprète le rôle principal. Larry David fut le co-créateur, auteur et producteur de *Seinfeld* durant les sept premières saisons, ce qui lui a rapporté 250 millions de dollars. Dans *Curb Your Enthusiasm*, il joue son propre rôle : un retraité fortuné qui réside à Beverly Hills et « mesure son enthousiasme » à tout propos. C'est un mélange d'*Entourage* (pour la satire du showbiz hollywoodien) et de *Californication* (pour la solitude de l'artiste californien qui va d'humiliation en humiliation). Cette série est d'une extraordinaire finesse : chaque épisode pourrait être un classique de la comédie américaine. Jamais la vacuité des riches n'a été décrite avec autant de férocité. Larry est maniaque, lâche, maladroit, névrosé, obsédé, ridicule, bref, notre modèle à tous. Il a réussi sur le plan matériel au-delà de l'imaginable et cependant, sa maison lui cause des soucis, sa femme râle tout le temps, les parents de son agent le méprisent, les maîtres d'hôtel des restaurants le snobent, les coussins fleuris sont trop nombreux sur son lit, le GPS de sa voiture est incompréhensible, tout l'exaspère, il est toujours perdant. La série *Curb Your Enthusiasm* n'a pas été diffusée à la télévision française : c'est un scandale ! Cette comédie ne raconte pas seulement les micro-problèmes d'un oisif gâté : elle nous rassure sur l'angoisse de ceux qui sont en haut de l'échelle sociale. En cette période de disette, il est bon de rappeler ce que disait Victor Hugo : « La souffrance des riches est la consolation des pauvres. »

# Il faut toujours être snob

Pour sauver la France, nous n'avons plus le choix : le snobisme est notre seule planche de salut. Être snob, à l'origine, n'était pas une question d'argent ; au contraire, « snob » était le sobriquet des élèves « sans noblesse » à Cambridge. On peut donc être snob en étant pauvre. Je dirais même que c'est la condition de départ. Un vrai snob, c'est un fauché qui veut humilier les riches et démontre sa supériorité par son érudition étrange. Le snobisme est donc une revanche, une anti-éducation. Il est déplorable qu'aujourd'hui, pour mieux énerver sa voisine, il soit préférable d'être un peu milliardaire. Telle est la guerre que mènent les indigènes de la *Snob Society*. Le livre de Francis Dorléans (Flammarion, 2009) qui porte ce titre est la lecture idéale pour dominer le monde durant l'été. Il brosse le portrait d'une centaine d'insupportable génies qui ont sévi de 1920 jusqu'au bal Proust donné par les Rothschild à Ferrières en 1971 : nous n'avons plus qu'à les imiter. Gloria Swanson, Greta Garbo, Ali Khan, Truman Capote, Gianni Agnelli, la Callas, Onassis, Jackie Kennedy, Andy Warhol, Jacques Chazot... Ces snobs sont des artistes alcooliques, des noctambules drogués, des Narcisses excentriques, des écrivains arrogants. Ils fournissent aux ennuyeux un sujet de conversation inépuisable, et laissent dans leur sillage parfumé des œuvres éternelles mais surtout des ragots immortels qui font passer les vannes de Stéphane Guillon pour d'aimables légendes de *Point de vue, Images du monde*. Un exemple ? Page 244 : « Évoquant des années plus tard l'Argentine avec des hommes d'affaires qu'il venait de rencontrer dans un cocktail, Onassis se récria : "– Mon Dieu, quel pays ! Il n'y avait que des putes et des joueurs de polo...

– Hum ! ma femme est née en Argentine, l'interrompit un de ses interlocuteurs.

– Ah, oui ! Génial ! Et dans quelle équipe jouait-elle ?" »

# Ben Johnson, le surhomme déchu

À dix secondes près, il remontait dans le temps.

Rappelons les faits : Ben Johnson est un Canadien très musclé. Le 24 septembre 1988, aux jeux Olympiques de Séoul, un juge-arbitre assis sur une chaise a tiré un coup de pistolet derrière lui et Ben Johnson s'est mis à courir le 100 mètres plus vite qu'aucun être humain avant lui, et personne n'a jamais pu le rattraper depuis. Si vous en avez l'occasion, revoyez cette course phénoménale. Ben Johnson ressemble à un photon. Ben Johnson est un photon. Il ne court pas : il se téléporte 100 mètres plus loin. Ce n'est pas du sprint mais de la mécanique quantique. Ben Johnson arrive au bout de la piste neuf secondes après son départ, c'est-à-dire quasiment avant d'être parti.

Les autres concurrents, pourtant des gens bien élevés, arrivent nettement en retard au rendez-vous. Ben Johnson s'ennuie à l'arrivée, il poireaute en les attendant, regarde sa montre, passe quelques coups de fil, mange un cassoulet, drague deux ou trois gonzesses dans le public, sifflote une symphonie de Beethoven, lit *Ulysse* de Joyce en entier, et les autres finissent par le rejoindre, essoufflés.

Bien sûr, Ben Johnson n'est pas fatigué car il est dopé. Il sera le roi du monde pendant trois jours. Puis il sera déchu, déshonoré, traité comme un paria, montré du doigt comme un lépreux, insulté, banni. Son destin est magnifique : comme disait Fitzgerald, Ben Johnson connaît « l'autorité de l'échec ».

Il a fréquenté les cieux avant de déménager en enfer : grandeur et décadence. Chez lui, tout va très vite, surtout la chute.

Aucun sportif n'a couru aussi vite dans l'histoire de l'humanité, alors les gens lui en ont voulu. Ce n'est pas le dopage qu'on lui reprochait, mais la vitesse. Si les Noirs se mettent à courir aussi vite, comment feront les flics pour les rattraper ?

Le dopage est un détail. Tout le monde se drogue, dans le sport comme ailleurs, pour tenter d'améliorer son ordinaire. Pourquoi faudrait-il interdire à l'être humain de filer aussi vite qu'un astéroïde sous prétexte qu'il utilise des stéroïdes ?

Posons la question autrement : pourquoi l'être humain fabrique-t-il des produits dopants s'il doit s'interdire d'en user ?

Ben Johnson a voulu devenir un surhomme, nous devrions être fiers de lui. Il a sacrifié son corps pour montrer à la face du monde que l'heure des mutants avait sonné. Car Ben Johnson fait partie des *X-Men*. Ses super-pouvoirs nous font peur parce qu'ils annoncent la naissance de la posthumanité chère à Peter Sloterdijk.

Bientôt tout le monde pourra courir comme Ben Johnson, donc il n'y aura plus jamais d'embouteillages au tunnel de Saint-Cloud. Les routiers ne pourront plus bloquer la France : essayez un peu de stopper une armée de Ben Johnsons se déplaçant à la vitesse de la lumière sans respirer. Ben Johnson est un monstre qui annonce l'homme nouveau.

# La solitude des sommets

Je voudrais brièvement revenir sur la mort de l'acteur américain Heath Ledger. Il y a quelques années, Randy Newman ironisa dans une chanson sur la célébrité, intitulée *Lonely at the Top* : « *Everybody knows my name/but it's just a crazy game* » (traduction superflue). La gloire et le pouvoir conduisent automatiquement à se retrouver seul comme un alpiniste en haut de l'Everest – et tous les spécialistes de la montagne vous diront que le plus dangereux est la redescente. L'article de Peter Biskind (auteur du *Nouvel Hollywood* au Cherche Midi, en 2002) sur Heath Ledger dans *Vanity Fair US* est un modèle de reportage. Le journaliste a rencontré de nombreux proches de Ledger, dont le réalisateur Terry Gilliam, qui travaillait avec lui au moment de son décès. Il essaie de savoir ce qui est arrivé au comédien qui a obtenu – fait rarissime – un Oscar posthume cette année pour sa performance démente en Joker dans *Batman : the Dark Knight* (2008). Heath Ledger venait de se séparer de sa petite amie, l'actrice Michelle Williams, rencontrée sur le tournage de *Brokeback Mountain* (2006), et ils se battaient pour la garde de leur fille Matilda, 3 ans. Il était grippé, fatigué, déprimé. Comme Michael Jackson ou Marilyn Monroe, il était insomniaque. Un jour, il faudra se pencher sur l'étroite corrélation entre la notoriété et le manque de sommeil. Toutes ces stars épuisées par leur propre lumière... Quelqu'un pourrait éteindre tous ces projecteurs pour qu'elles puissent enfin s'endormir ? Le 22 janvier 2008, Heath Ledger a pris du Valium, du Xanax, de l'Oxycontin, du Vicodin et du Restoril : un cocktail d'antidépresseurs, d'antidouleur et de somnifères. Il avait 28 ans. Il repose encore.

# Une romantique apocalypse

Dire je t'aime est plus porno que participer à un gang-bang. Le romantisme est de retour parce qu'après avoir tout essayé (le marxisme, le communisme, le fascisme, le capitalisme, l'échangisme, l'exhibitionnisme, le sado-masochisme, le structuralisme), on s'aperçoit que la perversion la plus excitante reste l'amour. L'amour est plus dangereux, douloureux et obscène que tout le reste, même les pinces à seins. Quelqu'un qui dit « Je t'aime » prend un risque fou : il peut être ridicule, abandonné ou mourir de chagrin. Un jour ou l'autre, ou bien il cessera d'aimer (et regrettera d'avoir menti), ou bien on cessera de l'aimer (et ce sera encore pire). Le romantique se distingue du sentimental en ce qu'il se complaît dans le malheur. Il est pessimiste et content de l'être. Il sait que les histoires d'amour finissent mal et attend avec délectation d'être déçu. Il s'habille de noir parce qu'il en broie toute la journée. « L'amour est un piège que nous nous construisons » : c'est de Jean-Marie Rouart, dans *L'Invention de l'amour* (Grasset, 1997). L'amour est la plus esthétique façon de se suicider. Le retour du romantisme est une mauvaise nouvelle : il signifie que nous n'en avons pas fini de mordre la poussière. Notre civilisation en arrive à un tel niveau de décadence qu'elle n'a rien trouvé de mieux pour se distraire que de sombrer dans la dépression, de courir après une chimère, de jouir de sa propre illusion et de s'autodétruire, le cœur battant. Écoutez les mots. Ils ne se ressemblent pas par hasard. Il n'y a aucune différence entre les romantiques et la Rome antique.

# Plaidoyer pour les éditeurs

Ami romancier, écoute-moi bien car je ne te le dirai pas deux fois. Aime ton éditeur. Remercie-le de se battre pour que tu existes. N'oublie pas que tu lui dois tout. Sans lui, admets-le : tu n'es pas grand-chose. Lui sans toi n'est rien mais, contrairement à toi, lui le sait. Plus tu as du talent, plus il a du mérite de croire en toi, par ces temps difficiles. Ton éditeur n'est pas un vil exploiteur mais un bon Samaritain : tu devrais l'encourager à profiter des bienfaits de ta plume, au lieu de t'en plaindre à longueur de journée. OK, c'est pénible d'avoir un éditeur. Mais il y a un truc pire : en être un. Là, je sens que je vais vraiment m'énerver.

En France il y a deux catégories professionnelles que personne ne respecte : les hommes politiques et les éditeurs. Pourquoi ? Il me semble que, par les temps qui courent, nous avons besoin de gens compétents (ou inconscients) pour se lancer dans ces deux activités. Je viens de quitter Flammarion car je n'arrivais plus à écrire. Ce n'est pas une catastrophe mais une question de concentration. J'espère gérer ma schizophrénie suffisamment pour pouvoir refaire ce boulot un jour. Mais il n'est pas normal que je ressente un tel soulagement depuis deux semaines ! Cela me scandalise ! Attention : je ne critique pas les gens avec lesquels j'ai travaillé durant trois ans, au contraire ce sont des saints. Jamais je n'ai vu une telle patience, une telle abnégation aussi peu récompensées. Et je suis fier de tous les livres que j'ai publiés : qu'on ne me fasse pas dire ce que je n'ai même pas pensé. Mais je ne comprends pas l'ingratitude et l'impolitesse de ceux qui aimeraient devenir des auteurs. Je déplore la piètre image qu'ont certains libraires et de nombreux critiques des passionnés qui font ce métier. Un éditeur est toujours considéré comme un escroc ou un larbin par tous les ringards égocentriques et cupides. Il est considéré comme normal de le harceler jour et nuit comme s'il était concierge d'hôtel. On le traite de vulgaire commerçant alors que s'il était commerçant il se lancerait dans le porno sur Internet ou les applis de sexe géolocalisé ! Je vous épargne les lieux communs sur l'édition : on croit qu'on va parler de lettres mais on ne cause que chiffres ; un manuscrit sur mille est intéressant ; les librairies sont submergées au moment même où elles sont désertées... Tout cela je le savais avant de siéger dans un comité de lecture. Pourquoi personne n'évoque-t-il le combat quotidien des éditeurs pour sauver ce qui peut encore être de la littérature ? Des heures et des heures de relecture attentive, de corrections détaillées, de conversations érudites, de réunions stylistiques, de suggestions fines. Pourquoi rend-on systématiquement hommage (à juste titre) aux professeurs de lycée et ironise-t-on toujours sur les éditeurs pourris ? Je n'ai jamais vu une corporation où il y ait moins de cynisme. Je sais qu'il y a beaucoup de confrères qui me lisent. Chers écrivains, je vous ordonne de téléphoner à votre éditeur pour lui dire merci. Quant aux autres, ceux qui ont envoyé un chef-d'œuvre et ne comprennent pas pourquoi on ne leur a pas répondu le lendemain ; qu'ils n'oublient pas que ce sont les éditeurs qui leur ont donné le goût de ce rêve. En deux décennies, j'ai essayé quelques professions où j'étais payé très cher à ne rien foutre (et j'ai bien l'intention de continuer dans cette quête). Je peux vous garantir que dans l'édition c'était l'inverse : j'étais mal payé pour travailler jour et nuit. Il serait temps que cela se sache. Plus jamais je n'emmerderai mon éditeur. Mon expérience aura au moins servi à cela.

# Le réalisme est un humanisme

Quand j'étais éditeur, je me souviens avoir eu un débat dans mon petit bureau de la rue Racine avec Pierre Mérot sur le réalisme en littérature. Il en a d'ailleurs fait un roman très amusant où il se moque de moi : *L'Irréaliste* (Flammarion, 2005). Je lui disais en gros que j'avais du mal avec les romans trop irréalistes, qu'un excès d'imagination me faisait « décrocher ». C'était manichéen, comme souvent quand on se dispute. Et surtout, c'était faux : tout lecteur de Maupassant, Kafka ou Buzzati sait qu'on peut être passionné par une histoire qui déforme le réel. Pierre défendait sa liberté totale d'invention et il avait raison. Notre controverse était ridicule. Aujourd'hui, je fais ici mon *mea culpa* : mon rêve serait d'écrire une fiction loufoque, un conte de fées délirant. Non que je sois dégoûté du réalisme ; la situation est plus grave : le réalisme est désormais impossible. Les difficultés ont commencé en 1857 avec le procès de Flaubert pour *Madame Bovary*. Ayant entrepris de narrer un fait divers, il a été accusé d'« outrage aux bonnes mœurs ». Un siècle et demi après, les choses n'ont pas tellement changé. Écrire un roman satirique qui conteste, par exemple, le fonctionnement d'une entreprise, cite les vrais noms de certains responsables ou marques relève du casse-tête juridique. En 1998, avant même la publication de son roman *Les Particules élémentaires* (Flammarion), Michel Houellebecq a dû modifier le nom d'un camping *new age* : « L'Espace du Possible » est devenu « Le Lieu du Changement ». Il fut ensuite poursuivi pour avoir critiqué une religion dans un journal. La même année, Mathieu Lindon fut condamné pour diffamation envers... Jean-Marie Le Pen ! En 2000, mon éditeur m'a prié de remplacer « Danone » par « Madone » dans mon livre sur la publicité. Je venais de perdre mon boulot à la publication du roman. Écrire sur la réalité est dangereux : les autobiographes se fâchent souvent avec leur famille (exemples : Emmanuel Carrère, Christophe Donner, Camille Laurens et Alexandre Jardin) ; les érotomanes sont censurés, attaqués ou menacés de saisie (ce fut le cas de Nicolas Jones-Gorlin ou Louis Skorecki). En 2005, Éric Bénier-Bürckel a été traité publiquement d'antisémite par un Premier ministre qui n'avait pas ouvert son roman *Pogrom* (Flammarion, 2005)... avant d'être complètement innocenté en 2006 par le tribunal, dans l'indifférence générale. Poursuivis par la même personne que nous ne nommerons pas pour éviter une procédure, Marcela Iacub et Régis Jauffret ont tous deux été scandaleusement condamnés par des juges aussi incultes que le procureur Pinard. Mais comment faire pour dénoncer l'antisémitisme sans faire parler un antisémite ? Comment stigmatiser la pédophilie sans se glisser dans la peau d'un pédophile ? Comment répondre aux publicités sans dénigrer des marques ? Comment décrire la réalité sans évoquer les faits divers qui emplissent les journaux ?

Et quand fera-t-on ENFIN la distinction entre ce que pense un auteur et ce que disent ses personnages ? Finalement je m'en sors bien : cet été, j'ai dû renoncer à quelques paragraphes ironisant sur un magistrat dans *Un roman français* (Grasset, 2009). Comparé aux confrères ci-dessus, mon cas n'est pas si grave, même s'il soulève une question nouvelle : pourquoi tant de pamphlétaires sont-ils autorisés à se foutre de la gueule du président de la République tandis qu'un romancier ne peut pas critiquer le comportement d'un simple magistrat ? Il est vrai que c'est une étrange pulsion que de vouloir écrire sur soi ou sur son époque. Mon problème, c'est que je n'ai pas le choix. J'aimerais avoir assez de talent pour écrire *Dune, Le Petit Prince* ou *Alice au pays des merveilles...* mais je crois que je ferais mieux de me trouver un bon avocat.

# L'écrivain de festival

Je suis chroniqueur littéraire au Festival de Cannes. Autant dire : un oxymoron ambulant, une anomalie archaïque, une scorie. Qu'est-ce que je fous là ? Tout le monde à Cannes se pose cette question. Mon boulot consiste à évoquer chaque soir quelques bouquins que j'ai lus, dans le Grand Journal sur Canal+. En échange : chambre au Martinez, déjeuners et dîners en notes de frais, hochements de tête bienveillants de Michel Denisot en direct. Oui, c'est navrant, je le sais, je suis faible de céder à ces menus plaisirs de la vie ; mais je serais probablement aussi désolant ailleurs, alors pourquoi refuser ? Cette absurdité distrayante me fait songer au fameux proverbe zoulou : « Si tu avances, tu meurs ; si tu recules, tu meurs. Alors pourquoi reculer ? » Les invités du Festival de Cannes ont tellement honte d'en être qu'ils passent leur temps à s'excuser. On les a obligés, ils n'ont pas pu faire autrement, cela ne rime à rien, ils regrettent... Personnellement j'ai trouvé l'alibi : je suis un ethnographe balnéaire, je suis le Claude Lévi-Strauss du Nikki Beach, le Nicolas Bouvier du Noga Hilton. Avantage : je lis des romans au soleil, allongé sur un matelas en mousse, tandis que les hordes de critiques de cinéma sont contraintes à l'enfermement dans des salles obscures devant des longs-métrages finlandais. Le vent tiède caresse le palmier planté dans mon gin-tonic tandis que j'observe mes contemporains beugler des prénoms de stars derrière les barrières métalliques. C'est si simple de créer artificiellement de l'hystérie. Il suffit d'interdire l'accès de tout ce dont on parle aux gens toute la journée. Ils deviennent automatiquement fous, ce qui est le but recherché. Au fond, si je me rends dans ce genre de manifestation, c'est aussi parce qu'il n'en existe pas d'équivalente dans le milieu des lettres. Le seul écrivain dont on parle sur la Croisette (Dan Brown) n'en est pas vraiment un (au sens où il écrit volontairement comme un logiciel de rédaction automatique de synopsis). Allongé au bord de la piscine turquoise comme les yeux de ma fiancée célèbre, je me prends à rêver d'un Festival de Cannes littéraire. On y verrait Jean d'Ormesson et Gabriel Matzneff assaillis de groupies en sortant du Majestic ; Michel Houellebecq n'aurait pas besoin de tourner un film pour monter les marches ; Philippe Sollers (venu présenter son dernier livre : *Marie-Antoinette*) serait aveuglé par les flashs des paparazzis. On aurait même prévu un escalier secret pour les écrivains maudits : Patrick Modiano, en pull-over beige malgré la chaleur, se cacherait derrière des lunettes aux verres fumés ; Milan Kundera se faufilerait discrètement derrière le rideau ; Thomas Pynchon serait la vedette américaine. Alain Robbe-Grillet lirait des extraits de son dernier roman à la Quinzaine des écrivains. Bernard Frank présiderait le jury composé de Patrick Besson, critique-écrivain, d'Éric Neuhoff, écrivain-critique, de Jean-Marc Roberts, éditeur-écrivain, de Jean-Paul Enthoven, écrivain-éditeur et de Jean Echenoz, écrivain-écrivain. À la fin, Régis Jauffret aurait la Plume d'or. On a le droit de rêver, non ? Pourquoi ne monte-t-on jamais les marches sous les vivats quand on écrit des livres ? Pourquoi faut-il attendre cinquante ans après son trépas pour obtenir le droit d'entrer au Panthéon ? Pourquoi les romanciers sont-ils éternellement condamnés à la Foire de Brive et interdits de Festival de Cannes ? Bon sang, c'est tellement injuste que les écrivains soient toujours traités comme des gens intelligents.

# Socrate avec un GPS

Il y a quelques mois, la revue *La Règle du jeu* a demandé à une cinquantaine d'écrivains de défendre l'apport de Sigmund Freud au bonheur de l'humanité. Ma contribution, assez brève, prenait la forme d'un syllogisme : « Je n'ai jamais fait de psychanalyse ; or je vais très mal ; par conséquent, la psychanalyse est une science exacte. » Il se trouve que, depuis lors, j'ai entamé un travail sur moi-même, comme disent les stars de Hollywood dans les conférences de presse à la sortie du Beverly Hills Police Department. Je suis donc allé voir une célèbre psy parisienne recommandée par des amis. (Au passage, c'est toujours un peu inquiétant quand vos amis vous donnent des numéros de psys. Je suppose que je devais avoir l'air accablé, ressembler à Arthur Schopenhauer ou Daniel Guichard.)

La première rencontre s'est mal passée : je suis arrivé en retard d'une demi-heure ; la dame n'était pas contente. Elle m'a demandé : « À votre avis, pourquoi êtes-vous en retard ? » J'ai répondu qu'il y avait beaucoup d'embouteillages et je me suis excusé. Mais elle a insisté : « Non, votre retard signifie quelque chose. Vous fuyez ce rendez-vous avec vous-même. » J'ai hésité entre l'éclat de rire, la consternation, le meurtre, la défenestration. Mais après quelques minutes de silence embarrassant, j'ai compris que cette femme disait vrai. Après tout, côtoyer des détraqués était sa spécialité ; il fallait la croire sur parole. La psychanalyse est un rendez-vous avec moi ; il était temps que je cesse de me poser des lapins. Résultat : je ne me suis pas allongé sur un divan mais assis en face de la dame, et j'ai commencé à me souvenir de choses qui ne regardent que moi. Et je me suis senti mieux. Elle me relançait comme un bon intervieweur : sans m'interrompre ou me presser, car il y a une grande différence entre la psychanalyse et la télévision. Progressivement, je me suis rendu compte que j'avais dans le cerveau un véritable sac de nœuds à défaire. J'ai essayé de tout lui jeter à la figure en une seule séance – la dame demande tout de même 120 euros de l'heure, soit le prix de six *lap dances* au Hustler – mais je n'y suis pas parvenu. Depuis, j'y retourne régulièrement : au diable l'avarice. Pour rien au monde je ne raterais un rendez-vous avec moi-même : j'ai toujours plein de choses très intéressantes à me raconter. Il paraît que David Lynch refuse de se faire analyser parce qu'il craint pour sa créativité. Pour ma part, j'ai l'impression inverse : plus je fais connaissance avec mes problèmes, plus je me sens libre. Beaucoup d'écrivains sont des névrosés qui se regardent vivre, souffrir, aimer, mourir, ressusciter. Souvent ils font de la psychanalyse sans le savoir, comme monsieur Jourdain faisait de la prose. Si l'on considère l'histoire de la littérature, on s'aperçoit que ce n'est pas Freud qui a inventé la psychanalyse, mais Socrate (« Connais-toi toi-même »), Montaigne, Goethe, Benjamin Constant ou Jean-Jacques Rousseau. Pourtant l'analyste sert à quelque chose : il fait le tri dans nos décombres, un peu comme un éditeur – quand il bosse. Avant d'entamer mes discussions avec mon docteur de l'âme, j'écrivais des romans autobiographiques : j'étais en quelque sorte mon propre psy, mais je tournais en rond. L'autoanalyse, c'est comme la masturbation : c'est très agréable, mais c'est mieux à deux. À un moment, il nous faut un partenaire, un guide. En résumé, Freud, c'est Socrate avec un GPS.

# Range ta chambre, Écrivain

Dans les années 1950, Truman Capote avait jeté à la poubelle les cahiers de *Summer Crossing* (*La Traversée de l'été*, Grasset, 2006) : Sotheby's les a vendus très cher en 2004, la New York Public Library les a préemptés et Grasset en publie la traduction. Il y a donc un traître quelque part – les éboueurs de Brooklyn ne seraient-ils plus dignes de confiance ? Il faut avertir Jay McInerney de ne rien laisser traîner devant chez lui ! La légende dit qu'un voisin de Capote a ramassé ses papiers abandonnés sur le trottoir et que c'est son neveu qui les a mis en vente quelques décennies plus tard. Grâce à lui nous découvrons un roman de jeunesse, frivole, aérien, charmant, qui est un des rares moments de bonheur de cette rentrée. En tant que lecteur, je suis ravi qu'Alan Schwartz du Truman Capote Literary Trust ait désobéi à la volonté de l'auteur toxicomane de balancer son texte aux orties. Si l'on ne publiait pas le contenu des corbeilles à papier de Brooklyn, j'aurais été obligé de me taper d'autres livres, qui mériteraient bien davantage de remplir les corbeilles à papier de Paris. En tant qu'écrivain, cette publication pose toutefois un problème déontologique assez angoissant. Souvenons-nous de Max Brod, qui a désobéi à Kafka : sans son acte de haute trahison, nous n'aurions lu ni *Le Procès* ni *Le Château*. Il y a également l'affaire Cioran : dans des conditions similaires, une gardienne d'immeuble a remis en circulation des brouillons de *L'Inconvénient d'être né* non destinés à la publication. On pourrait continuer la liste longtemps si l'on était plus érudit. Il me semble que le *Mémorial* de Pascal est le résultat d'une découverte analogue, cousue dans la doublure de son pourpoint. Pareil pour *Le Livre de l'intranquillité*, de Pessoa. La fin de *À la recherche du temps perdu* a été publiée de façon désordonnée par le frère de Proust. Que faut-il en déduire ? Qu'un écrivain doit savoir ranger ses affaires. Personnellement, je me méfie des ordinateurs : ils ont trop de mémoire. Même quand je m'acharne sur la touche « supprimer », je ne suis jamais certain que mes prières soient exaucées (comme dirait l'auteur susnommé). La poubelle d'un Apple n'en est pas vraiment une. Il faut penser à la vider virtuellement. Quant à mes ordures ménagères, elles ne sont guère à l'abri d'une fouille de la presse *people*. Parfois même, par erreur, je crois détruire un texte abscons et il se retrouve imprimé dans le journal ! Il est clair que la littérature rend paranoïaque ; un romancier de l'ère numérique doit redoubler de vigilance. Si je décédais cette nuit, comment mes ayants-droit départageraient-ils ce qui est destiné à la publication posthume et ce qui n'est que brouillon masturbatoire inepte ? Moi-même, j'ai déjà du mal à m'y retrouver.

Dans sa préface à *La Traversée de l'été*, Charles Dantzig a résumé joliment la situation : « Capote a cherché la publicité, hélas il l'a toujours trouvée. » La solution, pour ne pas risquer de voir ses poubelles étalées dans les librairies, est par conséquent de rester discret, de ne pas se montrer, de ne rien faire d'extravagant, et d'espérer ainsi n'intéresser personne. C'est une piste à méditer (en ce qui me concerne, il me semble qu'il soit un peu tard pour devenir Salinger). Mais même si vous vous cachez, la mort vient vous déloger, jusqu'à Samarcande. Une autre solution est bien sûr de n'avoir aucun talent, donc aucun lecteur pour fouiller vos archives. Il va de soi que nous nous refusons à envisager une telle éventualité.

# Faire de sa mort une œuvre d'art

Bernard Lamarche-Vadel a « choisi la nuit », comme disait Rouart. Sa mort volontaire vient s'ajouter à la longue liste des écrivains qui se sont suicidés : Hemingway, Kawabata, Pavese, Crevel, Rigaut, Woolf, Drieu La Rochelle, Gary, Mishima, Montherlant, Zweig, Debord, Levé... À croire que la littérature est un sport plus dangereux que la Formule 1. On ne s'y lance pas impunément, surtout quand on vit reclus dans un château. Il est dangereux pour un écrivain d'emménager dans une tour d'ivoire, puisqu'écrire est déjà une forme de réclusion à perpétuité. Tous ces auteurs suicidés ont pour point commun d'avoir énormément parlé du suicide dans leurs œuvres. Lamarche-Vadel ne fait pas exception : un de ses derniers livres s'intitulait *L'Art, le suicide, la princesse et son agonie* (Mereal, 1998) ; quant au narrateur de *Sa vie, son œuvre* (Gallimard, 1997), il mettait fin à ses jours après la mort de sa fille. Les suicidaires passent leur temps à prévenir tout le monde qu'ils vont se tuer ; comme personne ne les croit, ils se flinguent pour prouver qu'ils disaient la vérité. Bernard Lamarche-Vadel fut d'abord un critique d'art de renom (spécialiste d'Arman, de Tapiès, de Klossowski, de Beuys...) avant de publier son premier roman chez Gallimard : *Vétérinaires*, en 1993 (Goncourt du premier roman). C'est son meilleur livre, celui qui restera. Après, il s'est quelque peu égaré dans une prose hermétique et obsessionnelle, quasi illisible, empilant les adjectifs bizarres et les fantasmes morbides dans une sorte d'impasse prémonitoire... Le narrateur de *Vétérinaires* en est un, comme son frère. Ils exercent tous deux à Nogent-sur-Marne. Il aime regarder les feuilles mortes sur la Marne en attrapant froid. C'est bizarre, un médecin qui préfère soigner des chiens plutôt que des humains. Dans son recueil de nouvelles à succès (*Je voudrais que quelqu'un m'attende quelque part*, Le Dilettante, 1999), Anna Gavalda met en scène un vétérinaire qui se venge d'un viol en castrant des paysans avant de leur coudre les testicules sur la pomme d'Adam. *Vétérinaires* bascule lui aussi dans une folie baroque, de plus en plus angoissante au fil des pages, mais contrebalancée par un humour noir très efficace : on pique des chiots tuberculeux et des chats diarrhéiques, l'Union des vétérinaires est une sorte de secte présidée par une chienne, et « le monde est plein de mâchoires » autour d'un héros kafkaïen, c'est-à-dire dépassé par les événements, qui rappelle le Norman Bates de *Psychose*, encerclé comme lui par des animaux empaillés. Lamarche-Vadel s'est toujours « situé entre la vie et la mort » et puis, un jour de l'an 2000, à l'âge de 50 ans, il a fini par choisir son camp.

# La lettre que Jocelyn ne lira pas

Cher Jocelyn, ton joujou disloqué dans le tunnel de Saint-Cloud me met personnellement en rage. Cette bagnole à la con, c'était comme un jeu vidéo dont le joueur n'aurait qu'une seule vie. Ceux qui fabriquent ces trucs peuvent-ils se regarder dans une glace ? Ils sont tes assassins. J'aimerais que ta mort soit une farce, une grosse frayeur, le genre qui te faisait attraper Octave par le col en disant : « Rrrrôôôhhh ! » À ton enterrement, il y avait beaucoup de jolies filles en noir, mais ton Alice les a toutes éclipsées quand elle s'est assise au piano pour jouer une mélodie hongroise de Schubert. Chaque note était une larme montée au ciel. Dans l'église réformée de l'Étoile, j'ai fermé les yeux pour ne pas voir hoqueter ta sœur. Elle venait de t'adresser un message au micro : « Merci, merci, merci, merci, merci. » Moi, c'est à ce moment-là que j'ai fondu. Comment pouvait-elle te remercier de nous laisser tomber comme un ami qui s'en va d'une soirée sans dire au revoir ? Le pasteur Louis Pernot a alors dit ce qu'on avait tous besoin d'entendre. « Mourir à 30 ans, c'est trop tôt. Pourtant Jésus n'est pas mort à 90 ans d'Alzheimer, il est mort à 33 ans sur une croix. Ça veut dire quoi ? Qu'une vie courte et réussie vaut mieux qu'une vie longue et nulle. » Alors voilà, je voulais te dire bravo pour ta vie si pleine et si dense. Je voulais te dire merci d'avoir appelé ton fils Charlie. Figure-toi que ce n'est pas seulement le nom d'un personnage que tu as immortalisé, c'est aussi le prénom de mon frangin. Je voulais te dire que tu étais un acteur unique, irremplaçable. Ta façon de t'adapter aux personnages comme on enfile un costard, c'est aussi cela qui t'a tué. Les caméléons meurent jeunes : regarde Heath Ledger et James Dean. Et maintenant, tu nous abandonnes avec nos vies trop âgées. Je plaisante à peine : les vieux passent leur temps à enterrer leurs copains. Rhhhôôôôôhhhhhh.

# Littéraire attitude

Un vrai écrivain, c'est quelqu'un qui n'écrit pas. Ou le moins souvent possible. Et qui reste allongé. Il ne faut surtout pas le déranger. Refuser de sortir de son lit est l'une des caractéristiques de l'écrivain sérieux. Et lire *Oblomov*, en Folio, dans une maison crétoise avec vue sur la mer ? Là, on flirte avec le pléonasme. Gontcharov n'a-t-il pas lui-même surnommé son personnage « Platon en robe de chambre » ? On ne va tout de même pas lire Platon en Grèce ! C'est comme les gens qui lisent Bret Easton Ellis à Los Angeles, Duras à Trouville ou Cossery en Égypte : aucun sens du décalage. De toute façon un véritable écrivain, c'est quelqu'un qui ne lit pas. L'écrivain, le vrai, a tout lu et a déjà fini d'écrire son prochain roman. Il se repose. À la rigueur, si vous prononcez un nom comme Shakespeare devant lui, il pourra hocher la tête en souriant : vous venez de mentionner un ami. Ma fille trouve que je parle beaucoup pour un écrivain : elle a raison. Je décide de fermer ma gueule. Un grand écrivain, c'est quelqu'un qui ne parle pas. Il réfléchit ; il pense. Il se tait. Il médite. Parfois il ronfle. « Le paresseux est un hypersensible qui se méfie du monde », écrit Pierre Cahné dans sa préface à l'édition de poche *d'Oblomov*. Je me pose la question : un écrivain a-t-il le droit de manger et de boire ? Oui, c'est même une obligation depuis Rabelais. Un écrivain est autorisé à marcher sur la plage. Il peut aussi s'asseoir à la terrasse d'un café sur le port, flâner en prenant un air profond ou regarder le coucher du soleil avec mélancolie. Faire l'amour lui est permis, à condition de ne pas commenter tous les gestes. L'autobiographie sexuelle est démodée depuis *Tropique du Cancer* de Henry Miller (1934). L'écrivain digne de ce nom ne se prononce pas sur l'actualité politique française, mais il peut commenter la météo. « Le fond de l'air est un peu frais pour la saison » est une typique phrase d'écrivain respectable. Il peut aussi évoquer des nuages – « les merveilleux nuages, comme dit le poète ». Écrivain à plein temps, il faut dire, est un sacerdoce plutôt pénible. On doit éviter de s'amuser à tort et à travers. La haute littérature n'est pas un dîner de gala. Il faut bosser énormément pour parfaire son air pénétré. S'entraîner à sembler lunatique comme Beckett et maudit comme Artaud. Un écrivain authentique, c'est quelqu'un qui s'habille n'importe comment, parce qu'il consacre son temps à des choses plus importantes que la coupe de son pantalon ou la couleur de sa chemise. Prévenez votre entourage qu'un écrivain n'est pas un convive très chaleureux. Un géant de la littérature ne sort pas dans les boîtes de nuit à la mode, ne connaît pas le dernier Justin Timberlake (célèbre chanteur et acteur américain, à ne surtout pas confondre avec la marque de chaussure !) et SURTOUT ne passe jamais à la télévision. Cela fait trois jours que j'essaie mais tant pis, c'est trop crevant : je renonce. Génie, quel métier affreux.

# J'ai rencontré Angélique, marquise des anges

« En mai, dans ce pays, les garçons, un épi vert à leur chapeau, et les filles, parées de fleurs de lin, s'en vont danser autour des dolmens... » Anne Golon écrit clair et efficace, comme Eugène Sue ou Pierre Alexis de Ponson du Terrail. C'est un classique du roman-feuilleton. Dans sa jeunesse, ma mère aimait son allégresse et dévorait les aventures de son héroïne Angélique, la marquise des Anges, une femme libre, amoureuse, un personnage de roman virevoltant et insolent comme la *Caroline Chérie* de Cecil Saint-Laurent. L'Archipel réédite la saga d'Anne Golon, après des décennies de silence, d'escroquerie, de sabotage et de mépris. Je lui ai rendu visite dans son antre versaillais. C'est là qu'elle a écrit la série aux 150 millions d'exemplaires vendus. « Guitry tournait *Si Versailles m'était conté* pendant que je potassais à la bibliothèque, dans une rue voisine... » Un chien et un chat lui tiennent compagnie, ainsi que sa fille Nadine, qui l'a aidée à se tirer de nombreux soucis juridiques. L'immense succès de ses livres ne lui a rapporté que des clopinettes : son agent lui a volé la moitié de ses droits mondiaux, et son éditeur coupait ses textes en même temps que ses vivres. Dans les années soixante, les adaptations cinématographiques d'Angélique par Bernard Borderie avec Michèle Mercier et Robert Hossein ont transformé son aventurière romantique en pétasse mièvre dont on regarde les rediffusions à la télé en ricanant. « À l'époque, quand on vendait ses droits audiovisuels, on n'avait plus voix au chapitre. Je me souviens que Daniel Boulanger [dialoguiste du film] m'avait dit : "Angélique est une petite putain qui veut se farcir tous les hommes." J'étais ulcéré mais impuissante. »

Je suis moins critique qu'Anne Golon. Quand j'étais petit garçon, la scène de flagellation d'*Angélique et le Sultan* m'a procuré un émoi inoubliable. Aujourd'hui, c'est son auteur qui est puni. Ruinée, âgée de 88 ans, Anne Golon garde pourtant un moral d'acier. « Grâce à Internet, j'ai repris contact avec des lecteurs du monde entier. L'autre jour, au Salon de Genève, trois générations de gens faisaient la queue pour me dire leur gratitude. » Elle qui devrait couler des jours paisibles de retraitée fortunée se retrouve sur la paille, comme Sagan à la fin de sa vie. « Ils n'ont pas réussi à me tuer comme cette pauvre Françoise. » Elle a fini par récupérer les droits de ses œuvres, et entièrement relu et corrigé tous ses livres en vue de cette nouvelle édition. « Décrire la persécution des protestants était une façon pour moi de raconter les horreurs que j'avais vues durant la guerre. Je lisais Margaret Mitchell en cachette à cette époque. J'ai commencé à écrire une histoire d'amour contrariée... » Son mari Serge, disparu en 1972, a-t-il servi de modèle à Joffrey ? « Il trouvait l'or et les diamants en Afrique. Il m'a expliqué comment il travaillait le minerai et la roche... » Le sourire évasif et le silence qui ont suivi cette réponse étaient une pudique manière de répondre par l'affirmative.

# Le Onze Septembre a-t-il changé la littérature ?

Je préfère répondre tout de suite : c'est oui. Je suis en train de lire *The Good Life*, le dernier roman de Jay McInerney (2006, traduction française L'Olivier, 2007). Il y reprend les personnages de *Trente ans et des poussières* (L'Olivier, 1992) après le Onze Septembre. Leur cynisme a pris un sacré coup de vieux. L'un d'entre eux est même mort au World Trade Center. C'est aussi le cas du père d'Oskar, le héros du deuxième roman de Jonathan Safran Foer : *Extrêmement fort et incroyablement près* (2005, traduction française L'Olivier, 2006). L'orphelin trouve une clé dans la veste de son père disparu et cherche la serrure qui correspondrait. Il fait de l'humour noir mais bizarrement plus il est drôle, plus on a les larmes aux yeux. À la fin, on voit un *jumper* monter dans le ciel au lieu de se fracasser sur le bitume. Le Onze Septembre est une tragédie parmi beaucoup d'autres, pourquoi celle-ci aurait-elle modifié notre façon de lire et d'écrire plus que tous les massacres qui l'ont précédée ou les centaines de milliers de civils assassinés depuis partout dans le monde ? À cause du spectacle international en direct. Le Onze Septembre c'est comme si le premier homme qui a posé le pied sur la lune avait sauté sur une mine devant le monde entier. Vous imaginez le tableau ? « *It's a small step for a man but a giant*... BOOM !» Le Onze Septembre a détruit l'utopie capitaliste. Seuls les romanciers l'avaient prévu. La CIA devrait embaucher Don DeLillo. Il n'était pas très sorcier de deviner que le progrès technologique et l'orgueil humain finiraient par s'entrechoquer pour imploser en direct à la télévision. Et ce n'est que le début, nous n'avons encore rien vu. Ce qui a changé est esthétique et générationnel. Les auteurs de mon âge ne peuvent plus décrire les choses comme avant l'apocalypse new-yorkaise. Dans un livre, quand un avion passait dans le ciel avant 2001, c'était beau et poétique. Maintenant c'est triste et menaçant. Le monde corrige nos romans. L'hyperterrorisme nous contraint à une hypervulnérabilité, une hyperprécision, une hyperfrayeur, un hyperhumour. La nouvelle réalité donne aussi au roman un rôle différent, peut-être une nouvelle mission, mais ne soyons pas trop didactique. Personne n'est obligé de suivre mes conseils sauf moi. J'estime que la littérature permet de comprendre mieux un événement comme celui-là, parce que l'image est muette. Je n'ai rien ressenti quand j'ai vu les avions perforer les tours sur CNN. J'ai pleuré seulement quand j'ai fermé les yeux et imaginé les clients qui petit-déjeunaient là-haut. Mourir au bureau est une mort encore plus absurde que la moyenne des morts absurdes de toutes les guerres.

J'ai honte d'avoir à dire une horreur pareille mais le Onze Septembre est une chance pour les écrivains. Il montre qu'ils servent encore à quelque chose. Par exemple, quand Laurent Mauvignier décrit le drame du Heysel en suivant des supporters de football qui prennent des trains pour finir par s'entretuer pendant une finale de coupe d'Europe, je vois enfin cette tragédie pour la première fois. Les photos de grappes humaines écrasées contre les grillages disent moins sur ce qui est arrivé ce jour-là qu'une page de *Dans la foule* (Éditions de Minuit, 2006). Depuis le 11 septembre 2001, la littérature retrouve une utilité : humaniser l'inhumain, décrire l'indescriptible (complétez la liste vous-même, il y avait aussi « dire l'indicible », « imaginer l'inimaginable », etc). Le roman est là pour nous aider à voir autrement qu'avec des yeux blasés de téléspectateur. Je ne pense pas que Jonathan Littell aurait pu écrire *Les Bienveillantes* avant 2001. Le roman a failli mourir ; il est en train d'évoluer comme s'il voulait nous avertir de quelque chose. Comme s'il voulait nous prévenir que nous pourrions disparaître avant lui.

# Les rêveries du fêtard solitaire

La Réserve porte bien son nom : la Suisse en est une. C'est un hôtel bien confortable, abrité comme son pays. Genève procure un sentiment de paix hypocrite. Ses habitants se mentent à eux-mêmes, mais le font si bien qu'ils en éprouvent une forme de quiétude. J'essaie de les imiter en regardant les nuages dédoublés : le ciel nage dans le lac. L'avantage de vivre au bord d'une étendue d'eau, c'est de contempler deux ciels. Genève, c'est Côme sans les cabriolets qui klaxonnent la Cucaracha. L'eau est aussi moins bleue, la lumière plus blanche, la cuisine moins légère, bref Genève n'a rien à voir avec l'Italie, mais c'est bien essayé tout de même. Je me promène au milieu des deux ciels (cette idée est pompée sur Pascal). Le lac qui me fait face me rend métaphysique, j'ai l'impression que je pourrais tomber dans le vide, m'envoler vers le bas, en fait je crois que je devrais freiner sur le vin blanc au déjeuner. Qu'est-ce que je fous ici ? De temps en temps, je fais une petite cure de calme, de campagne verdoyante et de fondue fromagère. Marche, vent, lecture, paresse. Se prendre tout le temps pour Blondin est mauvais pour la santé. Rien de tel qu'un petit stage de Jean-Jacques Rousseau pour repartir du bon pied : nous sommes tous des promeneurs solitaires, si possible en exil. Suis-je dépressif ? Non. Je suis sensible.

L'autre jour, j'étais chez ma psy. L'entrevue touchait à sa fin ; je venais de lui énumérer mes turpitudes pendant trente minutes, quand soudain elle fut prise d'une crampe très douloureuse à la cuisse. Elle tenta de se lever, se cogna au bureau, puis s'écroula par terre. Est-ce cela que l'on appelle le transfert ? De mon côté, je me sentais mieux. Soulagé, libéré, je sortis d'un pas vaillant du bureau de mon analyste qui rampait sur le sol. L'écriture autobiographique procure la même libération. On se débarrasse de son paquet de linge sale en le confiant aux lecteurs. L'auteur va mieux et le lecteur se sent au bout du rouleau. Il hérite de nos angoisses. La vraie peste, ce n'est pas Freud qui l'a propagée, c'est Rousseau. Je prie tous mes lecteurs de m'excuser d'avoir bousillé leur existence pour sauver la mienne. Écrire, c'est lire en soi. Quand j'écrivis *L'amour dure trois ans* (Grasset, 1997), je pensais faire œuvre originale, mais n'inventais rien. Rousseau le Genevois m'avait précédé en distinguant l'amour conjugal et l'amour passion (dans *La Nouvelle Héloïse*). Selon lui, le désir est naturellement tué par le mariage. L'homme est malheureux en amour parce qu'il veut deux choses inconciliables : le plaisir charnel et la sécurité affective. Soleil sur les paupières, ciel dans la gueule. Pour rester avec quelqu'un longtemps, il faut accepter d'être cocu, ou bien il faut ne pas l'épouser : l'amour de longue durée suppose un art de la distance. Voilà pourquoi je suis heureux à Genève, loin de toi, mon amour. C'est la faute à Rousseau.

# L'importance de la météo

À Cannes, j'ai fait la connaissance de la fille qui présente la météo tous les soirs sur Canal+. Elle porte un nom d'héroïne de roman du XIXᵉ : « Pauline Lefèvre ». On dirait un titre de Fromentin ou Stendhal. Chez Dumas, Pauline est une fille pâle, triste, souffrante... George Sand a écrit une histoire prénommée ainsi en 1840, et c'est aussi le prénom de l'héroïne du *Hussard sur le toit*. Mais au début du XXIᵉ siècle, Pauline n'est plus brune : c'est une blonde saine, souriante et espiègle. Un soir, comme un ami se moquait idiotement de son boulot, elle s'est agacée : « Hé ho ! Ce que je fais est très important, c'est le moment le plus sérieux de la journée. Qu'y a-t-il de plus important que le temps qu'il fait ? » Les femmes aux yeux bleus ont toujours raison. Justement, j'étais en train de lire *L'Art de la fiction* de David Lodge (Rivages, 1996). L'écrivain britannique consacre un chapitre au « Temps qu'il fait ». Étrangement, jusqu'au XVIIIᵉ siècle, la météo n'apparaît presque jamais dans les romans ; c'est avec le romantisme que les romanciers se mettent à lever la tête et décrire le ciel, les nuages, la pluie, le soleil qui se fraie un chemin entre les branchages, la brume qui rampe sur l'herbe au petit matin... Il cite *Emma* de Jane Austen (1816) : « Le soir de ce jour fut très long et mélancolique à Hartfield. Le temps ajouta ce qu'il put de tristesse. Une pluie froide se mit à tomber en tempête et il ne resta plus de juillet que ce qui apparaissait dans les arbres et les buissons, que le vent arrachait, et dans la longueur du jour, qui n'avait pour effet que de rendre plus longtemps visibles ces spectacles cruels. » Les descriptions météorologiques nous paraissent pénibles ; il m'arrive souvent de les sauter. J'y vois une méthode de remplissage particulièrement facile pour les auteurs qui n'ont rien à dire. C'est la faute à Jane Austen s'il se met à pleuvoir dès qu'un personnage est triste, et si le soleil brille dès qu'une idiote tombe amoureuse. Balivernes ! Fadaises ! Pourtant Pauline Lefèvre a raison de défendre son travail. Le temps qu'il fait joue un rôle essentiel dans nos vies. J.D. Salinger dit quelque part que « les poètes prennent la météo trop personnellement ». C'est le principal sujet de conversation des êtres humains, mais aussi le problème majeur de notre époque, puisque nous allons bientôt crever à cause de cataclysmes naturels. La météo est le nazisme d'aujourd'hui, le monstre que nous devons combattre. Aujourd'hui, quand nous parlons du temps qu'il fait, ce n'est pas seulement parce qu'il détermine notre joie de vivre ou notre cafard, c'est parce que Dieu veut nous tuer, nous, nos proches, nos enfants, notre espèce. La météo fut un sujet romantique, puis le reflet d'un monde intérieur ; désormais elle est un sujet apocalyptique, comme l'avait très bien vu J. G. Ballard dans ses premiers romans de spéculative fiction : *Le Monde englouti* (1962) et *Sécheresse* (1965). On ne fait plus de métaphores avec une menace pareille : on gère cette fatalité comme Emmanuel Carrère avec le tsunami de 2004. Après avoir servi de miroir à nos émotions, la météo est à présent le criminel qu'aucune police ne parvient à arrêter.

# Le livre que j'aimerais lire

Ça commencerait par une phrase choc, simple et originale, qui accrocherait l'esprit. En la lisant, on se dirait : Ah la vache ! J'aurais bien aimé trouver ce truc-là. Comme un direct au foie, la repartie qui tue dans une comédie de Woody Allen, mais avec l'ambition d'un aphorisme de Cioran. Suivrait une description rapide d'un lieu inconnu avec des mots bien choisis, pas chiants, un paragraphe très beau qui planterait le décor sans s'appesantir trois heures non plus. Il y serait question de la lune et du ciel, mais de façon totalement novatrice. Cela parlerait d'un endroit où l'on aurait envie d'aller. Très vite, des personnages étranges, drôles et malheureux commenceraient de dialoguer calmement, sans frimer, et en quelques répliques on aurait la curiosité de les entendre plus longtemps, d'en savoir davantage sur leurs vies. Il y aurait un homme détruit, une femme sublime, un ami baroque, une vieille nymphomane, un clodo qui serait en fait le père de la fille sublime, et peut-être que la chute du livre serait que la vieille nymphomane serait en réalité un vieil érotomane. Ou peut-être autre chose : l'auteur aurait trouvé mieux. Surtout, on ne saurait pas très bien où l'histoire va nous mener. Ce serait attachant et imprévisible, attachant PARCE QUE imprévisible. Mais on sentirait à chaque page que l'auteur met toute sa vie dans ce texte, que c'est à ses yeux ce qu'il y a de plus important jamais écrit. Qu'il va nous révéler quelque chose sur nous d'incroyable et de vrai. Qu'il cherche sans arrêt l'expression neuve d'une douleur ancienne, qu'il tente de définir le malaise humain d'une manière à la fois actuelle et éternelle. Le tout, bien sûr, sans prétention ni banalité. Il serait flagrant que la personne qui aurait rédigé le livre placerait la littérature au-dessus de la mort. Mais jamais il ne se prendrait pour un grand poète, il chercherait sans arrêt l'évidence, la netteté, un style qui coule de source, des phrases qu'on a envie de noter mais qui n'arrêteraient pas la lecture. On serait épaté par tant de modestie. Et le livre regorgerait de détails précis, qui donneraient au récit son épaisseur et sa crédibilité. L'auteur serait à la fois présent et absent partout. Il prendrait de gros risques, dirait des réalités cruelles sur notre époque et sur l'humanité entière, mais sans la ramener, avec un humour discret et une sagacité blessée. On avancerait dans ce livre avec jubilation, une admiration teintée de jalousie. On ne pourrait pas quitter ces personnages toujours étonnants, ces chapitres féé-riques, ces paysages nuageux et grandioses, ces péripé-ties renouvelées. Le livre que j'aimerais lire n'est pas sorti ce mois-ci. Je l'attends tous les matins, quand je déchire frénétiquement les paquets-cadeaux des éditeurs. Parfois j'en rêve la nuit. Il me réveille à 4 heures du matin : je prends alors des notes sur un carnet. Car si je suis hon-nête jusqu'au bout, le livre que j'aimerais lire est peut-être celui que je n'arrive pas à écrire.

# J'ignore laquelle est la vraie

Il pleut, Léa Seydoux entre dans un café, la patronne lui tend une serviette pour essuyer ses cheveux trempés. En les frottant, elle demande si le juke-box marche toujours. Elle porte une petite robe blanche de coton sur un jean délavé. La patronne glisse une pièce de monnaie dans la machine. Une chanson démarre. Léa s'assied sur une banquette. Ses cheveux bruns serpentent autour de son doux visage bleuté. Une chanson commence : *Elle était si jolie* (1963) par Alain Barrière. Au début on sourit de la mièvrerie de cette ritournelle yéyé, puis on écoute les paroles, pour la première fois. « Elle était si jolie que je n'osais l'aimer. » Le volume augmente et on se laisse émouvoir par un regard de lapis-lazuli.

La première fois que j'ai vu Léa Seydoux, son visage mesurait cinq mètres de hauteur, ce qui signifie que ses pupilles mesuraient environ 80 centimètres de diamètre. Deux lacs clairs embusqués sous la frange, une bouche rose (d'un mètre de large). Le film s'intitulait *La Belle Personne* (2008) : Léa interprétait la princesse de Clèves, transposée dans un lycée parisien. Tout le monde était amoureux de la belle personne, les garçons se battaient pour elle. Le plus troublant chez Léa était sa diction pressée à la Deneuve, sa vitesse d'élocution ne l'empêchant pas d'être lasse. Léa est la preuve vivante que l'on peut parler à la fois vite et lentement. À chaque fois qu'elle n'apparaissait pas sur l'écran, la caméra s'ennuyait. En 2059, Léa Seydoux aura toujours ce visage. Même quand on sera tous morts, Léa continuera de sourire en écoutant Alain Barrière dans ce café.

La deuxième fois que j'ai vu Léa Seydoux, c'était à la campagne, dans une ferme. Un paysan buvait un verre de lait avec un officier nazi. Une famille de juifs était cachée sous le plancher. Léa tremblait de peur dans un coin, on ne la voyait pas très longtemps, mais une fois encore, c'était la meilleure scène du film. Cette fois, son corps mesurait au moins vingt mètres : j'ai vu *Inglourious Basterds* sur le grand écran du Festival de Cannes. Ensuite Léa Seydoux a commencé à faire la couverture de beaucoup de journaux féminins.

La troisième fois que j'ai vu Léa Seydoux, c'était pour de vrai. Je sais bien qu'il ne faut jamais rencontrer les actrices. Soit on est déçu, ce qui est triste ; soit on ne l'est pas, ce qui est dangereux. En règle générale, je préfère l'art à la vie. La réalité m'ennuie ; je préfère les livres, l'ivresse, les grands hôtels, les boîtes de nuit et le cinéma. Et les jolies filles car elles aussi me semblent irréelles. À condition qu'elles le restent.

J'aurais bien aimé que Léa Seydoux continue de mesurer dix ou vingt mètres de haut, toute ma vie. Seulement voilà : des amis nous ont présentés lors d'une soirée et j'ai commis une grosse gaffe. Ou plutôt un lapsus très révélateur : désirant la complimenter sur ses dents du bonheur, j'ai dit « j'adore vos jambes écartées » ! Elle a éclaté de rire et j'ai beaucoup rougi. Nous nous sommes assis dans de vieux fauteuils. C'est sûrement par politesse, pour dissiper mon malaise, qu'elle a ensuite renversé son verre de vin rouge sur moi. Nous avons parlé de la timidité. Nous sommes tombés d'accord sur un point : la timidité, ça craint. « Les gens prennent pour de la froideur ou du snobisme ce qui n'est que paralysie et maladresse. J'adore danser, boire, rigoler, mais je suis mal à l'aise dans les situations closes. C'est comme prendre l'avion : je déteste être enfermée, je suis obligée de prendre deux Xanax et un bêta-bloquant. Les boulasses. » « Pardon ? » « Oui, ça me fout les boulasses, j'ai peur en avion ! »

Cette expression « les boulasses » n'est-elle pas inattendue dans la bouche de la princesse de Clèves ? On appelle cela : la différence d'âge. Lorsque j'ai proposé à Léa de prendre un verre au Flore ou à la Palette, elle m'a rétorqué : « Sors du ghetto, mec ! » En vingt ans, le vocabulaire des demoiselles de bonne famille a quelque peu évolué.

Depuis quelques mois, j'alterne : tantôt je vois Léa en chair et en os, tantôt dans des films. J'ignore laquelle est la vraie. Mis à part la taille (dans la réalité elle mesure un peu moins de vingt mètres), elles se ressemblent beaucoup. Par exemple, je pense que Léa est réellement la princesse d'Angoulême du film de Ridley Scott : une Belle au bois dormant que le roi d'Angleterre veut réveiller, un rêve de conte de fées, une menteuse sexy et éthérée, avec cette langueur qu'on ne rencontre que chez les enfants gâtés. Je la reconnais aussi dans le rôle de Prudence de *Belle Épine* : on l'imagine très bien tomber amoureuse d'un crétin et le traiter comme de la merde. Quand elle m'appelle – il serait plus juste de dire : me convoque –, j'arrive ventre à terre, la langue pendante, et je l'écoute me raconter ses voyages, de sa voix mélancolique et speedée. J'essaie de la faire rire pour revoir ses dents écartées. En sa compagnie, je me sens toujours comme cette spectatrice de *La Rose pourpre du Caire* qui voit sortir de l'écran son idole. L'autre soir, elle m'a raconté ce que lui a confié Woody Allen : « Je ne voyage plus qu'en avion privé, comme ça quand j'ai trop chaud je peux demander au pilote d'ouvrir la fenêtre. »

— Léa, tu te rends compte de ce que tu es en train de vivre ?

— J'essaie d'en profiter mais je suis tout le temps crevée. Le Woody Allen, j'ai tourné seulement deux jours, presque sans avoir dormi. Je sais que je vis un rêve, mais les rêves, au matin, on ne s'en souvient pas, ils disparaissent.

— Moi j'aime bien tes cernes.

— C'est bien d'être fatiguée, ça met dans un état étrange, plus perméable aux émotions...

— La fatigue est ta méthode Lee Strasberg ! N'enchaînes-tu pas les boulots par besoin maladif d'être aimée, pour compenser le sentiment d'abandon que tu tiens de ton enfance de parents divorcés ?

— Pauvre con !

— Mais je déconnais !

— Romancier mondain !

— Jeune comédienne !

— Drogué !

— Petite-fille de !

Certes, nous nous chamaillons mais nous nous réconcilions vite car – attention scoop – Léa Seydoux est très intelligente, oui je sais, c'est injuste.

J'ai hâte de la voir en méchante dans *Mission impossible 4* (2011) et en vendeuse aux puces dans *Midnight in Paris* (2011). J'ai aussi hâte de boire d'autres bières avec elle en écoutant « *Human Nature* » de Michael Jackson : « See that girl / She knows I'm watching / She likes the way I stare... » Il faut que je fasse gaffe à ne pas trop dévoiler notre vie sexuelle aussi torride qu'imaginaire, sinon elle pourrait se fâcher. Elle risquerait de remonter dans son écran pour ne plus jamais en sortir. Cela m'est bien égal : je continuerai toujours de la regarder avec la bouche bée et les yeux écarquillés.

# Spleen à Francfort

Bienvenue à la 56ᵉ Foire internationale du livre de Francfort, 6 638 exposants venus de 111 pays, des dizaines de hangars reliés par des tapis roulants. On passe des vendeurs de saucisses aux libraires japonais, d'une exposition consacrée aux écrivains arabes à un cocktail organisé par un éditeur polonais... On se dit que ça va peut-être être excitant, mais non, c'est très calme, aseptisé. Les pieds s'enfoncent dans des moquettes molles comme des sables mouvants. Il pleut dehors mais on ne le sait pas. La plupart des gens sont trop stressés pour discuter du temps qu'il fait. Ils courent de rendez-vous en rendez-vous. À peine arrivé, je constate qu'on rencontre plus de gens au Frankfurter Hof que sur les stands. Parce qu'au bar, ils n'ont pas de rendez-vous ? Le bar de cet hôtel est un World Trade Center à lui tout seul. À chaque table, des agents vendent des droits aux enchères, en essayant de ne pas renverser trop de bière sur les synopsis. C'est le mercato littéraire mondial. Je commande une vodka pour me détendre. Je me demande pourquoi les maisons d'édition du monde entier se fatiguent à louer des emplacements à la Foire de Francfort alors que c'est à l'hôtel que tout le business se conclut. Derrière moi, Andrew Nurnberg (de chez Andrew Nurnberg Associates) ironise : « Les éditeurs dépensent tellement d'argent pour louer les stands qu'ils sont obligés d'acheter des livres à l'hôtel. Pour rentabiliser leur stand ! » La logique de ce cirque m'échappe. Les plus célèbres éditeurs de la planète sont dans cette pièce : anglais, américains, allemands, espagnols, italiens, et Olivier Orban (Plon), et Olivier Nora (Grasset), et Olivier Cohen (Seuil)... Peut-on réussir dans ce métier sans se prénommer Olivier ? Il faudra que je pose la question à Olivier Rubinstein. Je suis complètement déprimé. Une impression de noyade qui se confirmera le lendemain. Pour vous donner une idée de la taille de la Foire de Francfort, c'est à peu près dix fois le Salon du livre de Paris. Un labyrinthe de paravents en plastique. Vous errez entre des rayonnages, encerclés de VRP polyglottes qui beuglent dans leurs portables multifonctions. Vous croisez des Chinoises en tenue traditionnelle, des PDG en cravate Hermès, des équipes de télé débordées. Les étagères sont esthétiques, lumineuses, avec des PLV géantes expliquant que tous les romans de Bernard Werber sont traduits dans tous les pays. Il se dégage de ces halls climatisés une mélancolie atroce. Je finis par comprendre ce qui ne va pas : il n'y a pas d'écrivain à Francfort ! C'est la plus grande manifestation consacrée aux livres mais on n'y parle que de fric. On achète, on vend, on compare, on troque, on soupèse les chances du prochain Garcia Marquez, les tirages du *Parrain IV*, les possibles adaptations cinématographiques de livres dont les auteurs, absents, n'ont pas encore écrit la moindre ligne... Personne, en une semaine, ne m'a parlé de littérature. Je ne pensais pas que cette chose me manquerait à ce point. Finalement, je suis retourné au bar de l'hôtel. J'ai commandé une autre vodka. Il n'y avait plus de places assises. Les tables étaient couvertes de dossiers de presse. Tout le monde fumait et buvait pour oublier qu'il ne lisait pas. Mon éditrice hollandaise m'a dit que j'avais besoin de vacances. Puis nous sommes allés festoyer avec la bande de Flammarion dans un restaurant italien. La nuit, Francfort ressemble à La Défense. Ivre mort, je suis passé devant la maison où est né Goethe (c'est aujourd'hui un musée). J'ai eu une pensée pour le poète. Tu l'imagines à la Foire de Francfort, le vieux Johann Wolfgang ? Les souffrances du jeune Werther, mise à prix dix millions d'euros cash d'à-valoir minimum garanti, droits ciné non inclus, achats fermes dans 35 pays ! Cela m'a remonté le moral. Putain ! Les souffrances du vieux Beigbeder, c'est pas un titre « bankable » ça ? Faut absolument que je contacte mon agent.

# La mort du roman sera aussi la tienne

L'autre soir, je prenais un verre avec une ravissante animatrice de télé, blonde aux yeux bleus et aux pommettes saillantes. Après quelques Bloody Mary, tout d'un coup, elle se confia à moi. Sans doute les vitamines du jus de tomate. « Tu sais, Frédéric, c'est affreux : je ne lis plus de romans. » Cet aveu semblait lui faire du bien. Elle culpabilisait depuis des mois. « J'ai honte mais tu comprends, je n'ai plus le temps : je dois déjà me taper tous les journaux et magazines, j'ai des piles de *Libé* en retard, des vieux *Nouvel Obs* d'il y a trois semaines que je n'ai même pas ouverts, des *Madame Figaro* entassés et en plus avec Internet, comment veux-tu que je trouve le temps de lire des romans ? » Je me suis alors aperçu que la presse menaçait le livre à cause d'une nouvelle drogue : l'infomanie. J'avais déjà eu cette conversation avec Michel Polac, qui m'avait confessé son addiction. Pendant des années, il avait eu du mal à décrocher. Il lisait tous les journaux, tous les jours. Il sacrifiait un temps infini pour faire une revue exhaustive de la presse. De plus en plus de gens sont atteints : j'en connais même qui ne se contentent pas des magazines français, il faut aussi qu'ils épluchent le *Vogue* américain, le *GQ* allemand, le *Vanity Fair* italien, le *Tatler* anglais... au détriment du dernier Modiano. On croit souvent que la télévision tue la lecture mais le véritable ennemi est peut-être l'information continue. Et ce n'est pas tout. Sur sa lancée, ma copine audiovisuelle prolongea sa confession : « Je dois aussi parcourir toutes les biographies de mes invités, leurs témoignages et mémoires, les documents d'actualité, les essais économiques et politiques, forcément ce n'est pas de ma faute si les romans sont moins urgents... » Le roman n'est plus « nécessaire » à notre époque. Je ne savais plus très bien quoi dire à ma jolie speakerine. Pour gagner du temps, je lui commandai un autre Bloody Mary. Et puis une image pédagogique me vint comme une douce colère. « Vois-tu, Alexandra, un jour j'espère lointain, tu seras allongée sur un lit d'hôpital, très malade, et le médecin fera une drôle de tête en regardant tes analyses. Ne proteste pas, cela nous arrivera à tous inéluctablement. Et à quoi penseras-tu au moment d'y passer ? À tes enfants qui courent sur une plage. Au sourire des hommes que tu as aimés. À des paysages dans des pays lointains, des montagnes vertes sous le soleil, des villages sentant le pain chaud. À des nuages aux formes étranges. À tes parents. Au visage de ta mère le jour de tes 18 ans. À celui de ton père quand tu t'es mariée. C'est à tout cela que tu penseras au moment de partir. Quand tu auras les tuyaux dans les bras, tu ne penseras pas à Jean-Pierre Raffarin, ni à George Bush, ni à l'équipe de France de football, ni à France 2 ou Paris Première, ni à la dernière collection de Christian Dior, ni au divorce de Brad Pitt. Toute cette actualité, toute cette presse magazine, tous ces conseils sexuels, ces horoscopes débiles, ces potins vains, toutes ces images éphémères, ces photos chic, ces analyses et bios, ces interviews-portraits de Marc-Olivier Fogiel, ces dossiers très actuels, ces livres fabriqués sur l'économie libérale ou l'avenir de Nicolas

Sarkozy, tout ça c'est du vide, de l'écume, ce n'est rien, ça n'existe même pas ! Les choses importantes de ta vie, les journaux n'en parlent jamais. Les choses belles dont tu te souviendras au moment de ta mort ne sont pas imprimées dans les magazines, ni dans les témoignages de stars. Ta nostalgie, tes amours, ta famille, le sens de ton existence, la beauté, la vérité, tout cela est dans les romans et nulle part ailleurs. Il n'y a qu'en lisant des romans que tu as la conscience d'exister. Te priver de romans, c'est te priver de ce qui te rend grande et éternelle. La société actuelle se détruit en fuyant les romans. La mort du roman sera aussi la tienne, la mienne, la nôtre. » Mais elle ne m'écoutait plus. Déjà son portable sonnait. Elle devait replonger dans sa vitesse trépidante. Elle avait des rendez-vous ; elle était en retard ; elle était trop occupée pour m'entendre lui suggérer de vivre. Elle me laissa seul avec mes romans inutiles sur les bras. Et je me disais : Ô mon Dieu, faites qu'elle ne meure jamais.

# Jean-Jacques Brochier
# (1937-2004)

Dans le dernier article de sa vie, il évoquait Françoise Sagan sans savoir qu'il parlait de lui. Jean-Jacques Brochier définissait l'art des romans saganiens : « Ils racontent, jamais n'expliquent. *Never explain, never complain.* » Pas de psychologie : des gestes, des actes, regarder sans juger ni s'appesantir, avec élégance et sobriété. L'auteur d'*Un jeune homme bien élevé* (La Différence, 2002) est mort ainsi, sans explications, ni lamentation. Il est mort de la mort qu'il s'était choisie : en fumant et en buvant. En lisant, en écrivant. Ma tristesse n'a aucun intérêt si je ne l'analyse pas.

Ce que nous perdons avec Jean-Jacques Brochier, c'est un grand critique. Il est de bon ton, depuis toujours, de brocarder les critiques littéraires : ce sont des artistes impuissants, des frustrés jaloux, des romanciers refoulés, des ratés aigris... Peut-être, mais pas toujours. Il existe une espèce en voie de disparition : le critique que son métier intéresse. C'était le cas de Renaud Matignon, par exemple, et c'est pourquoi je suis aussi touché aujourd'hui qu'à sa disparition. Parce que cette curiosité, cet altruisme, cette passion pour « ça » (la littérature), cette sagacité cruelle, cette attention généreuse ne seront pas remplacés. Qu'est-ce qu'un « grand critique » ? Une vigie. Un esprit ouvert, mais aussi un garde-fou. Un homme qui cherche le roman ultime, celui qui résumera tout. Je croisais Jean-Jacques (et sa barbichette de d'Artagnan des lettres) dans des Salons du Livre pathétiques, ou dans des cocktails barbants, accoudé au bar. Il levait les yeux au ciel en signe de connivence. Il avait le soupir indulgent, une exigence sans mépris. Il aimait la compagnie des livres sans refuser la vie et l'humanité. Je crois qu'au début il me prenait pour un zouave, un histrion. Et puis, nous avions sympathisé parce qu'il voyait que « ça » me titillait. Il avait raison : au début j'étais un zouave, un histrion, c'est ensuite que « ça » s'est mis à m'intéresser. Voilà : un grand critique, c'est quelqu'un qui a toujours raison. Zut ! Quelle idée de mourir au moment où on commençait à se comprendre...

On le sait désormais : son licenciement du *Magazine littéraire*, après trente-cinq ans de bons et loyaux services, a été un assassinat. C'est ainsi : le capitalisme broie les gens et il n'y a pas de coupables. *Never explain, never complain.* N'empêche : c'est grave quand ces hommes-là meurent. Parce qu'ils nous privent de leur conversation de papier. Les chroniques de Brochier imbriquaient des références méconnues, des souvenirs personnels, une subjectivité injuste qui s'appelle le goût. On avait l'impression d'entendre la voix d'un Léautaud blasé et pétillant à la fois. Quand il parlait de Roland Barthes, on sentait qu'il avait bu des coups avec lui. Il s'engageait pour Nizan, Sartre et Vailland, polémiquait contre Camus, se fâchait, se réconciliait, et tout cela pour quoi ? Parce qu'en prison il avait été sauvé par la lecture. Merci au FLN d'avoir transformé un jeune rebelle en vicieux impuni ! Aujourd'hui je le proclame solennellement : j'interdis à Bernard Frank de mourir. Pas question. Il a encore du boulot. Après, il n'y aura plus personne pour croire que la littérature a une importance face à la télévision. Je crois que c'est Amadou Hampâté Bâ qui a dit : « Lorsqu'un aîné meurt, c'est une bibliothèque qui brûle. » Quand on m'a dit que Brochier était mort, j'ai eu l'impression d'assister, démuni, à l'incendie d'Alexandrie. Une vie entière consacrée à l'amour des mots, toutes ces heures de bonheur immobile passées dans le cerveau des autres. Et soudain, mon Dieu, des flammes, au feu ! Au feu ! Que font les pompiers ? Des milliers de livres consumés, et les cendres qui s'envolent dans le vent, et tout qui disparaît... Mais est-ce qu'on disparaît vraiment ?

# La crise littéraire

J'en ai assez d'entendre parler de la crise économique, de la crise financière, de la crise bancaire, pétrolière, alimentaire, sociale, religieuse, internationale ! Pourquoi n'évoque-t-on jamais la crise littéraire ? Nous aussi, passionnés de littérature, avons droit à une bonne crise !

(Ici le lecteur s'aperçoit avec consternation que son chroniqueur préféré a écrit le titre de sa rubrique sans savoir exactement ce qu'il allait mettre dedans.)

La crise littéraire résulte-t-elle de la surproduction romanesque (qui fait automatiquement baisser la valeur des romans, l'offre pléthorique étant supérieure à la demande congrue) ? La crise littéraire est-elle avant tout une crise d'inspiration (l'ego ayant pollué l'imaginaire) ? Peut-on endiguer la crise littéraire en réinjectant dans la littérature 700 milliards de mots ?

Tout est lié. La crise mondiale est d'abord une crise littéraire. Ce qui nous effraie dans la situation que nous traversons, c'est le manque de temps. Tout s'effrite en 102 minutes, comme le World Trade Center. Nous découvrons la fragilité du monde capitaliste. La cupidité des financiers a bon dos : le vrai responsable de la chute de l'Amérique, c'est la bêtise de ses chefs. Je soupçonne le PDG de Lehman Brothers, Richard Fuld, de ne pas avoir lu *À la recherche du temps perdu*. Proust aurait pu sauver

Wall Street ! Rappelons l'une des dernières phrases du *Temps retrouvé* : « La vraie vie, la vie enfin découverte et éclaircie, la seule vie par conséquent réellement vécue, c'est la littérature. » *What the fuck does it mean?* Ce que ça veut dire, pauvre Dick, c'est : « La grandeur de l'art véritable, au contraire de celui que M. de Norpois eût appelé un jeu de dilettante, c'était de retrouver, de ressaisir, de nous faire connaître cette réalité loin de laquelle nous vivons, de laquelle nous nous écartons de plus en plus au fur et à mesure que prend plus d'épaisseur et d'imperméabilité la connaissance conventionnelle que nous lui substituons, cette réalité que nous risquerions fort de mourir sans l'avoir connue, et qui est tout simplement notre vie. »

En moins bien dit, nos « efficaces » dirigeants ont perdu de vue le réel parce qu'ils ont négligé le temps. Ils ont cru que l'argent était la vie et l'art « un jeu de dilettante ». Dans le *Who's Who*, beaucoup de grands patrons placent le mot « lecture » dans la catégorie « hobbies », à côté de « tennis, voile, équitation, philatélie ». Ils ont bouleversé les priorités, ils ont pensé qu'ils pouvaient se passer de se connaître eux-mêmes, ils ont pris leur propre vie pour quantité négligeable, ou plutôt ils ont voulu reporter à plus tard cette connaissance de soi, ils ont préféré se précipiter dans le virtuel pour s'assurer une retraite dorée « à long terme ». Keynes les avait pourtant prévenus : « À long terme, nous serons tous morts. » (Keynes et Proust, même combat !) La catastrophe de 2008 va sans doute ruiner les espoirs de millions de gens, causer le chômage et la désolation partout sur cette terre, peut-être même déclencher une nouvelle guerre mondiale. Mais elle aura eu un mérite : contraindre l'homme à s'asseoir, ouvrir un livre et penser à lui. « Salut, moi. *Hi, Myself.* Comment vais-je, au fait ? » Rien n'a plus de valeur que ce geste. L'épargne, le futur, le crédit, les options ? Synonymes de mort. Vive la crise littéraire ! Je sens que le moment est venu d'étudier de près *Le Temps retrouvé* à l'ESSEC. Nous venons de nous réveiller, nous sortons d'une longue nuit qui a commencé dans les années 1950. Nous ouvrons les yeux, notre cœur bat, quelque chose d'extraordinaire est en train d'arriver. Quelle aventure ! Nous allons enfin savoir qui nous sommes.

# L'Urgence et la Patience

On connaissait la méthode Coué (pour être heureux il suffit de se répéter qu'on l'est), la méthode Assimil permettant d'apprendre l'anglais en dix leçons, la méthode rose d'Ernest Van de Velde pour devenir Mozart en une heure par jour (pendant huit ans), voici la méthode Toussaint. Le Belge Jean-Philippe Toussaint a trouvé les deux mamelles de l'écriture : l'urgence et la patience. J'ai l'air d'ironiser alors qu'il n'en est rien ; au contraire je suis très admiratif quand un écrivain parvient à clarifier un mystère. Toussaint vient de mettre deux mots sur une évidence impalpable : écrire, c'est être tiraillé entre deux forces contradictoires. C'est, dit-il, comme « tirer des penaltys avec des chaussures de ski ».

D'un côté il faut une URGENCE. Trop de livres ne sont pas nécessaires ; on pond alors ce que Paulhan surnommait des « livres qu'il aurait pas fallu ». Beaucoup d'auteurs n'ont tout simplement rien à dire d'indispensable. La qualité d'une œuvre ne tient donc pas à son sujet mais à ce que Toussaint nomme joliment « l'élan », la volonté, le bouillonnement intérieur qui précède sa création. L'écrivain est celui qui n'a pas le choix. On écrit comme on tombe amoureux : un livre s'impose à soi. On aurait peut-être aimé écrire autre chose, au départ on avait sûrement une meilleure idée, l'éditeur espérait une histoire rocambolesque, le public désirait le même roman que la dernière fois ? L'écrivain est seul à savoir s'il est sincère : il n'a qu'un livre à écrire, celui qui sort de son ventre. Cela devrait toujours être une question de vie ou de mort.

Cette urgence est bien sûr compensée, voire provoquée, par un réflexe opposé : la PATIENCE. Pour bien écrire il faut savoir attendre, laisser le livre infuser en soi. On imagine souvent l'écrivain au travail comme un glandeur inquiet de se faire poser un lapin par les Muses : c'est exactement sa situation. Écrire suppose du temps, de l'ennui, du silence, de la solitude. C'est une question de discipline : écrire c'est aussi se retenir d'écrire. L'écrivain, le vrai, a donc en lui un besoin impérieux de dire la chose la plus belle et importante du monde sous peine de crever, et cependant il doit flemmarder, paresser, prendre son temps, allumer un feu l'hiver, nager l'été. Un flâneur qui se prend la tête, un homme pressé de tergiverser, un procrastineur fiévreux : la condition de l'écrivain est la plus schizophrénique du monde.

Quel destin merveilleux, à première vue ! Et pourtant quelle angoisse épouvantable ! Rendez-vous compte : un écrivain est un dingue qui doit travailler sans travailler, un fou qui doit agir à la fois VITE et LENTEMENT, un Fregoli immobile, en quête d'un impossible « rêve de pierre » (Baudelaire). Souvent, les mauvais livres sont écrits trop vite. L'auteur a cru que l'urgence suffisait, qu'il tenait un truc d'enfer, qu'il devait le pondre d'un seul jet, sans respirer : le résultat est bâclé, la forme saccagée, les phrases banales – la nécessité ne suffit pas. Ou bien, l'auteur a privilégié la patience, il a trop corrigé, ciselé chaque paragraphe, réfléchi des années, reporté son chef-d'œuvre au lendemain, et son livre est précieux, ampoulé, un exercice de style vain, la sève originelle est noyée sous les épithètes – la patience a vaincu l'urgence ; la pierre a écrasé le rêve.

Aujourd'hui, moi qui me sens vide comme une femme venant d'accoucher, j'attends l'urgence. Merci à Toussaint de me fournir une bonne excuse. Un peu de respect, s'il vous plaît : sachez qu'un romancier affreux, sale et méchant, qui grince des dents allongé sur une banquette de taxi, à quatre heures du matin, est avant tout quelqu'un d'extrêmement besogneux.

# Zadie et Odradek

La version française de la revue américaine *The Believer*, fondée par Dave Eggers en 2003 et lancée ce mois-ci en France par les éditions Inculte, est tout simplement un trésor. On y trouve de tout : une conversation sur Bob Dylan entre Don DeLillo et Greil Marcus, une plongée hallucinante chez les post-baba-cools de la ville utopique de Christiania au Danemark, un entretien avec l'homme le plus drôle du monde (Steve Carell), une enquête sur les abris anti-atomiques en Amérique, et puis des critiques littéraires de Nick Hornby, et une conférence de Zadie Smith sur « L'écriture comme artisanat ». Zadie Smith est belle et intelligente ; un jour, l'université de Columbia à New York lui a demandé de parler de son métier d'écrivain. Elle s'est donc retrouvée face à des étudiants, obligée d'expliquer comment elle avait écrit ses trois romans. C'est un des textes les plus amusants jamais écrits sur l'angoisse de la page blanche.

« Art est un mot trop noble et trop étranger pour quelque chose qui se fait, la plupart des jours, en pyjama. » Sur un ton humble et passionné, l'auteur de *De la beauté* explique qu'il y a deux sortes de romanciers : les « macroplanners » (ceux qui ont toute la structure en tête avant de commencer à écrire) et les « micro-managers » (ceux qui rédigent une phrase après l'autre sans savoir où ils vont). Macro-planners : Tolstoï, Proust, Flaubert. Micro-managers : Simenon, Sagan, Fitzgerald. Les micro-managers sont plus angoissés que les macro-planners car – pardonnez-leur ! – ils ne savent pas ce qu'ils font : leur bureau est encombré de post-it et de carnets Moleskine, de livres ouverts, de citations scotchées partout. Ils se servent de tout ce qui peut leur tomber sous la main : une conversation entendue dans l'autobus, une réplique de film, un article dans le journal... Ce n'est pas du plagiat de recopier la réalité, si ?

J'ai bien aimé ceci : « Quand il faut que je fasse fondre mon cul d'esthète, je cesse de m'inquiéter de ce que Nabokov dirait, et attrape Dostoïevski, le saint patron du contenu par-delà le style. » Ce n'est pas parce qu'on aime les belles phrases qu'on doit en abuser. Parfois il faut se retenir de crâner. Il faut écrire un peu mal pour écrire mieux. Voilà qui m'a beaucoup rassuré. Lire les romans des autres aide aussi à écrire ; les conseils des grands écrivains ne servent à rien mais la lecture des chefs-d'œuvre est le meilleur des entraînements. Un peu plus loin dans sa conférence, Zadie Smith cite une créature de Kafka nommée Odradek, « bobine de fil à coudre plate, en forme d'étoile », dont le rire « ressemble au bruissement de feuilles mortes ». (C'est dans *À la colonie pénitentiaire et autres récits*). Ces détails originaux lui donnent confiance quand elle écrit. Il est vrai qu'Odradek, personnage absurde, ne s'oublie pas aisément : ce monstre narquois et bizarroïde prouve qu'il faut aussi avoir confiance dans le talent de son lecteur. Le bon écrivain a du talent, mais le grand écrivain est celui qui surestime ses lecteurs. Odradek n'existe que sur une seule page dans toute l'œuvre de Kafka mais une fois qu'on le connaît, il est difficile de s'en passer : cette étoile étrange avec des fils qui pendouillent et qui se fout de notre gueule, c'est donc ça la littérature – un objet inutile qui parle ? Écrire c'est être capable de donner naissance à des Odradek. « Certes, il ne fait de mal à personne mais je souffre presque à l'idée qu'il me survivra. »

# Une beauté radieuse

Si j'ai publié il y a deux ans un livre de 400 pages sur les mannequins russes, c'est parce que je pense que la beauté physique est un sujet extrêmement romanesque. La beauté physique est la dernière utopie mais, pour ceux qui la possèdent, c'est aussi un fardeau. La beauté physique est une forme nouvelle de fascisme qui rend dingues les beaux comme les laids.

Je n'avais pas vu Inés Sastre depuis dix ans : elle n'a pas changé. C'est dégueulasse. Elle dit qu'elle n'a jamais fait de chirurgie esthétique et je la crois. Ce n'est pas une femme, c'est une injustice. Peut-être qu'un jour elle se prendra un coup de vieux : boum, elle vieillira de vingt ans en vingt secondes. Je connais pas mal d'amies qui se frotteront les mains. Pour le moment, le temps n'a pas de prise sur la belle Ibère. Pourtant il s'est passé des choses dans sa vie depuis la dernière fois que je l'ai vue : un mariage, un enfant, un divorce, enfin, le genre de trucs qui creusent les rides et font grossir les gens normaux. Je crois que Diego (deux ans et demi) est son élixir de jouvence mais elle a un autre secret, que je révèlerai plus loin, afin de vous obliger à me lire jusqu'au bout.

Lorsque je lui ai téléphoné un dimanche après-midi pour prendre rendez-vous, elle m'a dit :

— Dans un quart d'heure au Bistrot Mazarin ?

— Je ne peux pas, je garde ma fille. On se voit la semaine prochaine ?

— Mais non ! Amène-la, c'est l'heure du goûter. Je vous attends.

— Mais...

— Quel bonheur. Très bonne idée. À tout de suite.

J'ai compris qu'avec Inés, il ne fallait pas trop discuter. Ses désirs sont des ordres. C'est quelqu'un à qui peu de gens ont dû dire non dans sa vie, et ils doivent le regretter amèrement. Elle a un des plus beaux visages du monde ; c'est un fait avéré. Si elle te file un rancard dans un quart d'heure, tu fermes ta gueule et tu obtempères. C'est ainsi que je me suis retrouvé avec ma fille de neuf ans en face d'Inés Sastre et sa coupe de champagne, au coin de la rue Mazarine et de la rue Guénégaud. Après avoir commandé un chocolat chaud, Chloé a entamé la conversation à sa manière :

— Inés, tu es autoritaire ?

— Non, je suis Espagnole.

La veille, Chloé avait posé pour le photographe Jean-Baptiste Huynh. La suite peut donc être considérée comme une discussion entre professionnelles du mannequinat.

Chloé : — Tu es Espagnole mais tu vis à Paris ?

Inés : — Oui, depuis 18 ans.

Chloé : — Deux fois mon âge ! Pourquoi tu ne vis pas en Espagne ?

Inés : — Quand j'étais petite, j'allais à l'école française en Espagne. Et puis mon fils est né à Paris. Ensuite j'ai une longue histoire avec Lancôme.

Là j'ai dû expliquer à ma fille qu'Inés incarnait les parfums « Trésor » et « Miracle » pour cette célèbre marque française de cosmétiques.

Chloé : – Ça veut dire quoi « incarner » ?

Frédéric : – Eh bien, sa tête est sur les abribus, dans les journaux, à la télé, au cinéma... Dans tous les magasins de tous les aéroports du monde...

Chloé ne se démonte pas, et continue son interview.

Chloé : – Faut-il souhaiter à un enfant d'être top model ?

Inés : – Non, il faut aller à l'école ! J'ai commencé comme actrice à 13 ans avec un réalisateur qui s'appelait Carlos Saura. Mais j'ai continué l'école, même quand j'ai gagné le concours Elite Look of the Year, j'ai continué les lettres modernes à la Sorbonne. Je ne me considère pas comme une mannequin.

Chloé : – Tu connais New York ? J'y étais à Noël.

Inés : – Oui.

Chloé – Tu as vu la Statue de la Liberté ?

Inés : – Oui mais à Paris, sur la Seine.

Chloé : – Donc tu ne l'as pas vue.

Inés : – Et toi ?

Chloé : – Moi non plus, il y avait quatre heures d'attente, alors Papa a loué un hélicoptère et on l'a vue d'en haut.

Ici, sentant que ma fille était à court de questions, j'ai décidé de prendre le relais.

Frédéric : – Tu te souviens quand on venait, la nuit, avec Édouard Baer, jeter des pièces sur ta fenêtre, rue Vineuse ?

Inés : – Oui ! C'était il y a longtemps... J'aimais beaucoup l'épicier d'en face, il me jouait du violon pour m'endormir...

À l'époque Inés n'était pas célèbre en dehors de notre cercle d'amis mais elle avait déjà toute notre bande d'hurluberlus à ses pieds. Elle n'avait pas encore tourné avec Michelangelo Antonioni et Peter Lindbergh. Je me souviens qu'elle faisait sensation quand elle entrait, souriant et marchant lentement, dans les soirées à l'hôtel Lambert ou à Vaux-le-Vicomte, « une enfant radieuse », comme disait Truman Capote à propos de Marylin, au bras de sa meilleure amie Hortensia Visconti, la petite-nièce du grand cinéaste. Fin du flashback proustien. Je regarde ses mains tatouées au henné.

Frédéric : – C'est quoi cette horreur ?

Inés : – C'est pour un livre que prépare Bettina Rheims, elle m'a déguisée en indienne.

Elle allume une Marlboro Light. Elle redemande une coupe de champagne. Il est 16 h 45.

Frédéric : – OK, tu fumes, tu bois, mais afin de savoir si tu es la femme parfaite, il faut que je te pose une question : est-ce que tu manges de la fondue savoyarde ?

Inés : – Bien sûr ! J'adore. J'ai organisé une fondue chez moi la semaine dernière.

Olivia Sulitzer, une jolie blonde, la fille de Paul-Loup, vient de nous rejoindre au Mazarin. Elle confirme, elle y était.

Frédéric : – Donc l'égérie de Lancôme mange de la fondue au fromage ? Je peux imprimer ce scoop ?

Inés : – Tu peux.

Sachez, chères lectrices, que tel est peut-être le Secret de l'Éternelle Jeunesse (oui c'est la révélation promise au début de ce papier) : il faut tremper régulièrement du pain rassis dans un caquelon de fromage fondu.

Le lendemain, je suis passé à la séance photo de *Femmes* avec un paquet de nounours Haribo à la main, la fondue savoyarde étant un plat compliqué à transporter. Un photographe sadique travestissait Inés en Sophia Loren, Ava Gardner, Marlon Brando, Charlie Chaplin. J'ai compris pourquoi cette Espagnole qui a commencé par le cinéma possède les qualités requises pour poser : Inés Sastre aurait fait une excellente actrice de cinéma muet. Je ne dis pas cela méchamment : elle est très drôle, volubile, c'est le seul supermodel qui a lu tout Thomas Bernhardt, elle a la même voix enrouée que sa copine Carla Bruni, mais elle sait aussi être un jouet qu'on habille et déshabille, qui sourit sur commande, change de pose à chaque flash, devient tour à tour triste, perverse, gentille, gaie, rebelle ou innocente, coiffée, décoiffée, avec une énorme patience, une grande concentration. Peu de femmes sont capables de se prêter à ce jeu aussi calmement. Il faut accepter d'être une poupée entre les mains de coiffeurs, maquilleurs, stylistes, qui te manipulent, te triturent et te magnifient. Inés rencontre toute l'année des gens qu'elle ne reverra jamais : elle a développé cette sorte de politesse qui est l'armure de l'indifférence. Elle est habituée à ce que le monde la regarde. Mais par moments elle en a marre, elle sait qu'elle mérite mieux que de plaire seulement par ses dents blanches, son grain de beauté sur la bouche, ses yeux et ses cheveux noirs, ses mains fines et ses jambes fuselées... Elle sait que cette perfection est provisoire, et elle rêve que quelqu'un découvre l'autre Inés, l'enfant radieuse qui a dévoré, dès que j'avais le dos tourné, tous les nounours rouges de mon paquet de bonbons.

# L'icône geek

C'était rue Saint-Dominique, faubourg de Saint-Germain, dans les jardins du secrétariat d'État à la Prospective et au Développement de l'économie numérique. J'avais enfin réussi à semer les caméras de France 5 que *Libé* avait lancées à mes trousses. Le soleil ne réchauffait rien, diffusant une lumière hivernale, inutile. Dans une cour voisine, des enfants jouaient à la balle au prisonnier. J'essaie de me souvenir de cette demi-journée passée avec Nathalie Kosciusko-Morizet. C'était le 9 mars 2009, il y a si longtemps... Ou peut-être hier, je ne sais pas.

Nathalie portait des bottes en daim noir, un foulard orange et rose, un manteau évasé d'aristocrate polonaise. Son chignon lui donnait de faux airs de marquis poudré XVIII$^e$ quand elle dévalait les escaliers de son hôtel particulier reconverti depuis la Révolution en annexe des services du « P.M. » (Premier ministre). La ministre avait sept ans de moins que moi ; elle ressemblait un peu à Agnès Jaoui. Je me souviens de sa voiture noire aux vitres teintées. D'une poche du fauteuil dépassait la tête d'une girafe en plastique appartenant à son fils. La ministre m'expliquait des choses compliquées : je n'osais lui dire que je ne comprenais rien. Je détestais le virtuel, je me fichais complètement de la révolution numérique, la crise mondiale me donnait envie de me réfugier dans le Pays basque : regarder paître les brebis des Pyrénées me semblait une réponse adéquate à l'augmentation des déficits publics.

La voiture s'est arrêtée devant un endroit étrange nommé « L'Échangeur ». Décoré comme le vaisseau spatial de *Cosmos 1999*, ce hall d'exposition permettait de s'initier à toutes sortes d'innovations technologiques. Des garçons en chemise rayée faisaient fonctionner des logiciels et des écrans en 3D ; la ministre faisait glisser des images sur un plasma tactile avec son doigt ; une dame gentille ressemblait à Mireille Darc. J'ai volé un chausson aux pommes sur un buffet. J'avais l'impression de revoir *Mon Oncle* de Jacques Tati. Tous ces gens sérieux employaient des mots comme « réalité augmentée » et essayaient de nouveaux gadgets en hochant la tête d'un air très concentré. Ils avaient trouvé une nouvelle utopie ; je souriais gentiment, comme Nathalie, car je ne voulais décevoir personne. Après avoir été la ministre de l'Écologie elle était désormais la ministre du Futur. Était-elle passée de la résistance à la collaboration ?

— Je ne suis pas technobéate, mais la technique est là, elle se développe, ne faisons pas l'autruche.

— Mais...

— Internet n'est pas forcément un enfermement, ça peut aussi être une ouverture. C'est comme le nucléaire : on peut en faire une bombe mais aussi un scanner.

Elle voulait moderniser la France en la transformant en « video game » géant. Elle voulait qu'on ait tout dans notre téléphone : la télé, le web, la carte de crédit, les livres, les disques, les films. Cela me faisait penser au « traceur » de *Crépuscule Ville*, le roman de science-fiction paranoïaque de Lolita Pille (Grasset, 2008). Le boîtier qui asservira l'humanité a été imaginé dans l'enthousiasme par des personnes diplômées qui nous voulaient du bien. Une conseillère de la ministre, Anne Dorsemaine, apercevant ma moue inquiète, me parla des « systèmes d'invisibilité » permettant de continuer à mentir à sa femme. Cela m'a rassuré. La voiture noire nous a ramenés rue Saint-Dominique, où le déjeuner, en tête-à-tête, était servi à l'étage. C'était un menu bio : rougets à la mâche, poulet aux carottes. Par la fenêtre on voyait la double flèche néo-gothique de la basilique Sainte-Clothilde. J'ai posé la seule question que j'avais préparée :

— C'est pas trop dur de se lancer en politique dans un monde où nous savons que le politique ne sert à rien ?

— J'ai travaillé dans la recherche, dans l'industrie, dans le militaire, dans le public, dans le privé... C'est dans la politique que j'ai l'impression d'être le plus fortement en prise avec la réalité, et d'avoir vraiment, sincèrement, la possibilité de changer les choses.

— Un exemple précis de quelque chose que vous avez changé ?

— Le bonus-malus écologique pour les voitures a réduit en un an de 10 grammes de $CO_2$ par kilomètre en moyenne la pollution du parc automobile national.

— Alors d'accord. C'est vous qui avez raison.

Il faut des personnes convaincues pour gouverner un pays. Voilà ce que je me disais. Les écrivains restent dans leur coin à tout critiquer, les hommes politiques avancent ; nous n'avons pas la même fonction.

# Le Mailer d'entre nous

Les gens ne meurent jamais pour rien, surtout pas les écrivains, qui meurent pour qu'on les lise. Les écrivains vivants sont trop encombrants, on n'arrive pas à les déguster sereinement. Ils font de l'ombre à leur prose. C'est comme si nous étions assis dans une salle de cinéma avec le réalisateur debout devant l'écran. Vous verrez, quand Sollers, Modiano, d'Ormesson, Le Clézio, Houellebecq, Angot, Nothomb crèveront. Le tri sera facile à faire. On pourra enfin découvrir leurs livres sans qu'ils soient écrasés par leurs mimiques. Lesquels auront décrit leur époque en un style inconnu ? Lesquels feront pleurer, rire, rêver *post mortem* ? Lesquels n'auront rien fait du tout que gesticuler dans le vide ou répéter les mêmes clichés ?

C'est tellement évident : la seule chose que les lecteurs attendent des écrivains, c'est leur décès. Pour pouvoir les juger en toute objectivité, sans être influencés par le bruit qui sort de leur bouche, ou par leur visage faussement inquiet. Quant aux critiques littéraires, ils souhaitent la mort des écrivains parce qu'ils en ont marre d'être obligés de les lire au lieu d'écrire ce satané chef-d'œuvre qu'ils n'écrivent jamais.

La mort d'un écrivain est une étape cruciale de sa carrière. Jean-Edern Hallier est mort persuadé qu'on le relirait : il se trompait. Guillaume Dustan est mort convaincu qu'on l'oublierait : il avait tort. Édouard Levé s'est suicidé sans savoir si son œuvre lui survivrait ou pas (la réponse est oui : *Autoportrait* (P.O.L., 2005) restera comme le *Je me souviens* des années 2000). Et Norman Mailer ? Il est mort parce qu'il a eu la flemme d'achever sa trilogie sur Hitler, celle où il affirme que le Führer était le fruit d'un inceste. Il est mort parce qu'il savait que l'essentiel de son travail était derrière lui. Il est mort pour que nous lisions *Les Nus et les Morts* (1948), *Le Parc aux cerfs* (1955), *Les Armées de la nuit* (prix Pulitzer, 1969), *Le Combat du siècle* (1975) et *Le Chant du bourreau* (prix Pulitzer, 1980) au lieu de perdre notre temps à lire Douglas Kennedy et Paul Auster. Il est mort parce qu'il était fatigué d'écrire dans l'indifférence, de ne plus effrayer personne, de relire dans les journaux les éternels mêmes portraits de lui, recopiés sur ceux parus à la sortie de son livre précédent, eux-mêmes calqués sur le dossier de presse de celui d'avant. Le fondateur de l'hebdomadaire *Village Voice* est mort pour cesser d'être pris pour un journaliste et devenir enfin le plus grand romancier de non-fiction depuis Truman Capote (avec Tom Wolfe). Norman Mailer est mort pour que sa guerre dans les Philippines, son engagement contre la guerre au Vietnam et en Irak, ses six femmes, ses neuf enfants, ses articles dans *Playboy*, son coup de canif à sa deuxième épouse en 1962, sa candidature foireuse à la mairie de New York en 1969, ses grands entretiens avec Manuel Carcassonne ou Bernard-Henri Lévy cessent de nous dispenser de lire ses romans.

Norman Mailer est mort pour qu'on le comprenne enfin. Accordons-lui ce plaisir (qui fera aussi le nôtre). « Alors, dans mon âme froide d'Irlandais, brille un instant la faible lueur des joies de la chair, aussi rare que la larme de pitié la plus rare, et nous nous mettons à rire ensemble, malgré tout, car c'est là l'un de ces étranges dialogues qui donnent à nous, nobles humains, de l'espoir pour plus d'une nuit. » (Dernière phrase du *Parc aux cerfs*, 1955, 1956 pour la traduction française de Claude Elsen chez Denoël.)

# Le confort tue lentement

Un truc que j'ai beaucoup entendu sur *Un roman français*, c'est : tu as écrit un roman trop confortable. Ton enfance est bourgeoise, tu te plains de ta garde à vue parce que tu es un gosse de riches. Tu n'as pas supporté qu'on t'enferme dans un cachot puant pendant trente-six heures, pauvre petit fils à papa gâté ? C'est parfaitement exact. Mais on a tort de minimiser l'importance du confort. Le désir de confort est ce qui détruit la planète en ce moment. Le monde entier veut sa télé, son frigo, son électricité, son TGV, son air conditionné, ses supermarchés, ses autoroutes, ses aéroports, son dioxyde de carbone. Le confort est ce qui crée l'immigration : certains pays étant plus confortables que d'autres, les démunis veulent y avoir accès, même au péril de leur vie. C'est le confort qui donne envie aux pays pauvres de se développer pour ressembler aux pays décadents. Les prochaines guerres seront des guerres pour le confort. L'accès au confort va-t-il se généraliser ou l'injustice se creuser ? Le confort va-t-il nous détruire ou au contraire permettre à toute l'humanité de se prélasser dans un bain chaud ? Pour sauver notre planète, allons-nous devoir renoncer à vivre agréablement, bien chauffés, la lumière allumée, en mangeant de la viande et roulant en voiture individuelle ? Pourquoi les déshérités doivent-ils vivre dans des immeubles qui ne sont pas construits adéquatement pour résister aux tremblements de terre ? Désolé les gars, le confort n'est pas un sujet frivole. La Chine en veut davantage, Haïti y avait droit, les Américains ne renonceront pas à leur climatisation. Le droit au confort est le droit de l'homme suprême, tous les Terriens veulent en bénéficier, quitte à tous mourir pour lui. Vous venez enfin de comprendre la dernière pub Diesel : « BE STUPID » ! Le confort me paraît un bon thème de roman : se plaindre de son petit inconfort, c'est aborder les principaux problèmes du siècle prochain. Nous créons confortablement notre Apocalypse ; la fin du monde, nous la regarderons de notre canapé, en croquant des gougères au fromage réchauffées au micro-ondes, gonflées et brûlantes comme de petits champignons atomiques.

# Dernier breakfast au Plaza

New York, un jour d'avril. J'ai traversé Central Park à pied. La patinoire venait de fermer : du coup, les amoureux étaient obligés de se rouler des pelles dans l'herbe. Le Plaza Hotel scintillait comme une pépite d'or sous le soleil printanier. Saul Bellow venait de mourir, et le Plaza n'en avait plus pour longtemps. Devant la porte tambour, les limousines dansaient une dernière valse. J'ai pénétré dans le lobby. Au bout d'un tapis moelleux, je me suis assis dans un fauteuil profond comme mon chagrin. Les lustres éclairaient le « Palm Court » (la salle de restaurant entourée de palmiers qui apparaît dans *Gatsby le magnifique*) et les brushings des vieilles milliardaires réfléchissaient comme des boules à facettes. J'ai commandé un *french toast* car je suis patriote à chaque fois que je suis loin de chez moi. Le concierge était déprimé quand je lui ai demandé de me confirmer la nouvelle : « Oui, nous fermons définitivement le 30 avril. » Ainsi c'était fini : le Plaza Hotel était vendu par appartements de 15 à 20 millions de dollars, transformé en résidence privée dès la fin du mois. Le maître d'hôtel tremblait en versant le jus d'orange dans mon verre : lui aussi perdrait bientôt son boulot, comme le liftier, les grooms, la vendeuse du *gift shop*, les portiers, les *bartenders* et les réceptionnistes.

Inauguré en 1907, le Plaza Hotel faisait partie des légendes de Manhattan mais surtout de l'histoire de la littérature. Combien de fois ce lieu magique est-il cité dans les nouvelles de Scott Fitzgerald et de Dorothy Parker ? Tout le monde se souvient de la bande dessinée pour enfants *Eloise at the Plaza*, de Kay Thompson. Mais les snobs se souviennent aussi du bal Noir et Blanc donné ici par Truman Capote le 28 novembre 1966 pour fêter le succès de son roman *De sang-froid*. Parmi les invités : Frank Sinatra et Mia Farrow (qui venaient de se marier). Norman Mailer, Rose Kennedy, Henry Fonda, le maharadjah de Jaipur, Lauren Bacall, John Steinbeck, Arthur Miller, Andy Warhol... C'est donc un siècle du Rêve américain qui disparaît. Le Plaza a survécu à la prohibition, à deux guerres mondiales et une guerre froide : seul le boom de l'immobilier a réussi à en venir à bout. Pourquoi suis-je autant fasciné par les lieux qui meurent ? En déambulant dans les couloirs de ce paquebot immobile, j'ai fini par échafauder une théorie : ce qui m'attire dans ces endroits condamnés (le Windows on the World comme le Plaza Hotel), c'est qu'ils ressemblent à la littérature. La littérature est un luxe en voie de disparition. Dans un an, ou dix, ou vingt, je passerai devant le Plaza Hotel et je me souviendrai du Oak Bar aux murs sombres donnant sur le parc (c'est ici que Cary Grant se fait kidnapper au début de *La Mort aux trousses*). Je songerai qu'en ce lieu révolu le temps échappait au rythme économique. Je ralentirai le pas. Le Plaza Hotel... était un livre. Lire, c'est comme prendre un petit-déjeuner dans un palace en faillite : on attend la fermeture. Il en reste des impressions, des souvenirs, des figures et un style. Le capitalisme néglige l'importance de tout cela et il a bien tort. Le Plaza Hotel donnait une certaine poésie à l'argent. En traversant la 5ᵉ Avenue, je me suis retourné une dernière fois pour contempler l'immeuble qui s'éloignait dans mon dos. On aurait dit un château allemand, une cathédrale gothique, un chef-d'œuvre en péril. En marchant vers mon futur – c'est-à-dire le lieu d'où je pourrais regretter le passé –, je me suis souvenu d'une blague qu'écrivit Hemingway, un soir de beuverie, à son ami Fitzgerald : « Si tu as le cafard, prends une bonne assurance et j'organise ton assassinat. Je t'écrirai une magnifique oraison funèbre... Puis on léguera ton foie au musée de Princeton et ton cœur au Plaza Hotel. »

# Le dernier salon où l'on n'écrit pas

C'était à Saint-Malo, faubourg des Étonnants Voyageurs, dans les jardins de Le Bris. Dans l'après-midi, j'avais dédicacé quelques exemplaires sous une tente. « Pour Madame X, ce livre exceptionnel, Amicalement, Frédéric Beigbeder. » « Bon anniversaire Francine, ce cadeau coûte 99 francs, Frédéric Beigbeder. » « L'égoïste romantique embrasse Jessica goulûment, Frédéric Beigbeder (Hôtel du Colombier, chambre 32). » Puis j'avais traîné sur la plage. Le soleil se couche souvent quand je suis assis sur du sable et je sais bien pourquoi : le reste de l'année, je ne peux pas le voir puisqu'il se planque derrière les immeubles et les panneaux d'affichage. Sur l'eau de mer flottait la tombe de Chateaubriand, sur laquelle Sartre est venu uriner il y a longtemps (anecdote racontée par Simone de Beauvoir dans *La Force de l'âge* en 1960 : « Des vagues café au lait battaient le Grand Bé, c'était beau ; mais le tombeau de Chateaubriand nous sembla si ridiculement pompeux dans sa fausse simplicité que, pour marquer son mépris, Sartre pissa dessus. »). Cela me fait penser que je ne suis toujours pas allé pisser sur la tombe de Sartre, au cimetière Montparnasse. Il faudrait tout de même venger Chateaubriand. Le soir, au restaurant Le Chasse-Marée, Gérard Oberlé était plus en forme que moi : il chantait du Shakespeare. Paul Auster parlait français couramment : il devrait écrire ses livres directement dans notre langue, puisqu'il n'est pas lu dans son pays. Laurent Gaudé faisait un peu la gueule (dans *Voici*, j'ai comparé son roman à une pub Barilla). Baptiste Liger avait peur de se prendre une mandale (il a flingué Gaudé dans le « Poubelloscope » de *Technikart*). Un souper littéraire, c'est un endroit dangereux : on se retrouve toujours assis à côté de quelqu'un qu'on a descendu, ou de quelqu'un qui vous a descendu. Un autre soir, chez Nicole Garcia, Yasmina Reza m'a reproché d'avoir éreinté son dernier roman sans l'avoir lu : c'était faux mais j'ai eu du mal à le lui prouver car j'avais oublié jusqu'à son titre. Talleyrand disait que « la parole a été donnée à l'homme pour cacher sa pensée ». Je propose de moderniser ce constat : les Salons du livre ont été créés pour empêcher les écrivains d'écrire. Durant ce merveilleux week-end malouin, j'ai serré beaucoup de mains, embrassé de nombreuses joues, assisté à des débats houleux, avalé des douzaines d'huîtres, imaginé des calembours sur les fruits de mer (« Métro, bulot, dodo »), bronzé avec des attachées de presse et couché avec une Anglaise ; donné des interviews à des journalistes stagiaires, posé pour des photographes alcooliques, dansé sur des musiques saoules, éclusé des bouteilles de vin blanc... mais jamais je n'ai écrit (sauf mon nom, sur des pages de garde). Le but de ces festivals, colloques, conférences, réunions, congrès, salons est toujours le même : éviter de pondre un autre livre. Il y en a trop ! Déambuler dans les allées entre les piles de millions d'œuvres impérissables est un grand exercice d'humilité. Les écrivains doivent absolument arrêter d'écrire. C'est une bonne idée de créer des rendez-vous qui leur permettent de ne pas se livrer à leur graphomanie. Le festival Étonnants Voyageurs est le plus agréable de France. J'ai aussi de bons souvenirs du Salon du livre de Cracovie ou de Brive-la-Gaillarde. Ce sont des moments formidables, exceptionnels, où je n'ai rien écrit. J'ai adoré ne pas écrire à Bruxelles, à Francfort, à Genève, à Zagreb ou à Lviv. Je recommande particulièrement le Salon de Nice : idéal pour ne pas écrire au soleil. Je déplore la disparition du Salon du livre de Bordeaux, qui permettait de ne pas écrire en buvant des grands crus. Je suggère de créer davantage de Salons à Paris, pour que je puisse plus souvent ne rien écrire dans ma ville natale. On écrit toujours trop ! Le gros défaut des Salons de Moscou et d'Istanbul ? J'y ai écrit mon dernier livre. C'était très mal organisé : je disposais de trop de temps libre pour réfléchir et me promener. Le festival Étonnants Voyageurs est le meilleur pour une raison très simple : non seulement je n'y ai rien foutu, mais Laurent Gaudé non plus !

# Le cèdre du Jardin des Plantes

Plongé depuis deux semaines dans une sorte de tourbillon hystérique nommé « Rentrée littéraire », je n'ai trouvé qu'un refuge : le cèdre du Jardin des Plantes. J'ai découvert cet arbre majestueux dans une digression de François-George Maugarlone dans *Présentation de la France à ses enfants* (Grasset, 2009). Il paraît que Cioran réunissait une fois par an quelques amis autour de ce vieux conifère. « L'orateur rendait hommage au cèdre d'avoir échappé à la fureur des Versaillais, aux éjaculations de la Grosse Bertha, aux bombardements de l'aviation américaine, aux attentats contre le général de Gaulle... » La graine de ce cèdre du Liban fut rapportée d'Angleterre et plantée par Bernard de Jussieu en 1734. Je suis allé lui rendre visite. Cet arbre est désormais ma Roche de Solutré. Je vous conseille d'aller lui parler : j'ai l'impression qu'il s'ennuie. Voici son adresse : à Paris 5e, il faut entrer par le 40 rue Geoffroi-Saint-Hilaire, avancer vingt mètres puis prendre l'allée de droite. Vous vous trouvez alors devant un tronc immense qui supporte un toit de branches horizontales, comme un parasol géant. Ce cèdre a survécu à toutes les tempêtes. Il est un point de repère qui nous force à relativiser nos angoisses momentanées. Je ne pensais pas qu'un jour l'un de mes meilleurs amis serait un arbre. Quand je lui parle, il ne répond pas : c'est une des choses que je préfère chez lui. Je pense qu'il me méprise un peu (il a 284 ans), mais je sais qu'il ne me quittera jamais. Seuls les cris des singes de la ménagerie troublent son silence inamovible. Ceci est ma contribution à la lutte écologiste : certes, mon scooter pollue l'atmosphère, mais je m'incline devant un vieil arbre parisien. Nous autres, citadins, avons besoin d'idolâtrer la nature. Parfois, il est sain de se prosterner devant d'autres créatures que les participants à « Secret Story ».

# Le Principe d'insouciance

Arrêtez de me protéger ! L'État n'est pas un préservatif. Je tiens à ma liberté, y compris celle de prendre tous les risques. J'ai le droit d'être imprudent. Je veux voler à travers des éruptions volcaniques, habiter une maison inondable si ça me chante ! Je suis assez grand pour décider de me faire du mal, je construirai une digue en fumant des cigarettes. Et de grâce, ne me vaccinez pas de force contre un virus qui ne me menace pas ! Le titre initial prévu pour cette chronique était : « Le Principe d'imprudence » mais le philosophe Frédéric Schiffter m'en a suggéré un meilleur au Bistrot du Haou (Biarritz). Il est temps d'inscrire le principe d'insouciance dans le préambule de la Constitution. Ce mot rime avec France, oui ou non ? Le problème des gouvernements qui se sont succédé à la tête de notre pays depuis l'affaire du sang contaminé est qu'ils ont le trouillomètre comme boussole, la paranoïa en guise d'utopie. Après le nazisme et le communisme, la nouvelle idéologie totalitaire se nomme le « parapluisme ». On ouvre le parapluie car on veut être « responsable mais pas coupable », comme disait Georgina Dufoix en 1991. Depuis cette sinistre histoire de transfusions pourries, tout danger est exagéré, et le citoyen, considéré comme une victime potentielle, se voit imposer toutes sortes d'interdictions. S'il renâcle, le pouvoir paternaliste n'hésitera pas à employer la force pour l'obliger à rester bien portant. C'est là que le bât blesse : le « principe de précaution » dégénère souvent en dépenses inconsidérées, destructions préalables, restrictions de flore intestinale, détentions provisoires. N'oublions pas que tous les fascismes voulaient le bien commun. Certes, personne ne veut être empoisonné à la vache folle. Mais il faut se rendre à l'évidence : aucun gouvernement n'arrivera jamais à supprimer la mort.

# Le syndrome Susan Boyle

Par une étrange inversion des valeurs, la société actuelle célèbre épisodiquement une personnalité dont l'aspect physique bafoue les règles d'idolâtrie établies par le fashisme universel (jeunesse sexy, taille mannequin, visage infantile). Autrement dit, pour déculpabiliser de favoriser sans cesse la beauté, on se met de temps en temps à applaudir, en pleurant de joie, quelqu'un de pas trop canon. Ce mois-ci, la gloire est tombée sur une grenouille de bénitier écossaise aux charmes très cachés : miss Susan Boyle fut donc bombardée « Britain's Got Talent » et femme la plus téléchargée du monde moderne (100 millions de clics). Plusieurs remarques s'imposent : d'abord, en visionnant attentivement la séquence, on se rend compte que le public réagit très tôt à la chanson des *Misérables*, le joli brin de voix de Suzie n'expliquant pas à lui seul sa vitesse d'acclamation. Il s'agit avant tout d'une révolte contre la condescendance du jury (ou bien c'est truqué). Ensuite, l'habillement « mémère » de la dame, sa coiffure provinciale, son bégaiement introductif, son double menton comptent pour beaucoup dans l'émotion des jurés blasés : ce n'est pas son talent de chanteuse qui est salué. On se venge surtout de la dictature des bimbos. Conséquences probables : après ce feu de paille, Susan Boyle retournera à l'anonymat dont elle n'est sortie provisoirement que pour faire croire aux masses qu'elles sont libres d'être moches ; si des stylistes crétins modifient en quoi que ce soit son apparence, elle sera jetée aux oubliettes, et sa vie deviendra un cauchemar encore plus cruel que le destin de sœur Sourire. Juliette, sorte de Léo Ferré au féminin, a réussi sans l'aide des médias, et malgré eux. Sainte Susan Boyle est l'alibi, l'excuse, l'épouvantail magnifié cyniquement par les apôtres de la « pétassisation » mondiale.

# Éloge de l'aigreur

À part Ségolène Royal, tous les aigris sont drôles. En général, l'aigreur maintient les pieds sur terre. Notre amertume est notre principal moteur. Au lieu de nous plaindre de la frustration organisée par notre société, nous devrions la chérir. Le gagnant a peur de perdre ce qu'il a gagné, alors que le perdant n'a rien à perdre. Je préfère la classe mélancolique des antihéros à l'arrogante autosatisfaction des vainqueurs. La compétition est une idéologie : en se déclarant perdant d'avance, on conquiert sa liberté. C'est le mort d'ordre du moment : soyons fiers de notre aigreur ! Les bandes de *nerds* acerbes triomphent dans les comédies américaines de Judd Apatow. Un Anglais nommé Chris Waitt vient de tourner un documentaire sur ses échecs sexuels, en interviewant toutes ses ex (qui lui claquent la porte à la figure). Le manifeste de la *loose* s'intitule *La Fabrique des jeunes gens tristes* (L'Olivier, 2009), excellent premier roman de Keith Gessen, à apprendre par cœur : « Celui qui combat les pauvres cons devient-il inévitablement une sorte de pauvre con ? » On peut refuser de combattre, d'écraser son voisin, de doubler les autres. Je dis ceci car je me prépare à passer deux semaines aigries au Festival de Cannes. Je sais déjà que je ne monterai jamais les marches, étant séquestré par Denisot sur la plage du Martinez tous les soirs. Je vais encore ronger mon frein dans des soirées sponsorisées, entouré de personnes riches et célèbres, pour finir bourré tout seul dans mon hôtel à checker mes mails et taper « bonne sœur, nains, orties, cordes, shemale, squirt » sur xhamster.com. En exergue de *L'amour dure trois ans*, j'avais placé cette phrase de Fitzgerald : « Je parle avec l'autorité de l'échec. » Comme je la citais lors d'un déjeuner chez lui la semaine dernière, Jean-Jacques Schuhl me cloua le bec avec une réplique de Jean-Pierre Rassam : « L'échec t'est monté à la tête. »

# Le rêve américain

L'autre jour, à New York, je parlais devant des étudiants de NYU et j'étais surpris de les voir si jeunes. Je me suis alors rendu compte que je ne faisais pas partie de leur génération. Je dois désormais l'accepter : je ne suis plus un jeune. J'appartiens à une génération de vieux qui ont vieilli sans vraiment s'en apercevoir. Quelle chance ! Certes, mes parents ont été plus privilégiés que moi : ces enfoirés ont connu la croissance des Trente Glorieuses (1945-1974), la libération sexuelle sans le sida, l'absence de chômage et la « mondialisation heureuse », qui était le nouveau nom donné à la *jet-society* par Alain Minc. Cette utopie est décédée depuis la crise des *subprimes*. Même si j'ai été moins chanceux que la génération précédente, j'aurai tout de même connu l'abondance. Et c'est ce que j'ai dit aux même étudiants de la génération suivante : « Vous allez souffrir plus que moi. Je suis désolé pour vous. La société de surconsommation que j'ai ridiculisée dans tous mes romans avait du bon. Sur le moment on se plaignait, mais aujourd'hui nous le savons : les années 1990 et 2000 furent les meilleures de nos vies. Nous avons vécu au-dessus de nos moyens, nous avons dépensé l'argent que nous n'avions pas, nous avons voyagé, festoyé, pollué, bref, nous nous sommes goinfrés en râlant pour ne pas avoir l'air trop repus et satisfaits, parce que ça faisait ringard d'être content. » J'ai relevé la tête et j'ai vu que mon public ne rigolait pas. Moi qui me croyais drôle, j'ai fait un bide. Je leur ai demandé pardon d'avoir cassé l'ambiance : autrefois on disait « *Time is money* ». Et puis on s'est aperçu que le temps, c'est mieux que l'argent. En sortant sur Washington Square, j'ai vu le logo des *Watchmen* : un smiley taché de sang. Ce sourire qui saigne me paraît un parfait résumé de l'époque actuelle.

# Le totalitarisme du *Moonwalk*

Quand j'ai su que Yann Moix allait publier un essai sur Michael Jackson, je me suis dit deux choses : 1) Bon sang, il ferait mieux de bosser sur le montage de son film ; 2) Comment va-t-il faire pour dire quoi que ce soit d'original sur le Roi de la Pop ? Je dois reconnaître que je sous-estimais ce garçon, qui a pourtant tenu une rubrique dans *Voici* autrefois, ce qui est une preuve de son bon goût. Et puis j'ai lu son livre : *Cinquante ans dans la peau de Michael Jackson* (Grasset, 2009). Parmi les 48 456 969 textes écrits sur la mort de Michael Jackson, aucun n'a trouvé l'angle de Yann Moix pour résumer la vie de l'artiste : son *moonwalk* était une métaphore. Qu'est-ce qu'un vrai écrivain ? C'est un type qui choisit le sujet le plus banal du monde et qui formule l'évidence que personne n'a vue. Ce pas de danse, qui fait croire qu'on avance alors qu'on recule, résume une existence en même temps qu'elle décrit un siècle. Michael fut adulte quand il était enfant, et enfant quand il fut adulte. Il fut, dit Moix, « un homme à l'envers ». Michael Jackson voulait être Peter Pan mais c'était Benjamin Button. Ce qui est captivant dans le livre de Moix n'est pas Michael Jackson, mais ce qu'il nous dit du monde actuel : l'enfance est notre dernier refuge, la boîte noire de nos vies, l'utopie que nous refusons de quitter, et ce refus est devenu l'idéologie dominante.

Nous avons déclaré la guerre au temps. Pourquoi notre enfance nous paraît-elle si sacrée ? Parce que nous avons peur. Nous avons perdu confiance dans les lendemains qui chantent. Il ne nous reste pas d'autre utopie que cette innocence perdue. Elle est notre nouvelle religion. Et nous dansons avec la mort comme si nous marchions sur la Lune, glissant vers l'arrière, refusant de vieillir, régressant chaque jour, de plus en plus, en mal d'éternité, vers le néant qui précède notre naissance.

# La méthode Weyergans

L'élection surprise de François Weyergans à l'Académie française est un modèle de stratégie politique et d'art de vivre. Six candidats déclarés menaient campagne tambour battant depuis des mois, Weyergans s'est présenté au dernier moment et l'a emporté. En utilisant exactement la même méthode, il a obtenu le prix Goncourt en 2005, publiant son roman en octobre, un mois seulement avant la remise du prix. Si l'on doit courir un marathon, mieux vaut commencer la course à 100 mètres de l'arrivée au lieu de se farcir les 42 195 kilomètres comme les autres crétins. Pour passer son baccalauréat, inutile de réviser bêtement toute l'année alors qu'il suffit de bosser comme un dingue deux semaines avant l'examen. Pour séduire une femme, ne l'invitez surtout pas à dîner : déclarez votre amour à 3 heures du matin, quand tous ses prétendants sont fatigués et laids. Si vous êtes président de la République, et que vous souhaitez être réélu, faites courir le bruit que vous ne serez pas candidat à la réélection, puis présentez-vous le jour de la clôture des candidatures. Ce qui me réjouit dans le système Weyergans, c'est que la cigale bat la fourmi. L'artiste paresseux l'emporte sur l'arriviste besogneux. La méthode Weyergans mise tout sur le panache. Elle consiste à tricher avec le sourire comme Astérix, entourlouper son monde avec brio comme Arsène Lupin, mettre les rieurs de son côté comme Cyrano. La France n'est pas un pays qui veut travailler plus : c'est le paradis de la démerde, de l'astuce, du beau geste, de la glande superbe. Pour avoir modifié le proverbe de La Fontaine : « Rien ne sert de courir, il faut partir près de l'arrivée », François Weyergans mérite amplement son immortalité.

# Une page d'espoir

Je vais mieux depuis que j'ai quitté Cannes. J'ai trouvé dans un *Libé* du mois dernier le résumé d'un débat qui a opposé (sur France Culture) Daniel Cohn-Bendit à Pierre Rosanvallon à propos des « Nouvelles utopies ». Ils ne proposaient pas grand-chose : leur fol espoir se réduit au concept (peu engageant) d'« autolimitation nécessaire ». On a connu des lendemains qui chantaient mieux ! Les utopies sont nécessaires à l'homme. Sans elles, notre destin n'est que décrépitude vaine. Voici donc les six rêves que je propose pour sauver la France.

1) La suppression des armes nucléaires. Pourquoi Sarkozy ne soutient-il pas le rêve d'Obama ? Même les Russes – peuplade pourtant belliqueuse – ont compris qu'il vaut mieux détruire ces armes avant qu'elles ne nous détruisent.

2) L'abolition de la prison. On peut transformer en musées de la torture la plupart de ces cachots inhumains. L'enfermement doit être réservé aux assassins. Pour les autres : bracelet électronique, travaux d'intérêt général, camisole chimique, bannissement ?

3) La gratuité du logement et de la nourriture. Jacques Attali affirme qu'elle est réalisable sur le même

modèle que la gratuité d'Internet ou du microcrédit. Les philosophes Alain Badiou ou Žižek disent depuis longtemps que le communisme est l'avenir du capitalisme.

4) La création d'un gouvernement mondial. Il faut remplacer l'ONU bureaucratique par un Conseil exécutif terrien (CET) élu par les 7 milliards d'humains. Le CET aura en charge les questions climatiques, environnementales, et l'organisation de notre départ sur Mars en cas d'échec.

5) L'annulation de la dette publique de la France. Qu'attend Bono pour militer en notre faveur ? S'il l'a fait pour le Kenya, pourquoi pas pour nous ? Nous aussi sommes pauvres !

6) Frédéric Beigbeder = Président du Monde. Oui, mes chers compatriotes, il y a une lumière au bout du tunnel. Votez pour moi ! Ensuite ne me demandez pas ce que je peux faire pour vous, mais plutôt ce que vous pourrez faire pour moi.

# Los Angeles :
## inspiration et expiration

Il n'est pas désagréable de se retrouver dans un décor de film. Los Angeles fait le même effet que New York : la sensation de familiarité résulte de notre colonisation culturelle. Le dernier roman de Bret Easton Ellis vient de sortir chez Knopf (traduction française Robert Laffont, 2010). *Imperial Bedrooms* commence par cette phrase : « *They had made a movie about us.* » (« Ils avaient fait un film sur nous. ») Il décrit la vie des protagonistes de *Moins que zéro* dans la cité des Anges, toujours aussi dépravés, vingt-cinq ans après leur folle jeunesse. Cet incipit résume ce que je ressens alors que je suis le seul humain qui marche à pied sur Sunset Boulevard, en descendant de l'hôtel Château Marmont où Sofia Coppola vient de tourner son dernier film. « Ils ont fait un film sur nous » est ce que tout Californien se répète à longueur de journée. J'écris ceci devant une assiette de tacos, avec la sensation d'être Hank Moody, le chroniqueur alcoolique de *Californication*. Je rêve de ce pauvre Fitzgerald en galère sur un scénario – c'est ici qu'il est mort, en 1940, à mon âge. Francis Scott Fitzgerald n'a pas été tué par l'alcool mais par le cinéma. Le soleil ne parvient pas à transpercer la couche de brume : le ciel ressemble à un matelas étouffant. J'attends le tremblement de terre de *2012*,

l'explosion atomique de *24 heures*, les orgies de mannequins d'*Entourage*... Mais je ne récolte que les humilia-
tions stupides de *Curb Your Enthusiasm*. Los Angeles,
c'est un Festival de Cannes qui durerait toute l'année. Je
comprends le délire qui s'empare des Français quand ils
déménagent dans la capitale mondiale du cinéma : Johnny
Hallyday, Arthur, Dany Boon, Christian Audigier... Cette
étrange impression de pénétrer enfin le rêve global. On
déchante vite : Hollywood est angoissante comme une
page blanche, ou un article dans un magazine *people* qui
ne parle pas de moi.

# La vodka du diable

En fait, là tout de suite, j'ai plutôt envie de dire que je déteste la vodka. J'en bois beaucoup trop pour être objectif sur ce sujet. Disons plutôt qu'à certains moments de la journée, je déteste la vodka. Comme là, maintenant, c'est-à-dire le matin. On dit souvent que la vodka ne donne pas la gueule de bois. C'est vrai jusqu'à un certain point. Jusqu'à une certaine quantité plutôt. Comme je la bois en *shot*, j'atteins vite 25 vodkas. Et à 25 vodkas, on peut parler d'excès. Que voulez-vous, la vodka est sans doute le tout premier alcool que j'ai bu... Mais avec beaucoup d'orange parce qu'à l'époque, je n'aimais ni le vin rouge, ni le champagne. Et surtout pas la vodka. En fait, je diluais l'alcool pour n'en ressentir que les effets, non la saveur. J'allais bientôt apprendre la vraie vie. Les Français ont tendance à déshonorer la vodka en la coupant avec toutes sortes de jus de fruits et de sodas (souvent sur fond d'ultradécibels et de déhanchements syncopés). C'est dommage car rien ne vaut une vodka bien frappée. Nature, blanche, distillée cinq fois. Et si l'on revient sur cette question de la gueule de bois, c'est une grave erreur. La vodka est un alcool de grain, donc il ne faut surtout pas la mélanger avec des fruits. Et encore moins avec du sucre.

Je suis beaucoup allé en Russie ces derniers temps. Là-bas, on m'appelle Feodor pour Frédéric. Et Belvédère, parce que c'est le nom de la vodka en vogue sur les deux rives de la Neva. Et, accessoirement, parce que Beigbeder est imprononçable en russe, et signifie « belvédère » en béarnais. La Belvédère est une marque polonaise, comme la Żubrówka à l'herbe de bison, preuve que les Moscovites aussi sont des snobs. L'année dernière, au Salon du livre de Moscou, on m'a apporté de la vodka, à 11 heures du matin. Avec du pain noir, du sel et du citron. Là-bas, on ne boit jamais de vodka sans manger. J'ai remercié, bu une petite gorgée et reposé mon petit verre... Ils l'ont mal pris. Ils voulaient que je finisse le shot. Ensuite, ils m'en ont servi un autre. Après, la journée est, disons, différente. Les corvées durent moins longtemps. Les inconnus deviennent des amis. On rit sans raison. Au passage, si vous buvez la vodka comme on s'imagine qu'on la boit en Russie, debout, cul sec et qu'ensuite vous jetez le verre par-dessus votre épaule, vous passez pour un grossier personnage ; donc vous risquez la mort par noyade au fond de la Moskva avec du béton coulé autour des pieds. La vodka se boit assis, cul sec certes, mais en mangeant. Des cornichons doux, du hareng mariné, du caviar rouge... Mais toujours en balançant des vannes nihilistes. À vrai dire, dans certains endroits comme le Mendeleev, le bar lancé par Sasha Sorkin, un de mes amis de Moscou, si vous buvez de la vodka vous passez pour un paysan. Les oligarques moscovites boivent du Louis XIII. C'est simple : les tables où il y a de la vodka sont celles des Français, des Anglais... Bref : des ploucs.

Je vais vous raconter la seule fois où j'ai regretté d'aimer la vodka. Quand je bossais chez Flammarion, j'ai publié un poète tchèque, Petr Král, ami de Milan Kundera. Kundera m'a proposé de boire un verre au bar du Lutetia pour fêter cette publication. Inutile de dire que je l'attendais en tremblant, et lorsqu'il est arrivé, je voulais plaire à mon idole. Et puisqu'il vient d'un pays de l'Est, j'ai trouvé malin de commander une vodka. Le grand écrivain a soupiré avec consternation et j'ai compris que je venais de gaffer. Il m'a expliqué que la vodka évoquait pour lui les chars russes qui ont envahi son pays en 1968. Comme les Tchèques restaient impuissants devant l'invasion, ils déversaient des bouteilles de vodka devant les chars dans un geste de rébellion à la fois dérisoire et symbolique. Kundera a commandé une poire. Et ça, c'est vraiment un alcool qui endort. C'est bien simple, afin de savoir chez qui vous mettez les pieds, dirigez-vous vers le réfrigérateur, ouvrez-le : si vous n'y trouvez pas de vodka, vous pouvez rentrer chez vous, vous perdez votre temps. Sauf si vous êtes chez un écrivain slave politiquement engagé... Mais alors votre vie est un enfer, puisque vous êtes un génie.

# L'adieu aux albums

Radiohead est le meilleur groupe de rock du monde. Tout ce que fait la bande à Thom Yorke est envoûtant, dense, inventif. Certains artistes sont ainsi : ils indiquent l'avenir. Lorsque Radiohead a décidé de proposer son dernier album en téléchargement libre, ce fut une révolution. Cette semaine, le chanteur de Radiohead a annoncé que le groupe allait cesser de composer des albums. Dans un entretien accordé au magazine *The Believer*, Yorke explique que Radiohead proposera désormais ses chansons une par une, au gré de son inspiration. Cette déclaration, en apparence anodine, sonne le glas d'un format mythique : l'album, le disque, le CD, appelez-le comme vous voudrez. Une douzaine de titres différents racontaient une histoire, construisaient un climat, avec un titre, un concept, un projet artistique. C'était environ une heure passée avec le même musicien, qui vous faisait visiter ses états d'âme. Si l'industrie du disque emboîte le pas de Radiohead, ce sera la fin d'une magnifique histoire. La consommation de musique aura véritablement achevé sa mutation, dont la fermeture des disquaires n'était qu'une première étape. La mort de l'album en est une autre, encore plus triste, parce que c'est la victoire du *one-hit-wonder*, la fin de l'inefficacité. Une accélération fatale, un peu comme si tout d'un coup Michel Houellebecq annonçait qu'il ne publierait plus que des poèmes (ce qui pourrait arriver). Je vous prie d'observer non pas une minute, mais une heure de silence en hommage aux albums somptueux qui ont jalonné l'histoire du rock :

- *Sergent Pepper's Lonely Hearts Club Band* des Beatles, l'histoire d'une fanfare de cirque, concept-album construit comme un concert, avec *A day in The Life* en guise de rappel ;

- *Dark Side of The Moon* de Pink Floyd, résumant une vie entière – peut-être celle de Syd Barrett –, avec les battements de cœur de la naissance au début, l'argent et le temps au milieu, et la mort à la fin (*Eclipse*) ;

- *Pet Sounds* des Beach Boys, qui progresse de l'enfance vers l'âge adulte, tout en cherchant l'amour dans la nostalgie d'un éden perdu ;

- *Sticky Fingers* des Rolling Stones, avec sa braguette dessinée par Warhol, alternant rock, country et blues comme pour décrire une séance de baise sous morphine, à la fois porno et anesthésiée ;

- et *Melody Nelson* de Serge Gainsbourg et Jean-Claude Vannier, le plus grand récit audio de l'histoire de la musique française, tombeau symphonique aux pieds d'une « délicieuse enfant » aux cheveux rouges, percutée au début par une Rolls Royce Silver Ghost de 1910, aimée ensuite dans un hôtel particulier « décoré de bronzes baroques, d'anges dorés/d'Aphrodites et de Salomés », et vaporisée à la fin dans le crash d'un 707 à destination de Sunderland, dans le nord-est de l'Angleterre.

Quand donc notre civilisation s'apercevra-t-elle qu'Internet est en train de détruire ce que l'humanité avait de plus précieux : le temps ?

# Vahina n'est pas d'ici

La beauté confère un pouvoir sur autrui dont il ne faut pas abuser. La famille de Vahina Giocante est d'origine corse ; je déteste les clichés sur ce peuple (ombrageux, fier, et tout) mais c'est pourtant ce qu'elle m'inspire... Une manière corse de faire respecter les distances de sécurité. Ses sourcils sont rigoureux. Elle se tient droit, comme toutes les filles de petite taille qui ont pris beaucoup de cours de danse (elle, c'était à l'Opéra de Marseille). Ce n'est pas de l'orgueil, mais de la discipline que les hommes éconduits peuvent prendre pour du mépris. Voilà pour la première fois que je l'ai vue en vraie. La deuxième est plus marrante : un soir, dans la boîte à questions du Grand Journal, on lui pose une question à la con (« Avec qui aimeriez-vous coucher dans le cinéma français ? »), et la petite farouche de rétorquer tranquillement :

– Ça ne va pas faire plaisir à Beigbeder, mais j'aimerais bien essayer Laura Smet.

Je me suis fait chambrer pendant un an à cause de cette proposition lesbienne. Je tiens à rétablir ici la vérité : ça m'aurait fait très plaisir, au contraire ! Je suis un garçon très ouvert d'esprit. Pourquoi je vous confie tout ça ? Parce que cela en dit long sur le personnage de Vahina Giocante. La plupart des jolies filles n'ont pas de cran, ni de culot, et encore moins de fantaisie. La beauté les rend paresseuses, elles ont la flemme de se battre, à force de tout obtenir sans efforts. Vahina est extraordinairement originale. Elle se fiche de tout, à un point... Elle vit sur une autre planète, la planète des Vahiniens. Vahina est une exilée dans notre système solaire, que Jan Kounen a transformée en étoile de cinéma. De temps en temps, elle a une façon de vous regarder sans dire un mot qui trahit ses origines extraterrestres. Quand elle s'emmerde quelque part, ça se voit tellement : c'est juste qu'elle a envie de retourner sur sa planète, comme E.T. Nous autres, vulgaires Terriens, n'avons qu'à nous débrouiller pour accueillir décemment pareille alienne (ben oui, un alien c'est masculin, au féminin on écrit une alienne).

En mai dernier, je me souviens l'avoir menacée de marcher sur sa traîne lors de la montée des marches à Cannes pour présenter les premières images du film *99 francs*. Elle portait une robe qui faisait trois mètres de long, c'était beau et absurde comme le Festival. Nous étions en route dans la limousine d'Ora-ïto et je n'avais jamais vu trois personnes aussi sereines. Si j'avais mis ma menace à exécution, elle se serait retrouvée en petite culotte devant 300 photographes, pire que Sophie Marceau. Elle m'a juste regardé avec un sourire en coin, du style : « Chiche ? » Je me suis senti idiot, du coup j'ai embrassé Jan Kounen sur la bouche devant les 300 photographes ; la photo est sortie partout et depuis nous passons pour deux bisexuels refoulés. Saleté d'alienne. Saleté de bombe à retardement.

C'est Ora-ïto qui devrait écrire ce portrait. Il est l'homme au monde qui la connaît le mieux et d'ailleurs c'est pour cette raison qu'elle est amoureuse de lui. Savez-vous comment il l'a séduite ? En faisant porter chez elle un téléphone portable (dessiné par lui) avec un seul numéro de téléphone en mémoire : le sien. Vahina n'a pas seulement craqué pour ce jeune homme speedé et ultra-créatif, boulimique de projets : elle a aimé le garçon fantasque, celui qui s'est mis en danger par romantisme, celui qui brave le ridicule et supplie qu'on le rappelle, par amour, parce que seul l'amour rend courageux.

Je suis désolé d'avoir à vanter les mérites d'un film tiré d'un de mes livres, mais franchement c'est dans *99 francs*, où elle interprète le rôle de ma femme, que Vahina est la plus belle. Salaud de Jean Dujardin : il a réussi à l'embrasser sur la bouche à ma place, à notre place à tous, à la vôtre aussi. Les œuvres d'art nous permettent de réaliser nos rêves.

# Les années 1990 craignaient-elles ?

Dans *The Wrestler* (2008), Mickey Rourke emmène une strip-teaseuse dans un bar à bière pour écouter du bon vieux rock'n'roll. À un moment, comme le juke-box diffuse un standard du genre *Sweet Home Alabama*, il mime la guitare, se tourne vers la fille et lui dit : « *Fuck the nineties! The nineties sucked.* » La danseuse hoche la tête en souriant ; elle tombe amoureuse de ce catcheur ringard sur cette seule phrase : « Les années 1990 craignaient. »

Tel est le discours dominant, il me semble, sur les années 1990. Pourquoi est-il de bon ton de répéter que la dernière décennie du xxᵉ siècle n'avait aucun intérêt ?

Artistiquement ? Des années de recyclage. Politiquement ? Du temps perdu et des guerres inutiles (Koweït, Yougoslavie, Rwanda, Tchétchénie). Économiquement ? L'endettement occidental que nous payons aujourd'hui.

Je n'approuve pas ce dénigrement général des années de ma jeunesse.

Dans les années 1990, j'ai publié mes quatre premiers livres. Ils ne se sont pas vendus, mais mes copains de chez Castel et mes collègues de la Young ont commencé à m'écouter quand je parlais. Littérairement, les années 1990 furent une période d'une intense créativité : souvenez-vous, c'était la décennie où tous les écrivains français se terminaient en « –ec » : Ravalec, Houellebecq, Darrieussecq, Dantec.

Dans les années 1990, je me suis marié et j'ai divorcé, puis j'ai fêté mes trente ans aux Bains-Douches, puis, tout d'un coup, en 1999, ma vie s'est mise à servir à quelque chose : j'ai eu un enfant. Les années 1990 sont la décennie où j'ai dû renoncer au suicide – un fantasme que, contrairement à Kurt Cobain, je caressais assez mollement.

C'est aussi la décennie durant laquelle je travaillais dans la pub. L'argent était roi, et j'en gagnais de plus en plus. Plus je méprisais mon métier, plus mon salaire augmentait. Décennie du cynisme ? Je dirais plutôt : décennie de la dérision. Si aujourd'hui personne ne prend les *nineties* au sérieux, c'est parce qu'elles-mêmes refusaient l'esprit de sérieux, que le sérieux y était interdit. Pensez donc : le communisme venait de mourir à Berlin. La fin du XX$^e$ siècle coïncidait avec la Fin de l'Histoire. Pendant dix ans, le second degré fut obligatoire. Un écrivain plus lucide que les autres (Michka Assayas) parla de « la dictature de l'humour ». Toute subversion était impossible puisque le pouvoir se moquait de lui-même. Comment prendre au sérieux quelqu'un comme Jacques Chirac, qui fut réélu grâce à une marionnette hérissée de couteaux dans le dos ?

On a du mal à croire qu'une telle rigolade ait vraiment existé : peut-être vivions-nous, sans en être conscients, les plus beaux jours de nos vies, ou les derniers feux d'un système moribond. Par exemple, c'est l'époque où en Amérique, le président Bill Clinton déclara à la télévision : « *I did not have sexual relationships wlth that woman.* » Depuis cette phrase, on peut faire croire aux jeunes filles du monde entier qu'une fellation n'a rien de sexuel – merci Bill ! Et tout était aussi insensé, tout le temps.

Si je devais résumer d'un mot les années 1990, ce serait :
« décalé ». Tout était constamment décalé : les films publicitaires d'Alain Chabat pour la marque Orangina, les sketchs d'Antoine de Caunes et Laurent Chalumeau sur Canal+, les films ésotériques de David Lynch, les soirées sado-masos du Caca's Club au Queen, les défilés de mode de la marque belge WL&T, et les articles de Jean-Edern Hallier dans *L'Idiot international*. Les années 1990 furent celles où l'on était fier d'être idiot.

N'étant pas historien ni sociologue, je ferais mieux de choisir un angle que je connais vaguement : la nuit. Souvent, la nuit nous permet de mieux saisir l'essence d'une époque. Dans les années 1990, le disc-jockey vedette était Philippe Corti. Il faisait danser les gens sur Claude François, Dalida, *La Marseillaise* ou Luis Mariano. Personne n'aurait écouté cette musique à la maison, mais là encore, l'absurdité était de rigueur. On dansait en ricanant. Tout romantisme était immédiatement ridicule. La tendance musicale dominante était l'*easy-listening* : on réécoutait des compilations de génériques de séries américaines, des morceaux méconnus de Henry Mancini ou Burt Bacharach, on s'habillait en velours marron et je portais les mêmes lunettes qu'Austin Powers. Mais il y avait surtout l'explosion de la *house music*, cette forme populaire de la techno. La house permit à la France de recycler les années disco du début de la décennie précédente : tous les meilleurs DJ étaient français (David Guetta était alors le directeur artistique du Palace en faillite). C'était l'époque où le mannequin Claudia Schiffer sortait avec le magicien David Copperfield, et Carla Bruni avec l'avocat Arno Klarsfeld ! Il y avait un endroit nommé les Folies Pigalle où tous les fils de bourgeois parisiens se frottaient à des travestis de la banlieue. Quartier décadent par excellence, il était logique que Pigalle devienne très à la mode : je me souviens d'un cabaret SM qui s'appelait Lily la Tigresse, d'un bar nommé le Moloko en hommage à *Orange Mécanique*. Rien n'était stable, tout était confus, ambigu, c'était l'ère du non-choix. Personne n'osait plus être sincère. On croyait que la liberté régnait alors que c'était le flou total, l'hyperconsommation d'une génération d'enfants gâtés, qui faisaient semblant de baiser alors que le sida les en empêchait.

On vivait dans le passé. Ou plutôt : la rétromanie était notre manière d'oublier le passé, en le transformant en blague. D'ailleurs, à bien y réfléchir, ce n'était pas un comportement idiot : l'Histoire est une vaste plaisanterie, de très mauvais goût, puisqu'elle dure depuis si longtemps.

# Moi, Frédéric B.,
## personnage de roman

Franchement, quand Michel Houellebecq m'a téléphoné avant l'été pour me prévenir que j'étais un des personnages secondaires de son nouveau roman, j'étais plutôt inquiet. Allait-il faire de moi un *serial-killer* pédophile ? Un clone satanique de Raël ? Un kamikaze islamiste ? Un échangiste en tongs ? Après lecture de *La Carte et le Territoire*, mon soulagement fut total. Il me présente comme un ami et confrère, « le Jean-Paul Sartre des années 2010 » (mazette !), un écrivain moins solitaire que lui, mais tout aussi perdu. On me voit consommer de la drogue dans plusieurs chapitres ; ce n'est pas la trouvaille la plus originale du livre. À la fin il me fait mourir au Pays basque à 71 ans, « entouré de l'affection des miens ». Je trouve que c'est un peu jeune, 71 ans, mais globalement je m'en sors bien. Mieux que Patrick Le Lay, par exemple. Au moins je ne me fais pas décapiter comme le personnage nommé Michel Houellebecq.

Ce n'est pas la première fois que je suis personnage de roman. Déjà, j'ai commencé par être le héros des miens. Et puis, à force de fréquenter des écrivains, je me suis vite retrouvé dans les œuvres des confrères. Mon nom a d'abord figuré dans des journaux intimes (Gabriel Matzneff, Guillaume Dustan...). Parfois un ami racontait mes péripéties nocturnes, des facéties diverses ou des conversations privées : heureusement, les diaristes ont une audience limitée. Un écrivain, c'est comme une caméra : mieux vaut les fuir si l'on ne veut pas s'exposer. Je ne sais plus qui a fait de moi un personnage de fiction pour la première fois. Dans *Pourquoi le Brésil ?* (Stock, 2002), Christine Angot dîne chez moi et me fait passer pour un prétentieux épuisant, ce qui prouve qu'elle a le sens de l'observation. Dans *L'Irréaliste* (Flammarion, 2005), Pierre Mérot décrit son éditeur décadent : malheureusement, j'occupais cette fonction à l'époque, ce qui fait que tout le monde m'a pris pour le personnage nommé « Cheval Fou ». Dans *Les femmes préfèrent les monstres* (Léo Scheer, 2008) de Delphine Vallette, mon ex-femme passait en revue les hommes de sa vie : je crois bien que j'étais l'un de ses monstres favoris. J'espère que mes biographes futurs oublieront mon apparition dans le dernier roman de Marc-Édouard Nabe, où je suis traité de « crevure », ou dans celui d'Arnaud Viviant, où il m'urine sur la tête. Rien de tout cela n'est bien grave, au contraire ce recensement transpire la fierté. Le roman présente un avantage énorme : il est censé être une fiction. Si des romanciers veulent utiliser mon identité comme matière première de leur invention, pas de problème. S'ils me font faire n'importe quoi, il me suffit de dire qu'ils délirent, surtout quand ils disent la vérité. Mon nom propre ne mérite pas forcément de le rester.

Autrefois les romanciers changeaient les noms. Par exemple, Robert de Montesquiou devient le baron de Charlus chez Proust et des Esseintes chez Huysmans. La nouveauté du moment, c'est que, dans un roman de la rentrée littéraire 2010, Robert de Montesquiou s'appellerait probablement Robert de Montesquiou. La littérature contemporaine cite beaucoup de noms réels pour s'épargner des descriptions fastidieuses. C'est un gain de temps. Les marques déposées et les personnalités publiques ont fait irruption dans notre champ visuel : un romancier réaliste ne fait que « rendre compte » du monde qui l'entoure. Chez Bret Easton Ellis, par exemple, si Leonardo di Caprio entre dans un restaurant, non seulement on connaît le visage du personnage, mais en plus le décor est planté : un endroit à la mode, où les célébrités vont se montrer. Je sais ce que l'on m'objectera : je ne suis pas Leonardo di Caprio. Eh bien, grâce à Michel Houellebecq, un peu quand même ! En résumé, être personnage de roman est un bon plan mais à une seule condition : que le roman soit réussi.

# Je suis un vieux Francais

Si vous êtes jeune, ne lisez pas ceci : vous ne le comprendrez que dans vingt ou trente ans. Depuis que Claude Lévi-Strauss est mort, nous savons que l'éternité n'existe pas. J'accepte ma vieillesse : l'absence d'ambition, le calme, la fatigue, l'égoïsme, les manies. J'ai sommeil tout le temps, ce qui tombe bien puisque j'adore mon lit : le quitter le matin est un supplice, y retourner le soir une urgence. J'aime lire dans l'autobus, m'asseoir sur un banc, contempler un ciel transparent, parler tout seul, ronfler en public : bref, je me comporte comme un vieillard répugnant. J'ai presque envie de m'acheter une canne. Je crois que je vais cesser d'aller dans des boîtes de nuit parce que les femmes sont plus belles à la lumière du jour. Je veux reluquer les jeunes filles dans les jardins publics avec la bave au coin de la lèvre. À leur manière de ne plus me voir, j'ai compris que j'avais atteint l'autre versant. Bon débarras ! La vieillesse n'est pas un naufrage mais un beau crépuscule rose, mauve, ocre, qui se contemple avec une tasse de camomille à la main, dans un fauteuil à bascule, avec un chat sur les genoux. Mon rêve serait d'écrire cette page à la façon de François Mauriac, il y a un demi-siècle, dans *Le Figaro* : « vieux lièvre tapi entre deux règes de ma vigne et qui respire, au soir d'un automne brûlant, l'odeur des pressoirs ruisselants... ». Je parle avec ma boulangère, disserte sur la météo avec mon marchand de journaux, échange quelques ragots avec un garçon de café, comme ces retraités qui n'ont plus d'autres interlocuteurs que les commerçants. Mon Dieu, comme je vais adorer cette nouvelle vie ! Être vieux, c'est être en vacances. Surtout en France. Le gouvernement se demande ce qu'est l'identité nationale. J'ai la réponse : être Français, c'est n'en avoir absolument rien à foutre de cette question.

# Canal+ et Moi

D'abord, j'ai été un téléspectateur de Canal+ qui regardait en cachette des films pornos sans décodeur. J'en ai été traumatisé : habitué à regarder des scènes érotiques brouillées, avec une image floue et un son trouble, j'espérais que ma sexualité serait toujours accompagnée de ce grésillement étrange, inintelligible et envoûtant. Bouleversé de me retrouver un soir avec une femme aux contours nets dans mon lit, je me suis rendu compte que la sexualité normale était une gymnastique beaucoup moins fascinante que sur l'écran pixellisé.

Ensuite, j'ai été un invité de Canal+. À « Nulle Part Ailleurs », après la publication de mon livre *99 francs*. Je ne me souviens pas de la date exacte, j'ai beaucoup moins de mémoire que Jamel Debbouze parce que je sors beaucoup plus que lui. Puis je fus l'invité du « Grand Journal », et là ce dont je me souviens en revanche, c'est de la séquence « La Minute Blonde » de Frédérique Bel. Le sketch montrait la Blonde interviewant un invité, en l'occurrence moi, représenté par une photo en carton grandeur nature. À côté de ma photo, il y avait une pile d'environ dix kilos de cocaïne avec des pailles plantées dedans, et la Blonde disait, à une heure de grande écoute : « Oh de la farine ! Frédéric Beigbeder bonsoir, alors on va faire un gâteau ? »

Parallèlement j'ai gravi les échelons de la gloire catho-dique en devenant chroniqueur puis animateur sur Paris Première, où j'ai eu ma propre émission littéraire intitu-lée « Des Livres et Moi », connue pour un numéro où les invités, le public et moi-même étions entièrement nus. Puis je devins ensuite animateur sur Canal+, ce qui est bien la preuve que la chaîne encourage l'ascenseur social en permettant aux naturistes de s'intégrer dans la société.

Cela se passait en 2003, période où Canal+ traversait une phase très étrange, presque folle, suite à un chan-gement de direction accompagnée d'un mouvement de révolte des salariés. Dominique Farrugia me contacta pour me bombarder animateur de l'« access prime time », à la place du magistral « Nulle Part Ailleurs ». Imaginez la loufoquerie de la situation : à l'époque critique litté-raire à Voici, je venais dans les colonnes du magazine people de descendre le tout nouveau président-directeur général de Canal+, Xavier Couture, pour un roman qu'il avait écrit et que je ne trouvais pas spécialement inté-ressant, dans un article très méchant où je me moquais notamment d'une phrase : « Un bus, c'est violent. » Après cet éreintement littéraire, le patron en question avait déclaré : « Si je croise Beigbeder, je le scalpe. » Nommé animateur sur sa chaîne, je dus donc me rendre à Canal+ pour un rendez-vous avec le PDG. J'entrai dans son bureau avec un casque de moto sur la tête, en disant : « Pitié, ne me scalpez pas. » Ma lâcheté le fit sourire, et il m'accueillit à bras ouverts. On a réfléchi (pas assez long-temps) à un concept d'émission, co-animée avec Jona-than Lambert, où l'on verrait toutes les coulisses, la vie de bureau, la régie, les caméras et les répétitions, d'où le titre : « L'HyperShow ».

N'étant pas totalement aboutie dans cette période complexe, l'émission fit une audience désastreuse. En moins de trois mois je me suis fait virer, après une période très pénible qui m'a permis de comprendre que je n'aimais pas le pouvoir, et que jamais je ne pourrais être à la place de personnalités comme François Hollande. Car l'*access prime time* de Canal+, en clair, représente un vrai lieu de pouvoir, avec tous les inconvénients qui vont avec. Cette position délivre un droit d'avoir sa marionnette aux Guignols (la mienne était particulièrement hideuse et droguée), un permis implicite d'être attaqué en permanence sur son physique et un visa pour se faire cracher dessus par des gens dans la rue. Il y avait bien une minorité de gens malades qui trouvaient l'émission culte, grâce à des scènes totalement déglinguées où Jonathan se déguisait en interné d'hôpital psychiatrique et se jetait sur Arielle Dombasle en criant : « Baiser, baiser, baiser ! », mais une majorité me huait dans la rue en me traitant d'imposteur, et c'est pourquoi lorsque ça s'est arrêté, je dois avouer que ce fut un vrai soulagement pour moi (en effet, je sais que je suis un imposteur, je n'ai pas besoin que des millions de personnes me le rappellent). Quoi que vous fassiez à la télé en remplacement de « Nulle Part Ailleurs », les gens le prenaient à juste titre pour une injure personnelle, et devenaient très agressifs. Pour la dernière, on a mis en scène notre enterrement, Jonathan et moi allongés dans un cercueil, portés par des amis (Édouard Baer, Valérie Lemercier, Pierre Palmade), avec Stanislas Merhar qui jouait au piano la marche funèbre de Chopin. Ce que je regrette aujourd'hui, c'est d'y être allé un peu les mains dans les poches. Avec le succès de mon livre j'avais la grosse tête et je me croyais invincible. Si c'était à refaire je ferais encore un truc complètement dérangé, mais beaucoup plus répété et travaillé. Comme l'a résumé Édouard Baer : « Ce n'est pas parce qu'une émission est mauvaise qu'il faut l'arrêter. » J'en conserve un souvenir : une conversation extraordinaire d'une heure avec David Bowie, qui s'est achevée par une bataille de polochons.

Pendant les trois années qui ont suivi, j'ai été éditeur chez Flammarion, et un beau jour – c'est là que l'on peut voir à quel point cette entreprise est dirigée par des dingues – Canal+ m'a rappelé pour être chroniqueur littéraire chez Michel Denisot. Moi, le mec qui avait occasionné une belle catastrophe sur cette même chaîne à la même heure, c'était hallucinant de revenir me chercher. J'ai donc été le créateur de ce poste littéraire où m'ont succédé Ali Baddou, Ollivier Pourriol, puis Augustin Trapenard. C'est une fenêtre extraordinaire, car parler de littérature à cette heure-là était sans doute l'acte le plus utile que j'ai accompli dans ma vie.

Sur le plateau, Michel Denisot aimant bien qu'il y ait un panel autour de lui, je jouais le rôle de l'intello-déconneur. Mais je parlais pendant deux minutes d'un livre, et c'était une chance rare. On invitait parfois l'auteur, je me souviens d'avoir pu faire venir Bret Easton Ellis, Tom Wolfe ou Jay McInerney. Et si la personne n'était pas un client facile, je prenais une caméra et j'allais l'interviewer à l'extérieur. Ainsi Budd Schulberg (qui a écrit *Sur les quais* pour Elia Kazan) de passage au festival de Deauville : Schulberg me parla de Scott Fitzgerald, mon idole absolue, en me disant : « Vous n'imaginez pas à quel point il était désagréable ! C'était un alcoolique agressif, comme Hemingway, qui voulait tout le temps me montrer l'uppercut de Jack Dempsey ! » Le pouvoir de la télé est réellement extraordinaire : je me suis retrouvé à un mètre d'un homme qui avait rencontré Fitzgerald et Hemingway.

Mais je n'avais plus le temps d'écrire, et j'ai préféré arrêter le « Grand Journal ». On m'a alors proposé d'animer « Le Cercle », une sorte de décalcomanie audiovisuelle du « Masque et la Plume Cinéma ». Je m'y amusais beaucoup avec une bande de cinéphiles passionnés qui maîtrisaient parfaitement leur sujet. Et là encore, je dois rendre hommage à une chaîne qui finance quasiment tous les films et qui autorise des critiques à les descendre sur sa propre antenne !

Un jour, j'ai démissionné. On venait de fêter la 300e du « Cercle », c'était trop effrayant. Je ne comprends pas l'immobilité des animateurs de télévision. Je refuse d'avoir des habitudes, alors encore plus de devenir l'habitude des autres.

« Le Cercle » représente mille souvenirs de cinéma. Cette émission de débats critiques sur Canal+ a complètement changé ma vie. Je crois que ce n'est pas seulement valable pour moi mais aussi pour plusieurs autres de ses participants : à force d'assister aux projections, on devient drogué d'images, fou d'aventures, d'émotions ou d'ennui. Avant de commencer à animer « Le Cercle », j'aimais le cinéma comme n'importe quel spectateur assidu mais je n'étais pas un cinéphile. Qu'est-ce qu'un cinéphile ? Un cinéphile ne vit pas comme les autres humains. Un individu normal qui entend parler du prochain Woody Allen va peut-être aller voir son nouveau film le week-end suivant sa sortie en salles. Le cinéphile, lui, se battra pour être à la première projection presse deux mois plus tôt. La cinéphilie est une maladie grave : mélange de passion, de curiosité, d'érudition, de solitude et de snobisme. Certes, tous les cinéphiles n'en font pas leur métier. Mais tous les cinéphiles font du cinéma leur utopie. La cinéphilie ne consiste pas seulement à connaître par cœur la filmographie de Preston Sturges ou Leo McCarey. À tort ou à raison, un cinéphile a le sentiment que la vie n'a aucun intérêt si elle ne ressemble pas à un film. Il est prêt à sacrifier la réalité pour un beau plan, une réplique brillante, un éclat de lumière sur les pommettes d'Emma Stone. Le monde n'existe que pour devenir une scène d'anthologie. En fait, depuis que j'ai fréquenté « Le Cercle » – cela a tout de même duré presque dix ans de mon existence –, je suis persuadé que la vie est un plan-séquence qui commence à la naissance et finit à la mort. Ma mère a ouvert un rideau en septembre 1965 et depuis mes yeux sont deux caméras qui enregistrent tout ce qui m'arrive, sans aucun montage. La mort, ce sera le moment où Dieu dira « Coupez ! » Ce serait chouette si, à ce moment-là, il ajoutait : « Allez, on la double, pour le plaisir. »

Auparavant, je ne pensais pas que le cinéma était une forme possible d'expression pour moi. À force de voir dix films par semaine pendant huit ans, je me suis cru capable de tenter ma chance. J'avais une expérience des *story-boards* dans la publicité et des tournages pour le tube cathodique, mais c'est l'assiduité aux projections de films qui a achevé de me persuader que devenir réalisateur n'était pas un rêve impossible à réaliser. Pendant toutes ces années entre 2008 et 2015, le cinéma s'est rapproché de moi. La variété des styles, l'abondance de l'offre, les réussites mais aussi les ratages, l'invention permanente, la liberté et la contrainte, on trouve tout cela dans la vie d'un critique de cinéma. Je ne suis pas devenu cinéaste parce que je suis romancier mais parce que j'ai animé « Le Cercle ». Cette nourriture quotidienne a fini par créer en moi un besoin vital de réfléchir en images. Mon plus beau souvenir de cinéma, c'est le jour où je me suis rendu compte que je pouvais faire l'inverse de Jeff Daniels dans *La Rose pourpre du Caire* (1985) : entrer dans l'écran. Quitter la salle obscure pour pénétrer à l'intérieur du mystère. Cela s'est passé en 2011. De toute façon, je me doutais que je n'avais rien à faire là, sur un plateau de télé, à animer une conversation entre cinéphiles bien plus cultivés que moi. Un jour, je me suis levé, j'ai marché vers la caméra, et je suis allé voir derrière. Je me suis retrouvé sur un autre plateau, avec des projecteurs plus puissants, et des comédiennes sublimes, des techniciens surdoués, du brouhaha, soudain une voix a dit « moteur demandé », une autre a répondu « ça tourne » et tous ces gens se sont tournés vers moi en me regardant d'un air impatient, et moi j'étais très gêné, je ne savais pas quoi faire, je sentais bien que j'étais la personne la moins légitime du monde à cette place, j'ai rougi de joie et de honte, mais il fallait bien que cette situation embarrassante se termine, alors au bout d'un moment très long et pénible, comme dans un rêve où l'on se retrouve à poil devant une foule d'inconnus, je me suis entendu crier : « action ! »

# La faute à Fitzgerald

Ce soir, nous avons une bonne et une mauvaise nouvelle. Commençons par la mauvaise, ainsi cet essai finira en beauté. Il est important de savoir motiver son lecteur, surtout pendant son hibernation de Noël. On aime généralement Scott Fitzgerald pour de mauvaises raisons. Parce qu'il est devenu célèbre très jeune et fréquentait des riches, parce qu'il incarne la « Génération perdue », parce que sa femme était la plus ravissante hystérique de New York, parce qu'il buvait trop et plongeait, en smoking ou en voiture, dans des piscines de la Côte d'Azur. Parce qu'il voulait couper en deux un garçon de café pour en comprendre la logique interne. Parce qu'il est un écrivain facile d'accès, charmant et triste, dont les livres ne sont ni longs, ni prétentieux. Parce qu'il est mort jeune à Hollywood. Parce qu'il a eu la présence d'esprit d'affirmer que « toute vie est bien entendu un processus de démolition » à la fin de la sienne. Bref, on aime Francis Scott Fitzgerald parce qu'il est le premier romancier de l'ère spectaculaire : il s'est toute sa vie, qu'il l'admette ou non, arrangé pour faire coïncider sa vie et son œuvre. Il a fixé les nouvelles règles du jeu à l'époque médiatique : un écrivain ce n'est plus quelqu'un qui se contente d'écrire des livres, *c'est quelqu'un qui tente de réduire la distance entre sa personne et ses livres.* Ce qui n'est pas la même chose du tout. Depuis

Fitzgerald (mais on pourrait aussi commencer cette phrase par « depuis Dumas » ou « depuis Hugo » – dans le domaine de l'autopromotion les Français n'ont de leçons à recevoir de personne), on a l'habitude de juger la qualité d'un auteur autant aux aspects publics de sa vie privée qu'à la singularité de son œuvre. On sait tous en 2010 que Proust a perdu, et à plates coutures, son combat contre Sainte-Beuve : plus aucun écrivain ne sera jugé exclusivement sur son texte. Cette mauvaise nouvelle, on pourrait la baptiser « la faute à Fitzgerald », qui paradoxalement reste l'un des meilleurs stylistes en prose du XXᵉ siècle, le plus fin, le plus imagé, le plus fragile aussi. Il écrivait pour la même raison qu'il buvait : parce qu'il était trop sensible pour mener une vie normale.

Voilà pourquoi, quand on vous parle de Scott Fitzgerald, c'est toujours pour montrer des jolies photos en noir et blanc datant des années folles, ou raconter des soirées où il dansait le charleston avec Dorothy Parker dans la fontaine d'Union Square, ou ses beuveries avec Hemingway au Dingo Bar, rue Delambre, à Paris, entre les deux guerres. Ou pour dire qu'on a honte de le dépasser en âge. Il est vrai que tout homme de plus de 44 ans ressemble à une vieille moule qui s'accroche à son rocher, tandis que Fitzgerald s'endormait tous les soirs en appuyant sur son cœur pour qu'il cesse de battre. J'ai eu l'occasion d'en parler avec Jay McInerney : il y a quelque chose de minable à vieillir plus vieux que l'auteur de *Gatsby le magnifique*. Ce qui m'amène à ma mauvaise nouvelle. *Gatsby le magnifique* est un des rares romans qu'on a fini par savoir par cœur : par exemple, sa dernière phrase. « Car c'est ainsi que nous allons, barques luttant contre un courant qui nous ramène sans cesse vers le passé. » La fille de Bertrand Poirot-Delpech vient de retraduire ce chef-d'œuvre chez POL : la célèbre chute devient « C'est ainsi que nous nous débattons, comme des barques contre le courant, sans cesse repoussés vers le passé. » Ce n'était pas la peine de se donner tant de mal pour compliquer les choses. Des barques qui se « débattent » ? Et pourquoi rajouter ce « comme » qui ne figure pas dans la version anglaise (« *So we beat on, boats against the current...* ») : ce qui est beau dans cette apposition, c'est justement que le narrateur semblait regarder flotter l'embarcation toute seule dans la nuit, éclairée par le phare vert d'East Egg. Comparons à présent le célèbre incipit qui me fait toujours monter des larmes de gratitude : « Quand j'étais plus jeune, c'est-à-dire plus vulnérable, mon père me donna un conseil que je ne cesse de retourner dans mon esprit. » Voilà une sacrée entrée en matière, digne d'un conte de fées, et si je dis « sacrée » c'est pour déculpabiliser Julie Wolkenstein : ce n'est pas de sa faute s'il y a des intégristes qui refusent qu'on touche à leurs souvenirs. En même temps, ce n'est pas parce que Fitzgerald est tombé dans le domaine public (son œuvre est désormais libre de droits) qu'on peut prendre toutes les libertés avec lui ! Nous avons avec ce roman des habitudes de vieux garçon, les textes de Jacques Tournier et Victor Liona nous rappelaient notre jeunesse, la re-traductrice nous donne envie de gueuler tel un tonton flingueur : « Touche pas au Gatsby, salope ! » avec tout le respect que *Le Figaro* doit aux professeurs de littérature comparée. Le travail de cette universitaire est sûrement très éminent mais il donne la même impression que d'entendre un standard des Beatles massacré dans un karaoké par un étudiant en musicologie ne tenant pas le gin-tonic. Voici donc sa nouvelle version de la première phrase du roman : « Quand j'étais plus jeune et plus influençable, mon père m'a donné un conseil que je n'ai cessé de méditer depuis. » Sa phrase est plus carrée, elle sonne efficace, mais toute poésie, toute grâce s'en est évaporée. M^elle Wolkenstein me rétorquera que je n'ai qu'à le lire en anglais ! Cela reste effectivement la meilleure chose à faire, surtout quand on vient de lire sa traduction. Tel était peut-être son but caché (ou inconscient) : donner envie de lire Fitzgerald en V.O. ? Mais elle ne respecte même pas la V.O. : ainsi pourquoi intituler cette nouvelle édition *Gatsby*, alors que le titre original, *The Great Gatsby*, comporte un adjectif qualificatif assez clairement identifié ? Si l'on voulait se démarquer des prédécesseurs en évitant l'épithète « magnifique », l'éventail des possibles était vaste : *Le grand Gatsby* (littéral), *L'immense Gatsby* (mégalo), *Gatsby l'énorme* (mode), *Gatsby le grandiose* (lyrique), *Le fastueux Gastby* (littéraire), *Gatsby le gigantesque* (ampoulé)... Mais virer l'adjectif est un crime de lèse-majesté intolérable. Raison pour laquelle nous ne le tolérons pas. Et encore, je ne vous ai parlé que de la première et de la dernière phrase : je vous épargne ce qu'il y a entre les deux, qui est encore plus scolaire. Les romans de Julie Wolkenstein n'étaient pas très rigolos, mais au moins ils ne dérangeaient pas notre cher vieux Scott. Il me semble que je ne vais pas être le seul à pousser des cris d'orfraie analogues à ceux d'une « flapper » simulant un orgasme pour quelques colliers de chez Tiffany's. Son exercice parfaitement vain (refaire un travail déjà fait, en moins bien) nous rappelle ce principe de base : pour être un bon traducteur, il faut d'abord être un bon écrivain.

Passons maintenant à la bonne nouvelle de la semaine : les Belles Lettres portent bien leur nom, Cet éditeur vient de demander à un grand traducteur (donc véritable écrivain : Pierre Guglielmina, qui a déjà fait ses preuves sur Kerouac, Hemingway et Bret Easton Ellis) de traduire des INÉDITS de Fitzgerald. Des textes de jeunesse, des articles légers et inconséquents, des petits bijoux inconnus au bataillon, des anecdotes vécues ou pas, qui paraissent sous le titre *Un livre à soi et autres écrits personnels*. Cette malle aux trésors compte une quarantaine de merveilles qu'on ne résiste pas au plaisir de citer en avant-première ici. Par exemple ce petit dialogue datant de 1922 (l'écrivain a alors 25 ans) :

« – Hé, Fitzgerald ! Hé, dites-moi une chose : [...] qu'est-ce qu'un type de votre âge peut bien chercher à raconter des choses aussi pessimistes ? C'est quoi, l'idée ?

– Ha, ha, ha ! ai-je fait, très déterminé. Ha, ha, ha ! Et j'ai ensuite ajouté, Ha, ha ! Bon, allez, au revoir. »

Quel bonheur d'entendre à nouveau ce rire déchirant ! Tout l'art de Fitzgerald à venir est déjà présent dans cette arrogance comique de jeune gandin, cette manière de congédier l'angoisse, de ricaner très fort pour ne pas répondre aux questions qui fâchent. Comme l'avait vu Blondin (dans *Certificat d'études*), il y a du Musset chez cet « Américain pas tranquille » ; ils sont d'ailleurs morts au même âge. Hilarant et tragique, ce fêtard trop vulnérable avait anticipé son destin. Il a lucidement bâti sa légende. On le voit dans *Tendre est la nuit* comme dans *Gatsby le magnifique* : le héros est toujours mythifié par un personnage annexe (Dick Diver par Rosemary, Jay Gatsby par Nick Carraway). Fitzgerald est à la fois acteur et spectateur de son désastre. Il a tout calculé : son mariage, ses voyages, ses amitiés, sa réussite, et peut-être même sa déchéance. Il contrôlait trop bien son image par ses écrits pour que sa littérature ne finisse pas par devenir la dictature de son existence. Il a tout détruit avec allégresse, à commencer par lui-même : « On doit vendre son cœur », conseilla-t-il à un jeune écrivain. Au fond, l'écriture a joué à Scott Fitzgerald le même tour que la créature monstrueuse du Docteur Frankenstein : elle lui a échappé. Il a été dépassé par sa propre création. Quand il s'en est aperçu (« La Fêlure », article dans le magazine *Esquire* en 1936), il était déjà trop tard. Il n'achèvera pas son *Dernier Nabab*. « Il n'y a pas de deuxième acte dans les vies américaines » est une jolie façon d'admettre qu'il n'y a pas de *rehab* possible pour les génies les plus tendres. Les romans sont un engrenage : attention, ils peuvent vous broyer. Fitzgerald est un modèle d'écrivain mais il ne faut surtout pas l'imiter si l'on veut avoir la moindre chance d'être heureux. Et cela, franchement, à l'heure tardive où j'écris ces lignes, je ne sais pas du tout si c'est une bonne, ou une mauvaise nouvelle.

# Comment je ne me suis pas disputé (Ma vie littéraire)

Bizarrement, je n'ai pas rencontré Michel Le Bris à Saint-Malo mais le 8 novembre dernier, à la Foire du livre de Brive. C'est un colosse breton et barbu, auteur de nombreux livres, romans, essais, biographies et fondateur du festival Étonnants Voyageurs à Saint-Malo. J'ai senti qu'il avait envie de me détester. À ses yeux, j'incarne l'ennemi ultime : l'écrivain germanopratin autocentré, le Narcisse branché « fashion », snob et mondain, dont les romans nombrilistes salissent la littérature française à l'étranger. De mon côté, j'ai lu son manifeste *Pour une littérature-monde* (pétition signée notamment par saint J.M.G. Le Clézio) : il y défend la francophonie tout en dénonçant sa sclérose, il vitupère les « nains » qui tiennent l'édition et la critique parisienne, stigmatise les romanciers imbus d'eux-mêmes et l'autofiction étriquée, le tout pour défendre un mystérieux « livre-monde », « vaste, généreux et terrible, comme la vie ». Un débat public était organisé pour nous opposer (en présence de Daniel Martin et Olivier Poivre d'Arvor), j'avais mal dormi, il faisait très chaud, nous transpirions à grosses gouttes, bref, toutes les conditions étaient réunies pour ma mise à mort. Le disciple de Stevenson et Conrad n'allait faire qu'une bouchée du gnome autobiographo-mane pasticheur d'Ellis et Houellebecq.

Les choses ne se sont pas déroulées comme prévu : nous nous sommes plutôt bien entendus. Pourquoi ? Je me le demande encore. Quelque chose dans l'œil de Le Bris s'est attendri en se découvrant un adversaire aussi mou, lâche et fatigué. Cela s'appelle la pitié. J'ai évité l'engueulade en citant les grands génies de l'autoportrait : mes quatre boucliers humains se nomment Rousseau, Chateaubriand, Constant et Proust. Ne sont-ils pas la preuve qu'on peut dire « je » tout en décrivant ce qui se passe autour de soi ? J'ai cité la phrase d'Oscar Wilde qui calme toujours les excités de la théorie : « Il n'existe pas de livre moral ou immoral. Un livre est bien écrit ou mal écrit, c'est tout. » C'est dans *Le Portrait de Dorian Gray*, 1891. En paraphrasant cet aphorisme célèbre, on peut conclure qu'il y a des autofictions insupportables et des autofictions géniales, de même qu'il y a des romans d'aventures ampoulés et des romans d'aventures virevoltants. Toutes les arguties littéraires, tous les pamphlets, les définitions, les querelles et les manifestes sont détruits par la phrase toute bête de Wilde : ou c'est réussi ou c'est raté, point barre. Ce qui compte dans un roman n'est pas son intention mais l'étincelle bizarre qui nous charme, la voix d'une fêlure, la douceur d'un regard, l'humour, la chaleur, que sais-je ? Le talent, cette injustice dégueulasse. L'éternité de la mélancolie. Certes, Le Bris ne parle jamais de Le Bris, et moi je parle tout le temps de moi. Est-ce une raison suffisante pour se castagner ? Je ne crois pas qu'un romancier ait besoin de règles : il doit déjà se battre avec ses chapitres, ses personnages et sa langue, qui sont des ennemis plus retors. Je suis certain que Michel Le Bris s'est sincèrement réjoui, au nom de la « littérature-monde », de voir le prix Goncourt lui échapper au profit d'un écrivain afghan,

Atiq Rahimi. Je suis convaincu qu'au fond de lui-même il admet que Le Clézio n'est jamais meilleur que lorsqu'il publie des autobiographies déguisées. Le Bris décrit des aventuriers disparus, je montre des fêtards coupables – le monde est dans tous les livres. Il n'y a pas d'un côté le monde extérieur qui serait passionnant et de l'autre le monde intérieur puant le renfermé. Il n'y a que deux catégories d'écrivains : les bons et les mauvais. Or Michel Le Bris et moi, nous avons un point commun : être intimement persuadés de figurer dans la première catégorie.

# Parisfornication

L'écrivain continue d'être un personnage. C'est le meilleur héros de fiction possible : il boit, il est seul, il doute, il se gratte la tête, il est fauché, il est libre, il fait n'importe quoi, il ne va pas au bureau, il voyage, il lit, il souffre, il est sarcastique, il séduit les femmes mariées. Il baise intelligemment. Il a le temps d'être romanesque. Inutile de faire la liste des livres dont le narrateur est un écrivain : on manquerait de place ici. (Tout de même, rien qu'en ce début d'année : le dernier Djian, le dernier Jaenada, le dernier Sollers, le dernier Bayon, le dernier Mabanckou...) Ce qui est plus étonnant, c'est que l'écrivain est aussi le personnage principal de trois des plus célèbres séries américaines. En voilà une bonne nouvelle ! Le mythe du romancier mal rasé, alcoolique, dépressif et obsédé sexuel continue de fasciner les foules avachies devant leur téléviseur. Mes chers confrères, nous avons encore quelques beaux jours devant nous ; soyons gré à l'impérialisme culturel anglo-saxon de fournir un alibi aux lève-tard.

La série qui a remis l'écrivain au goût du jour s'intitule *Californication*. Son héros, Hank Moody, est comme son nom l'indique un mélange de Hank Chinaski (le héros récurrent des romans de Charles Bukowski) et de Rick Moody (l'auteur du *À la recherche du voile noir*). Il a 40 ans, et tient une chronique cynique dans un magazine de Los Angeles. Sa femme l'a quitté, sa fille le fait tourner en bourrique, il couche avec des lectrices impubères, son œuvre est trahie au cinéma, il n'arrive plus à écrire, il se drogue pathétiquement. On ne voit pas souvent Hank travailler, mais il hante tous les restaurants à la mode. Toute ressemblance avec la vie véritable d'un écrivain normal serait pure coïncidence. Auparavant, le feuilleton *Sex and the City* (également diffusé sur M6) mettait en scène Carrie Bradshaw, la chroniqueuse vedette d'un journal féminin new-yorkais. On voyait souvent Carrie taper sur son clavier d'ordinateur le récit de ses déceptions sentimentales et frasques sexuelles. Elle couchait plus souvent qu'elle ne tombait amoureuse. Sa vie était inspirée d'un roman de Candace Bushnell, lui-même tiré de ses chroniques au *New York Observer*. C'est grâce à *Sex and the City* si l'écrivain est redevenu « fashion ». Une aubaine pour tous les scribouillards maudits de la planète : grâce aux personnages interprétés par David Duchovny et Sarah Jessica Parker, le métier d'écrivain a la cote, *ex æquo* avec chanteur rebelle ou acteur décoiffé. La tendance s'est confirmée chez les ados, avec la série *Gossip Girl*, dont la voix off est celle d'une mystérieuse blogueuse qui détaille par le menu tous les potins de son lycée. Une fois de plus, l'un des personnages principaux est un écrivain, une jeune fille omnisciente et malveillante qui dénonce sur Internet les turpitudes de ses camarades de classe sociale. Une merveille de nihilisme décadent, c'est-à-dire de romantisme frustré. Remercions les scénaristes hollywoodiens de réhabiliter une profession tombée en désuétude. J'aurai tout connu : l'époque où écrire était ridicule, minable, prétentieux ; et aujourd'hui celle où cette manie redevient glamour, chic, « tendance ». Le problème, bien entendu, est que, dans les deux cas, le contenu des livres n'intéresse absolument personne. Il ne faut pas se faire d'illusions : regarder vivre les écrivains reste un des meilleurs moyens de ne pas lire leurs livres.

# Littérature tropézienne

Je dois vous faire un aveu qui va soulager ma conscience. J'ai passé une partie de l'été à Saint-Tropez. Je préfère que vous l'appreniez par moi mais peut-être étiez-vous déjà au courant : *Gala*, *Paris Match* et *Public* ont publié des photos de moi sur un ponton, en maillot de bain, en train de rentrer le ventre pour ne pas ressembler à Patrick Bruel. Il est temps que j'en assume toutes les conséquences : ma carrière est foutue ; je ne serai jamais un écrivain mythique. La littérature est-elle soluble dans le bling-bling ? Le roman post naturaliste est-il compatible avec la mauresque chez Sénéquier ? Peut-on aimer la grammaire et le Club 55 ? Multiples sont les culpabilités qui pèsent sur l'écrivain invité dans une villa tropézienne. Peut-on faire du Riva tout en lisant Georges Perec ? Commander une bouteille de Dom Pérignon aux Caves du Roy est-il une insulte à l'œuvre de François Mauriac ? Ces questions ont leur importance. On sait aujourd'hui qu'une des plus graves erreurs politiques de Nicolas Sarkozy fut de partir en vacances sur un yacht juste après son élection. La « jurisprudence Bolloré » s'applique-t-elle aux écrivains français ? Bref, suis-je définitivement carbonisé dans le milieu des lettres pour avoir serré la main à Jean-Roch ? Il fut un temps où les choses étaient différentes. En 1925, Colette achetait une petite maison dans la baie des

Canoubiers, pour s'y installer avec Maurice Goudeket. Elle la baptisait la « Treille Muscate », à cause du raisin muscat qui y poussait en abondance. Elle y reçut Kessel et Carco, ensemble ils mangèrent de la bouillabaisse et de l'aïoli. Elle y écrivit *La Naissance du jour*. « Rien n'est pareil à ce golfe, à ces terres heureuses, à leur verdure sans effort... » Mais Colette a déménagé en 1936. Après la guerre, Boris Vian descendit à Saint-Trop' pour jouer de la trompette car le Club Saint-Germain y avait ouvert une annexe en 1949. (Une boîte parisienne qui déménage l'été à Saint-Tropez : non ce n'est pas Jean-Roch qui a inventé le concept, c'est Frédéric Chauvelot !) Tandis que le reste de l'orchestre créchait à l'hôtel Sube, Boris et Michelle Vian louaient une bicoque au 3 rue d'Aumale, qui deviendra l'hôtel de la Ponche. On connaît la suite : en 1955, Françoise Sagan faisait la fermeture de l'Esquinade (« Ce n'est pas parce que je suis une intellectuelle que je dois vivre comme un croûton »), Jean-Paul Sartre et Simone de Beauvoir ont même ontologiquement réfléchi à leur existence en tant qu'essence à la terrasse du Gorille.

N'oublions jamais qu'au départ Saint-Tropez est le village le plus littéraire de France. Mon problème, c'est que j'arrive cinquante ans trop tard. Il y a cinq décennies, *Public* et *Closer* n'existaient pas. Le gendarme de Saint-Tropez n'avait pas combattu les extraterrestres. Loana n'avait pas chatouillé Jean-Édouard dans la piscine du Loft avant de parader sur les plages de Pampelonne. Les Russes restaient enfermés dans leur Union soviétique. Le string n'avait pas encore été inventé, le Botox non plus. Le joli petit village de pêcheurs n'était pas encore devenu la capitale de la vulgarité mondiale. Tout de même, il faut relever ce défi : rendre à Saint-Tropez sa gloire littéraire.

Je ne suis pas seul à mener ce combat : Jérôme Garcin a eu le courage de situer son dernier livre à Saint-Tropez (bon, d'accord, la maison de François-Régis Bastide était à La Garde-Freinet, mais c'est la porte à côté). Il faut des poètes au VIP Room, comme dans n'importe quel goulag. Je consens à ce sacrifice : oui, je me dévoue pour être le Soljenitsyne du Nikki Beach.

# Les écrivains-buveurs

L'alcoolisme revient en force dans la littérature française. Ce doit être la crise économique : en période de disette, les gens picolent pour oublier la baisse de leur pouvoir d'achat. Les écrivains ne sont pas des gens comme les autres, mais le monde déteint parfois sur eux. L'éthylisme littéraire était un peu passé de mode : Antoine Blondin et Charles Bukowski était morts, la loi Évin limitait les allusions à l'alcool à la télévision et dans la publicité, même Nicolas Rey et Christophe Tison avaient arrêté de boire...

Certains auteurs étaient passés à des substances plus fortes, pour faire jeune... La scène de *Vingt ans après* où Dumas décrit Porthos buvant les bouteilles de vin cul sec, « comme des verres », semblait parfaitement désuète. La police arrêtait toute personne qui conduisait avec plus de 0,5 g d'alcool dans le sang (l'équivalent de deux bières). De toute façon, plus personne n'avait le permis de conduire (douze points duraient six mois). La France fabriquait le meilleur vin du monde et interdisait à tous ses habitants d'en boire. Notre pays avait décidé d'être sain. Avec le déficit de l'assurance maladie, les Français n'avaient plus le luxe de s'abîmer le foie.

C'est alors qu'intervint Pierre Mérot. Depuis Hermann Broch, nous savons que le rôle du roman est de dire ce qu'on ne peut pas dire ailleurs que dans un roman.

Puisqu'il est interdit de se pinter dans la rue, au bureau, au volant, à l'écran et sur les affiches, Mérot a compris qu'il ne lui restait plus qu'à donner le tournis à la littérature française. Il est l'écrivain qui a redonné à l'alcoolisme ses lettres de noblesse. C'était en 2003, dans un roman intitulé *Mammifères* (Flammarion). Un vrai livre de résistant, un roman engagé. Toute gueule de bois est un combat.

« Ce soir, vous irez finir ce livre dans tous les bars du monde, sur les comptoirs rayonnants, sans penser à l'amour, dans la gueule fardée de l'alcool. [...] Vous aurez un vague sourire, celui que la forme du verre finit par creuser dans les lèvres. » L'influence souterraine de ce texte fut colossale. Les romanciers français se sont remis à taquiner le goulot. Au début de cette année, François Nourissier a pondu un livre splendide sur les bouteilles de sa femme. En cette rentrée, Amélie Nothomb imagine une piscine remplie de Dom Pérignon. Son roman vante les mérites de la quinzième gorgée de champagne. Par comparaison, Philippe Delerm, avec sa première gorgée de bière, semble bien sobre. Dans *Polichinelle* (P.O.L., 2008) de Pierric Bailly, on mélange le whisky avec du Nesquik. On est bourré dès le petit-déjeuner : la nuit commence tôt dans le Jura désœuvré. Le superbe essai *Promenades sous la lune* (Grasset, 2008) de Maxime Cohen consacre un chapitre à l'influence du vin sur l'écriture : « Le vin favorise l'essor des phrases amples, généreuses, abondantes, prolixes, longuement figurées, insinuantes ou emportées, romanesques, oratoires, prophétiques. » On jurerait que Cohen décrit précisément le style de Pierre Mérot. Son nouveau roman *Arkansas* (Robert Laffont, 2008) est victime d'une injustice : on le prend pour un règlement de comptes avec Michel Houellebecq alors

qu'il est un mirage, une digression, une fable fantasmago-
rique qui rappelle Malcolm Lowry ou Mikhaïl Boulgakov.
« Il y avait, en gros, les alcools montants et les alcools des-
cendants ; ceux qui se hissaient à toute vitesse dans les
fosses nasales, dans les os résonateurs ou au sommet du
crâne ; et ceux qui tombaient lourdement dans les boyaux
comme des cailloux et tiraient le corps vers le bas ; ceux
qui filaient dans l'œsophage telles des flèches brûlantes,
puis finissaient de flamber dans le ventre en une petite
phrase précise ; et puis les alcools intermédiaires, lesquels
s'infiltraient dans les épaules comme des cordelettes ner-
veuses et durcissaient après comme des cordages. » Qu'on
se le dise : la boisson sauvera la littérature et, par conséquent, l'humanité.

# Un débat interdit

Certes, nous l'avons bien cherché. Mais le « Manifeste des 343 salauds » a déchainé de telles attaques et injures que je me vois contraint de préciser ma pensée de petit salopard. L'idée m'en est venue durant une conversation avec Élisabeth Lévy, le 10 octobre dernier ; j'avais accepté un entretien avec *Causeur* parce que je trouve sain de discuter avec les gens qui ne sont pas d'accord avec moi (Élisabeth s'est opposée au mariage homosexuel alors que j'y étais favorable). À un moment de l'interview, Élisabeth évoqua la question de l'abolition de la prostitution, et c'est alors que j'ai suggéré l'idée d'une pétition de 343 « salauds » clients de prostituées, allusion aux 343 « salopes » affirmant avoir avorté, en 1971. Le magazine *Causeur* a décidé d'en faire sa couverture, avec un titre dont je ne suis pas l'auteur : « Touche pas à ma pute ». Présenté partout comme l'initiateur de cette pétition, je me suis retrouvé porte-parole des hétéro-beaufs-réacs-machistes-ringards-obsédés. J'avais sous-estimé la violence d'Internet. J'assume sans problème de susciter la vindicte de ce monde virtuel qui semble avoir été créé pour permettre à tous les haineux du monde de se donner la main. Mais enfin : imaginez un plaisantin cloué au pilori et couvert de crachats avec un bonnet d'âne sur la tête ; le garnement finit par être tenté de se justifier.

Le ministre des Droits des femmes, Najat Vallaud-Belkacem, fut la première à ouvrir le feu sur le parallèle entre les 343 salopes et les 343 salauds, estimant que « si les 343 salopes demandaient à disposer de leur corps, les 343 salauds demandent à disposer du corps des autres ». La formule sonne bien, mais elle est doublement fausse. Personne ne réclame le droit de disposer du corps d'autrui dans une relation entre adultes consentants ; il s'agit d'un échange tristement clair (plaisir contre argent), dont le principal défaut est de ne plus correspondre à la morale républicaine. Quant à la prostituée qui a choisi son activité, ne se bat-elle pas pour la liberté de disposer de son corps ? Passons là-dessus. Je ne devrais pas m'exprimer sur un sujet que je connais mal, mes investigations s'arrêtant au Baron de l'avenue Marceau (ancienne époque, fin des années 1980, début des années 1990, avant que ce bar à hôtesses ne devienne une boîte à la mode). À mon humble avis, seule la parole des prostituées devrait être écoutée. Or elles sont toutes farouchement opposées à cette loi, qui va les faire basculer dans la clandestinité, donc le danger.

La seule vérité dans mon parallèle provocateur entre « salopes » et « salauds », c'était ceci : en 1971, les femmes qui avortaient étaient stigmatisées, montrées du doigt, honteuses ; en 2013, les clients de prostituées sont stigmatisés, montrés du doigt, honteux. Il est là, le point commun. Proposer une loi pour pénaliser les clients des prostituées revient à dénoncer des personnes qui se trouvent, qu'on le veuille ou non, en situation de détresse et d'isolement. Ce dont on ne parle jamais dans ce non-débat, c'est de la misère sexuelle. Pénaliser les clients de prostituées revient à humilier des individus déjà frustrés car ils n'ont pas accès à la merveilleuse jouissance promise par la publicité, le cinéma, les magazines de mode et la télévision. De même qu'une femme qui avorte n'est pas une salope, un client de prostituée n'est pas un salaud ; c'est un paumé solitaire dans une époque de fête sexy. On caricature la prostitution comme une relation sordide dans un caniveau, alors que cela peut aussi être un homme dépressif sauvé dans un bar par une femme qui l'écoute et lui tient la main pour l'aider à traverser sa nuit. Que se passera-t-il quand il n'aura plus cette soupape de sécurité ? Certains deviendront-ils dangereux ?

Il est permis de se demander comment la police procèdera pour arrêter ces ignobles porcs : à quel moment seront-ils dans l'illégalité ? Quand ils aborderont la fille, quand ils lui tendront de l'argent ? Les contrevenants seront-ils arrêtés, menottés, placés en garde à vue ? Qui va les dénoncer : les prostituées, les voisins, leur épouse ? Préviendra-t-on aussi leurs enfants ou leur employeur ? J'ajoute que la prostitution existe pour les deux sexes : beaucoup de femmes seules, âgées, abandonnées, sont enchantées d'avoir recours à des escort-boys. Et quid de la prostitution homosexuelle ? La cause semble entendue : un client qui va voir une prostituée du sexe féminin est un affreux macho, mais si un homme va voir un autre homme, lequel domine l'autre ?

Je croyais naïvement que notre pétition susciterait un débat sur cette nouvelle extension du domaine de la police. Mais le débat n'aura pas lieu : le sujet est trop tabou et l'époque trop puritaine. La loi sera probablement votée à l'unanimité, comme cela se pratique dans toutes les grandes démocraties.

J'envie les étudiants de Mai 68, pour qui « il était interdit d'interdire » ; maintenant qu'ils sont au pouvoir, les anciens soixante-huitards proclament plutôt qu'« il est interdit d'autoriser ». Il existe probablement au gouvernement des conseillers chargés chaque jour de dégoter une nouvelle interdiction. Permettez-moi de leur suggérer les prochaines prohibitions possibles : la boxe, le rugby, le beurre, l'alcool, le foie gras, le scooter, le skate-board, les 24 Heures du Mans, les films pornos, le saut à l'élastique, le fromage non pasteurisé, l'amour sans capote, la corrida, le bronzage sans crème solaire, les bonbons, le Coca-Cola.

Il y a, en France comme presque partout dans le monde, une extraordinaire hypocrisie sur la prostitution : une immense majorité de nos concitoyens a déjà rendu une fois dans sa vie visite à une professionnelle ; cependant aucun ne l'avouera jamais. Nous vivons dans un capitalisme de Tartuffes dont la prostitution est une grotesque métaphore. La France a interdit les maisons closes sans interdire les filles de joie ; elle s'apprête à pénaliser la clientèle en autorisant le racolage passif. L'an dernier fut inauguré un splendide musée Toulouse-Lautrec à Albi alors qu'aujourd'hui Toulouse-Lautrec serait verbalisé comme un gros dégueulasse. Et je suis prêt à parier que, parmi toutes celles et ceux qui furent outrés par le manifeste des 343 salauds, beaucoup furent amoureux des muses de Baudelaire, Maupassant, Toulet, Proust, Miller, Houellebecq, et pleurent la mort de Lou Reed qui chantait : « *Hey babe, take a walk on the wild side.* »

# PENDANT 2015

# Janvier

C'est l'histoire d'un peuple qui voulait rester indifférent. On l'en a empêché. J'écris ceci un mois après le carnage de *Charlie Hebdo*, je suis à Kiev, en Ukraine, dans un pays en guerre, comme le mien. Ce n'est pas moi qui le dis mais 53 % des Français. Dans un sondage Ipsos-Le Monde du 28 janvier 2015, à la question « Vous sentez-vous en guerre ? », 53 % de mes concitoyens ont répondu : « Oui ». Je vous jure que j'ai essayé de rester indifférent. Je voulais réhabiliter le mot « placide ». J'ai tout fait pour continuer à vivre comme si ces tueries n'avaient pas existé. Les habitants de Kiev ont donné un bel exemple lorsque leur dictateur leur tirait dessus. Il faut snober la violence, tout simplement en l'ignorant. Leur dictateur a fini par s'enfuir car il ne pouvait pas tuer tout le monde. Comme à la bataille de Fontenoy (1745), nous crions : « Tirez les premiers, Messieurs les djihadistes ! » Certes, il est insupportable de se dire que les morts sont morts pour rien. Pourtant il faut regarder la réalité en face : les victimes d'attentats ne meurent pas pour défendre la liberté d'expression, ni pour lutter contre l'islamisme radical. Elles meurent pour rien. De même que dans le World Trade Center, le 11 septembre 2001, trois mille personnes ont été brûlées sans raison. Des fanatiques ont massacré des gens désarmés qui travaillaient dans des bureaux. La tuerie de *Charlie Hebdo* est un meurtre de masse, aussi absurde que la tuerie de Norvège du 22 juillet 2011, où un psychopathe a tué 77 personnes sur l'île d'Utoya, ou le crash de l'Airbus German Wings du 24 mars 2015, dont le copilote dépressif a souhaité viser la montagne. Les mots d'ordre prononcés, le poing levé, par le crétin norvégien, n'étaient pas plus intéressants que ceux des bourreaux parisiens ou la maladie mentale du copilote allemand. Je ne veux pas entendre ce que des assassins ont à me dire. Ils ne me concernent pas, ne m'atteindront jamais, sauf avec leurs balles. Je me fiche autant des « Allah Akbar » que des gestes nazis du malade norvégien à son procès à Oslo ou les déboires sentimentaux de celui-qui-ne-sera-jamais-commandant-de-bord. La violence n'est pas un discours, ni une langue. La violence commence là où disparaît le vocabulaire. Les rares fois où je me suis pris une baffe dans la cour de récréation de l'école Bossuet, c'est quand l'idiot en face de moi manquait de repartie. Toute personne qui frappe des gens ne mérite pas d'être écoutée. Je ne sais plus quel intellectuel allemand a écrit que le problème avec les nazis n'était pas leur violence mais leur bêtise. Ce qu'il y a de pire au monde, c'est un con avec une mitraillette entre les mains. Ou un avion entre les jambes.

Je me rends bien compte que cet éloge de l'indifférence est en quelque sorte disqualifié par ce texte. Si j'écris sur un événement, je lui accorde l'importance que je prétends lui refuser. Chaque écrivain qui réagit au massacre des 7, 8 et 9 janvier 2015 justifie-t-il l'exécution des dessinateurs, des policiers et des clients d'un supermarché casher ? J'espère que non ; cependant, depuis le jour de cette tragédie, j'estime qu'on en parle trop. On accorde de l'importance à ce qui ne le mérite pas. Il ne fallait pas montrer les noms et les visages des terroristes, pour ne pas les rendre célèbres. Vous noterez que dans ce texte, je ne cite jamais leurs identités. La télévision fabrique des héros intrépides, des martyrs rebelles. Dire les frères Machin, c'est récompenser les fous qui mitraillent des agneaux, les tueurs d'enfants de Toulouse, les pleutres, les égorgeurs d'otages aux mains menottées dans le dos et les suicidaires qui aiment suicider d'autres gens qu'eux-mêmes. Il faut les appeler par leurs vrais noms : il faut dire les sadiques, les détraqués, les psychopathes, les malades, les meurtriers. Si seulement le silence était possible, ces assassinats collectifs deviendraient complètement vains. Telle est mon utopie : une loi qui interdirait de citer les noms et les slogans de ces criminels pour ne plus inspirer de vocations macabres. Pourquoi parle-t-on autant de ces crimes-là ? Si un crétin massacre des innocents dans une rue sans gueuler « Allah Akbar », c'est un fait divers atroce mais banal. Si un autre crétin fonce en bagnole dans une foule en criant « Allah Akbar », toute la France est au courant. Est-ce bien nécessaire ? Heureusement que le copilote allemand n'a pas crié « Allah Akbar » avant d'écraser son avion dans la montagne : la presse nous aurait encore saoulé avec l'islam pendant trois mois.

Aujourd'hui je cherche à cultiver le flegme des Britanniques durant le Blitz de 1941. Une image particulièrement émouvante est celle de la voiture de police qui recule. Le 7 janvier 2015, quand les tueurs bas du front sortent de l'immeuble du 10 rue Nicolas-Appert où ils viennent de flinguer douze personnes et d'en blesser onze, ils montent dans leur Citroën C3, et soudain se retrouvent face à une voiture de flics qui roule devant eux dans une voie à sens unique. Les assassins ouvrent le feu avec leurs kalachnikovs. Les deux policiers accomplissent alors un exploit extraordinaire : une marche arrière sans visibilité, penchés sous le pare-brise (qui sera criblé d'impacts). Ils parviennent ainsi à sauver leur peau. Cette retraite a pu donner à certains témoins une impression de lâcheté, la police ayant libéré le passage aux terroristes. Il est si facile, dans son appartement calme, de fredonner comme Brigitte Bardot dans *Bonnie and Clyde* : « La seule solution c'était mourir. » Je voudrais insister sur un point : les lâches sont ceux qui ont tiré sur des journalistes sans armes, puis dans la tête d'Ahmed Merabet, un policier à terre, pour l'achever. Ceux qui ont reculé à grande vitesse devant les kalachnikovs se sont débarrassés de la posture héroïque, virile, stupide : ils ont choisi la vie. Ils ont refusé une guerre qui n'existait pas. Ils ont eu une attitude gaullienne (s'exiler momentanément pour écraser l'ennemi plus tard, à l'arrivée des renforts). La victoire a lieu dès le moment où les policiers qui ont fait marche arrière ne sont pas décédés alors que les deux assassins, eux, mourront deux jours après. Celui qui gagne cette guerre est celui qui ne fait de mal à personne et vit, pas celui qui éventre des innocents et meurt. Rien n'est plus émouvant que cette victoire de l'agneau sur le loup.

Avant le 7 janvier, j'avais lu *Patience* (2014) de Marc-Édouard Nabe et *Soumission* de Michel Houellebecq (Flammarion, 2015), deux textes reçus à peu près en même temps (en décembre 2014). L'un est un essai qui fait l'éloge de Daech, des décapitations révolutionnaires et du califat islamique ; l'autre imagine, dans une politique-fiction, une France islamisée, où les femmes sont voilées et la polygamie encouragée. Collaboration ou résignation : je refuse de choisir. N'être ni nationaliste, ni islamiste : un gars du milieu. Comme les dessinateurs de *Charlie Hebdo* et les millions de gens qui ont défilé le 11 janvier, je veux continuer de faire un pied-de-nez à ces deux camps. Michel Houellebecq regrette que François, l'antihéros de *Soumission*, ne quitte pas la France pour rejoindre son amoureuse à Tel-Aviv : parfois quitter la France est le meilleur moyen de résister, comme en 1940. Mais le satiriste était dans la logique de sa narration et il a préféré emmener François au bout de sa nuit. François se tourne vers la religion parce qu'il ne supporte plus de vivre pour rien. Il est en quelque sorte en deuil de son athéisme : à la fin, il renonce à ne pas croire. Ce n'est pas une soumission de gaieté de cœur, une conversion joyeuse, mais l'échec de l'indifférence.

Dieu est mort. Je reste athée. C'est plus difficile que d'avoir la foi car il n'y a aucun espoir. Après la mort, tout s'arrête, et même la vie n'a pas de signification. Ce nihilisme chic a peut-être fait le lit de la violence. À force de cracher sur le capitalisme absurde, la finance folle, la publicité frustrante, l'individualisme qui est un égoïsme, la consommation qui est une insatisfaction, de défendre la prostitution et la toxicomanie, nous avons peut-être, avec quelques autres plaisantins, contribué à dégoûter de la France une certaine frange de la jeunesse de mon pays. Je me suis vautré avec délice et insolence dans la décadence libertaire post-soixante-huitarde jusqu'à en devenir pour certains le symbole le plus putride. Je me fiche des juifs et des musulmans comme des catholiques et des protestants, des bouddhistes et des hindouistes. Je ne me considère même pas Français : je suis un habitant de la planète Terre, indifférent à sa patrie et qui comptait le rester jusqu'à sa mort. Je ne suis candidat à aucune fatwa. Je suis un terrien pacifiste et humaniste sur une Terre polluée, de plus en plus hostile et inhumaine. Je suis un placide raté. Michel Houellebecq était l'invité du journal télévisé de David Pujadas la veille de la tuerie de *Charlie Hebdo*, le 6 janvier 2015. C'est là qu'il a prononcé la phrase à mon avis la plus importante de l'année : « L'athéisme est difficile à tenir, c'est une position douloureuse. » Je crois qu'il n'y a pas d'autre vie que celle que je suis en train de vivre. C'est douloureux, oui, et cela donne soif de plaisir. L'athéisme aussi peut rendre fou.

Quel délice de regarder la série *Charlie's Angels* quand j'étais petit garçon, avec Farrah Fawcett, Jaclyn Smith et Kate Jackson en bikini. Aujourd'hui je dirige un magazine avec des femmes nues sur la couverture et des textes satiriques, arrogants et hédonistes, à l'intérieur, financés par des publicités de luxe. Je ne publie pas de caricatures de Mahomet mais des photographies des seins de Marie Gillain. Je suis Charlie mais surtout : je suis Marie. Je vis au milieu des seins et non des saints. Je souffre car dans mon monde à moi, les femmes ne sont pas voilées, mais nues, infiniment tentatrices. Je vis dans la lancinante civilisation du désir. Mes 70 vierges sont vivantes : elles s'appellent la Fashion Week. Le paradis est ici et maintenant, mais c'est un enfer sexy. C'est une souffrance permanente que de n'avoir aucun Dieu ni aucun textile pour s'interposer entre mes yeux et la beauté des corps féminins. Dans *LUI*, à la place de mon éditorial mensuel, j'ai publié fin janvier 2015 une photographie de Georges Wolinski entouré de femmes nues, surmontée de ce titre : « Il ne pensait qu'à ça. » Dans le même numéro, un de mes romanciers préférés au monde, l'Irlandais Robert McLiam Wilson, a rédigé un éloge de la fellation et du cunnilingus qui se concluait par ces mots : « Les très débraillées et plus qu'un peu agaçantes *sixties* furent pleines de fleurs glissées dans le canon de fusils et de déclarations du genre "Faites l'amour pas la guerre". Ça me paraît beaucoup trop général. Il faut être beaucoup plus précis. Parce que ça me paraît clair. L'oral est l'option nucléaire. L'oral est notre barricade contre les abrutis et les négationnistes de la vie. Et puis merde, l'oral est notre Sixième République. C'est à l'oral qu'on sera sauvé. » Le sexe, le plaisir, l'hédonisme ne sont pas des réponses à la violence : la violence n'a aucune autre réponse que la police. Mais c'est un passe-temps agréable, une idée à suivre, et le meilleur hommage possible à la mémoire de Georges Wolinski. Je sais, pour en avoir parlé avec lui, qu'il était adepte de la chanson de Brassens : *Mourir pour des idées, d'accord, mais de mort lente.* Mourir pour une blague ? D'accord, mais de mort très, très lointaine, si possible, s'il vous plaît, ayez pitié de nous. Mourir entre les bras des Charlie's Angels ? D'accord, tout de suite !

L'indifférence que je prône est un refus de l'héroïsme. Rien ne m'effraie davantage que ce besoin d'héroïsme que je ressens tout de même fortement en moi, bien sûr, comme tout homme élevé dans les années soixante et soixante-dix. J'admire le sacrifice de Yohan Cohen qui s'est jeté sur le fusil du tueur dans le supermarché casher. J'envie le courage de Charb qui savait exactement ce qu'il risquait en publiant les caricatures de Mahomet. Je vénère l'extraordinaire impertinence de toute la rédaction de *Charlie Hebdo* que l'on voit en 2006 autour de la table dans le documentaire de Daniel Leconte, *C'est dur d'être aimé par des cons*. Ils sont incroyables : menacés de mort comme Salman Rushdie, ils dessinent le Prophète en couverture. Décimés le 7 janvier 2015, ils récidivent le 14 janvier 2015. Qui a autant de courage dans la presse mondiale ? Ni CNN, ni le *New York Times*, ni la BBC n'ont montré ces dessins. Ni *LUI*. Suis-je un pleutre ? Non, mais je dois vivre. Il faut vivre comme les policiers qui ont fait marche arrière dans leur voiture. Je ne publierai pas ces dessins car j'ai une famille et une rédaction à protéger contre les malades mentaux qui pourraient venir les décapiter dans dix, vingt ou trente ans. Je ne suis pas un héros, ni un bouclier humain. Les dessinateurs et les écrivains de *Charlie Hebdo* sont-ils des combattants de la liberté, ou des inconscients, des martyrs, des dingues téméraires ? Ma théorie est que les douze qui sont morts ne sont pas morts pour une cause mais par goût de la désobéissance. Des dingues prétendaient leur interdire un sujet de rigolade : ils ont désobéi aux ordres. Mais ce n'était pas un duel à armes égales. Quand tu meurs, tu as perdu. Tu n'es plus libre ; une fois mort, tu ne peux plus dessiner. Ceux qui se prétendent courageux, qu'ils dessinent des caricatures de Mahomet ou qu'ils se taisent à jamais.

La peur fait faire n'importe quoi. C'est comme la timidité qui rend excentrique, et fait monter sur les tréteaux. Un type effrayé est capable de toutes les folies. Je suis un pétochard qui skie tout droit vers la pente, qui va au devant de sa paranoïa, qui jouit de la provocation. Je suis un timide qui aime choquer en rougissant. Je ne veux pas mourir pour ça, mais je ne peux pas faire autrement, c'est physique : j'ai toujours envie d'emmerder ceux qui veulent régenter ma vie. S'il le faut, j'en crèverai. Ici, en Ukraine, où j'écris ceci, la guerre est la même qu'en France. Les militaires l'ont baptisée « guerre infiltrée ». En Crimée, des « petits hommes verts », sans insignes, sans drapeaux, sans déclaration de guerre, se sont emparés d'une région. La guerre de Troie a lieu tous les jours. Cyber-attaques, djihad français, « séparatistes prorusses », agents dormants : il s'agit toujours de la même méthode d'infiltration pour déstabiliser la démocratie. Faudra-t-il que j'achète un fusil de chasse pour défendre le saucisson de porc noir de Bigorre et les minijupes des filles ? Je me cacherai dans les Pyrénées, me nourrissant de palombes, de sangliers, de lièvres et de loups. La forêt d'Iraty sera notre Vietnam... et un jour... non... il ne faut pas... nous ne voulons pas nous servir de nos fusils. Ne nous le demandez jamais.

Il nous paraissait si évident que nous tenions à notre ironie, notre déconnade, nos potacheries, notre confort, notre laïcité qui est seulement un je-m'en-foutisme, notre art de vivre, notre littérature porno et notre cinéma pervers, que nous n'avons pas pris le temps de les défendre. Ce moment est proche. Tel est le message de la marche du 11 janvier 2015. Puis-je continuer à me moquer de moi-même quand je suis attaqué ? Est-il encore possible de tourner en dérision le libertinage libertaire de Dominique Strauss-Kahn tout en enviant son style de vie ? Puis-je être résistant sans être nationaliste ? Puis-je être athée sans être islamophobe ? Puis-je être barbu sans être djihadiste ? Puis-je continuer de me saouler avec mes amis musulmans ? Ce sera mon djihad à moi durant le restant de mes jours : résister aux forces anti-festives. Je suis debout au milieu d'une guerre entre kamikazes, et j'attends, ma coupe de champagne à la main, que les suicides cessent, pour recommencer à danser.

# Novembre

Je venais d'avoir un bébé, une petite fille alors âgée de trois semaines. Mon désespoir tellement élégant de janvier dernier s'était un peu évaporé avec la naissance de cet enfant. L'arrivée d'une vie toute neuve, ce morceau de chair rose, frais et remuant dans le bain, cette créature innocente et bruyante, ont failli me rendre complètement gâteux. J'ai cru, l'espace d'un instant, que la vie avait un sens, que le monde était merveilleux, que le bonheur était simple. Hier soir, j'ai l'impression qu'on a voulu m'interdire l'optimisme. Je suis né dans une banlieue bourgeoise parisienne, et vis à Paris depuis cinquante ans. 2015 est donc une année très bizarre pour moi : une année où la vie et la mort n'ont cessé de se déclarer la guerre. Avoir un enfant à cinquante ans c'est faire un pied-de-nez à la mort. J'aimerais être sûr que la vie va l'emporter, mais à l'heure où je vous écris cette lettre, la mort vient de gagner une bataille à Paris.

Nous sommes samedi soir et la ville est vide. Les cafés de ma rue sont déserts. Les cinémas et les librairies sont fermés. Ce matin, mes voisins ont envahi les supermarchés et rempli leurs garde-mangers de boîtes de conserve. La police conseille aux Parisiens de rester chez eux. L'état d'urgence et le deuil national ont été décrétés, les frontières sont fermées. On sonne le glas dans les églises. Si l'on excepte les cloches qui résonnent, c'est le samedi soir le plus silencieux à Paris depuis un demi-siècle.

Dans *Les Liaisons dangereuses*, l'interjection de la marquise de Merteuil choque par son arrogance en réponse à la lettre 153 du vicomte de Valmont : « Hé bien ! la guerre. » Il ne s'agit pas d'une déclaration mûrement réfléchie mais d'une sorte de réaction épidermique, de haussement d'épaules, entre la bouderie et le défi. Tel est mon premier sentiment après le massacre de Paris du 13 novembre : très bien, vous l'aurez voulu, ce sera œil pour œil, dent pour dent, mais en soupirant. De guerre lasse. Cela ne me passionne pas, mais si l'on me le demande, je suis prêt à remettre mon treillis et mes rangers, graisser mon Famas et être parachuté sur la Syrie pour venger les hipsters du 11e arrondissement. Et pourtant, c'est quoi ces attentats ? Des gars qui refusent de manger du cochon tuent des gars qui refusent de manger du gluten.

Rien n'y fait : depuis le 14 au matin, j'ai du George Bush en moi. « W, sors de ce corps ! » Heureusement que je ne suis qu'écrivain ; si j'étais président de la République, j'aurais appuyé sur le bouton rouge pour envoyer tous les missiles nucléaires du plateau d'Albion sur l'État islamique. Je n'aurais pas hésité cette nuit, à deux heures du matin, quand les premiers survivants du Bataclan ont commencé à décrire comment les terroristes tiraient dans le dos des filles qui couraient vers la sortie de secours. Il paraît qu'une fille a crié « Arrêtez de tirer, on a compris, c'est bon, arrêtez, par pitié ! » Elle a été exécutée d'une balle dans la tête. Des gars qui tirent dans le dos des filles ? Des types qui achèvent des nanas à terre ? Soudain comme j'adore la guerre, c'est plus beau que Dior. Vite je veux tuer des islamistes. Donnez-moi juste leur adresse, et je serai le Rambo de Saint-Germain-des-Prés. Les gens ont trouvé que François Hollande avait l'air constipé lors de sa première déclaration après les massacres. À mon avis, c'est parce qu'il se retient. Cela ne doit pas être facile d'avoir le bouton rouge et de se retenir tout le temps d'appuyer dessus.

Je ne me fais aucune illusion : mon réflexe archaïque sera difficile à satisfaire. L'application minimale de la loi du talion consisterait à aller tuer 132 civils au hasard dans un pays pétrolier finançant Daesh (Arabie Saoudite ou Qatar ?). Par exemple, je pourrais vider mon chargeur sur des touristes en transit pour les Maldives à l'aéroport de Doha, mais alors je risquerais de tuer... toute ma famille ! Je crois savoir que mon pays bombarde déjà la Syrie depuis un moment, et même si je n'y comprends rien, je suppose que le nombre de victimes « collatérales » n'est pas négligeable, équivalent voire supérieur aux 132 morts de Paris. Voici donc que je me surprends en ignoble comptabilité macabre, en flagrant délit de morbidité, absurdement condamné à comparer ce qui n'est pas comparable. En réalité la guerre est déclarée depuis des années : le carnage parisien est-il une réponse aux carnages lointains de notre armée ou un simple meurtre de masse perpétré par des psychopathes sanguinaires usant de la religion comme prétexte ? Et puis, une autre question me préoccupe : bombarder celui qui te bombarde t'aidera-t-il à éviter d'être bombardé à nouveau par celui que tu bombarderas ? Mon second réflexe est de me souvenir du catéchisme de mon enfance.

Le 14 novembre, invité chez Ruquier sur France 2, j'ai cité un passage du Nouveau Testament : le Sermon sur la Montagne de Jésus-Christ. On a de drôles de pensées quand le deuil national est décrété dans un pays majoritairement catholique. Devant une foule de disciples éberlués en l'an 30 après Lui-Même, Jésus sur la montagne rappelle la règle « œil pour œil, dent pour dent » mais ajoute ceci : « Ne résiste pas au mal. On te frappe sur la joue droite ? Présente l'autre. [...] Aimez vos ennemis ; priez pour ceux qui vous pourchassent. » Ces mots sont d'une force inouïe, mais tellement inhumaine... Aimer son ennemi est au-dessus de notre nature. Jésus essaie de dire que l'escalade de violence est moins efficace qu'un sourire indifférent. Et que nous devons essayer de comprendre ce qui pousse des Français barbus de vingt ans à flinguer d'autres Français barbus de vingt ans, en plein centre de Paris. Tel est le message d'un prophète barbu non violent qui a tout de même fini cloué sur une croix... Quand on vous agresse, ne répondez rien, ne bougez pas. L'agresseur veut que vous réagissiez comme lui : privez-le de ce plaisir. Celui qui arrête la violence a gagné la guerre.

En aurons-nous la force ? Je n'ai pas honte de le dire : je suis trop douillet. Mais les djihadistes aussi. Cette guerre est une guerre entre lâches. Des fanatiques tirent dans le dos de gens qui se couchent au sol ; alors ils pointent leur fusil sur des filles à terre qui pleurent, supplient. Et ils tirent dans la tempe de ces agneaux sans défense. Comment faire pour « tendre l'autre joue » aux djihadistes ? Ce serait surtout essayer de piger ce qui transforme une partie de notre jeunesse en assassins suicidaires, croyant qu'il est héroïque de massacrer des personnes désarmées. La beauté de ce geste noble – s'intéresser à des débiles lâches et cruels – suffira-t-elle à sauver notre mode de vie, à préserver notre insouciance et les minishorts des Parisiennes ? Pardon de revenir aux nazis dans un journal allemand[1] (c'est la lourdeur des Français, toujours à dégainer Hitler quand ils sont invités chez vous, *Entschuldigung*, le point Godwin est mon point G), mais « s'intéresser à des débiles lâches et cruels », c'est ce qui aurait pu sauver l'Europe dans les années 1930, non ? Souvent, je l'ai remarqué, les débiles lâches et cruels le sont devenus parce qu'on ne s'intéressait pas suffisamment à eux.

Pour l'instant, contentons-nous de pleurer nos amis morts pour un mojito, un match de football et un concert de rock californien.

Pardonnez-moi une dernière citation, plus ancienne que les Évangiles et le Coran : un vieux poète latin nous enseigne peut-être comment rester dignes dans les jours, semaines et mois à venir. « Souviens-toi, dans les moments difficiles, de garder une âme égale, et dans les événements heureux, d'éviter la joie insolente, car tu es destiné à mourir, Dellius, que ta vie n'ait été qu'une longue suite de peines, ou que, passant les jours de fête en fête, tu te sois souvent réjoui, allongé un peu à l'écart sur l'herbe, d'un vin de Falerne du meilleur cru. » (Horace, *Ode à Dellius*, livre II)

Ce soir, j'espère que je boirai du vin qui saoule en mangeant du saucisson de porc gascon, un produit hautement cancérigène. Puis je donnerai son biberon à ma fille, « allongé un peu à l'écart sur l'herbe ».

En conclusion, les meurtres des trisomiques à kalachnikovs ont les conséquences suivantes :

À un pacifiste, ils ont fait regretter son service militaire.

À un athée, ils ont fait citer Jésus à la télévision.

À un Gaulois, ils ont fait aimer un poète romain.

---

1. Ce texte fut publié dans *Stern*, le 18 novembre 2015.

À un nihiliste, ils ont fait aimer la vie.

À un Parisien, ils ont donné l'envie de s'allonger dans l'herbe.

À un homme qui se foutait de sa patrie, ils ont rendu la fierté de dire : Je suis Français.

# Paris reste une fête

Il faut se méfier du Captagon. Cette amphétamine qui a inspiré Jean-Paul Sartre, Philippe Sollers, François Nourissier et Bernard-Henri Lévy peut aussi galvaniser des kamikazes. Les premiers GI's ayant débarqué en Normandie le 6 juin 1944 gobaient autant de speed que les mitrailleurs allemands dans leurs blockhaus. Le 13 novembre dernier, une douzaine de jeunes franciliens, probablement dopés avec des pilules syriennes, ont suicidé avec eux 132 noctambules parisiens. Le malheur s'est abattu sur la ville, une odeur de mort gratuite, un mélange sinistre de haine et de stupidité. Le mot « stupeur » est-il un raccourci pour exprimer une « stupéfiante peur » ? La nuit parisienne s'est vidée en un instant. Je n'avais jamais vu ça. Lorsque le glas a sonné à Notre-Dame le dimanche 15 novembre, on a pu croire que la violence avait gagné. Personne dans les rues, les théâtres, les cinémas, les restaurants... Les cafés déserts, les boîtes de nuit fermées, les hôtels dépeuplés. Le couvre-feu de Daech complétait le travail accompli par l'état d'urgence gouvernemental : s'il y avait deuil national, cela signifiait qu'auparavant on avait tenté d'assassiner la France.

À Paris, tous les visages étaient graves. Même les fêtards les plus blasés ont tout de suite pris cette boucherie pour une déclaration de guerre. Face à cette tragédie, deux réactions étaient possibles : massacrer tous les barbus ou redoubler de gentillesse envers tous les humains. Le problème c'est qu'à Paris, on ne peut pas supprimer tous les barbus car la plupart des pacifistes le sont ! Regardez bien les têtes des assassins : ils ressemblent comme deux gouttes d'eau à leurs victimes. Comment voulez-vous distinguer les gentils des méchants ? Ils ont le même âge, la même éducation, la même précarité, les mêmes angoisses. Les attaques du 13 novembre 2015 avaient pour but de déclencher une guerre civile à Paris. Et ce projet a échoué grâce aux Parisiens. Prévenez les futures bombes humaines qu'elles perdent leur temps : Paris a l'habitude. Je me souviens de l'attentat de la rue de Rennes, devant chez Tati, en 1986. J'avais 20 ans. À l'époque, les tueurs ne se faisaient pas exploser : ils mettaient des bonbonnes de gaz pleines de clous dans les poubelles. Ce fut un carnage tout près de chez moi ; les passants furent transformés en steak tartare. Et la vie a continué.

Cette année, la fête a repris le mardi 17 novembre, précisément. Ce soir-là eut lieu l'opération « Tous au bistrot » : des milliers de Parisiens debout, observèrent une minute de silence à la terrasse des cafés. J'étais au Flore, comme d'habitude. Les serveurs en uniforme se sont mis en rang, au garde-à-vous sur le trottoir, devant le café. Tout le monde s'est tu, et le directeur a éteint les lumières. En face, les maîtres d'hôtel de la brasserie Lipp sont sortis sur le boulevard Saint-Germain, les bras croisés sur leurs gilets noirs, comme des shérifs devant un saloon. Des deux côtés du boulevard, c'était le silence complet : un vrai film de Sergio Leone. Il ne manquait plus qu'un musicien jouant de l'harmonica. Un couple de touristes américains photographiait cette scène surréaliste. La femme pleurait.

Ah, comme les larmes de cette dame furent contagieuses ce soir-là. Les voitures glissaient au ralenti entre les garçons de café silencieux. Le temps était suspendu. Quelque chose a ressuscité à cette minute précise. Quand les lumières se sont rallumées, tout le boulevard a applaudi. Les passants s'embrassaient, j'ai serré dans mes bras un chanteur de salsa colombien, et les verres se sont remplis.

Depuis ce 17 novembre à 21 H 01, la nuit parisienne s'est réveillée. Une bande de mongols a voulu nous empêcher de sortir ? Le résultat sera inverse : chaque nuit est devenue une victoire militaire, faire la fête un acte de bravoure. S'asseoir à une terrasse, c'est dire merde aux bourreaux crétins. C'est même devenu une source de plaisanterie : tout noceur qui commande un cocktail dans un bar se prend pour un grand résistant. On se donne des surnoms idiots : « Hé les gars, v'là la Geneviève de Gaulle du gin-tonic ! », « Et moi je suis la Lucie Aubrac du mojito ! », « Entre ici Jean Moulin, et paie ta tournée ! » Les rires fusent comme des balles. Certes, les Parisiens ont toujours la trouille et souffrent pour leurs amis morts. Alors on rit un peu trop fort : c'est une fête en larmes, comme dirait d'Ormesson. Les nuits au bord du gouffre sont les plus belles. Comme à New York après le 11 septembre 2001. Comme à Tel-Aviv ou à Beyrouth, tous les soirs.

Puisqu'en ce moment tout le monde s'est remis à lire *Paris est une fête* d'Ernest Hemingway, mon rédacteur en chef a pensé qu'il serait intéressant de m'envoyer en reportage sur ses traces un soir de décembre 2015, environ un siècle après les promenades nocturnes de l'auteur américain sur le boulevard Saint-Michel. Précisons que le titre original n'est pas de Hemingway, le livre étant posthume, publié en 1964. Le titre anglais ne cite même pas Paris : *A Moveable Feast* signifie « Une fête mobile ». C'est une allusion aux grandes fêtes chrétiennes dont la date est variable – fixées chaque année en fonction de Pâques. Il est possible que Mary, la veuve de Hemingway, en choisissant ce titre après son suicide, ait voulu nous signifier qu'il avait emporté ses souvenirs parisiens avec lui, partout où il allait. De fait, le livre est constitué de notes oubliées en 1928 et retrouvées au Ritz de Paris, dans une malle Vuitton, en 1956. Ses lecteurs récents ont sans doute senti que ce manuscrit perdu avait quelque chose de miraculeux puisqu'il rendit la mémoire au vieil homme qui venait de la perdre à la suite d'un traitement aux électrochocs.

Paris reste une fête. Ma barbe a beaucoup blanchi cette année : je peux donc me prendre pour le géant américain, au Dôme, au Sélect et à la Closerie des Lilas. Je griffonne ceci sur un carnet en buvant des verres de Long Island Iced Tea. Pour écrire, il faut d'abord se prendre pour un écrivain. C'est la première étape : ne plus avoir honte, oser faire cette chose complètement ridicule qui consiste à dégainer son stylo en public. Notre capitale a ceci d'extraordinaire : elle est la seule grande ville du monde où les débits de boisson durent des siècles. Si Hemingway revenait, il pourrait visiter les mêmes auberges qu'en 1920. On reproche à Paris d'être un musée ? Je trouve que cette permanence ajoute à sa poésie. Paris est *Une fête immobile*. Après l'apéritif à Montparnasse, je décide de descendre le boulevard Saint-Michel – où une bombe a explosé dans le RER en 1995 – pour rendre visite à la belle Sylvia Whitman chez *Shakespeare and Company*, la librairie qui a repris le nom de celle de Sylvia Beach rue de l'Odéon, abondamment citée dans *Paris est une fête*. En chemin, je m'arrête aux Amis, rue de l'École-de-médecine : au sous-sol, on trouve une cave voûtée de l'ancien couvent des Cordeliers. C'est ici qu'en 1791, Robespierre a écrit la devise de notre pays : « Liberté, Égalité, Fraternité ». Ces murs aux pierres apparentes sont sacrés. La République française protège ma bouteille de vin. Le hasard n'existe pas, ou comment passer de Hemingway à André Breton.

En face de la cathédrale de Notre-Dame, *Shakespeare and Company* vient d'ouvrir un café où la bière coule à flots sur des étudiants bohémiens à casquettes. Je rejoins ici Adam Biles, le traducteur anglais d'*Oona & Salinger*. Sa barbe rousse est plus proche de celle de Joyce que de celle de Hemingway. Il est l'auteur de *Grey Cats* (*Les Chats gris*), une jolie dérive noctambule dans Paris sous un nuage de cendres. Publié en 2012, ce *Nadja* britannique n'a toujours pas été traduit en français. Qu'attendent les éditeurs pour faire autre chose que rééditer les morts ?! Si Hemingway vivait toujours à Paris, il aurait écrit ce genre de paragraphes. Certaines pages semblent aujourd'hui prémonitoires, comme cette scène sanglante au Théâtre du Grand Guignol, ou l'attaque d'un gang de terroristes en roller... Nous trinquons à la littérature et ses mystères. L'alcool fait de nous deux prophètes étourdis par les projecteurs des péniches qui caressent les façades médiévales des quais de Seine. Je commence à tituber ; un repli s'impose vers Saint-Germain-des-Prés, mon cocon.

Castel et le Montana ne figurent pas dans *Paris est une fête*. Ce n'est pas une raison pour les éviter. Un reporter de guerre intrépide doit savoir s'adapter à tous les terrains. Ces deux hauts lieux de la nuit parisienne ne désemplissent plus depuis la mi-novembre. La résistance s'organise autour des flûtes à champagne ; une lutte armée de talons aiguilles. Chez Castel une quadragénaire veut me couper les cheveux : « Cette tignasse n'est plus de ton âge ! » Je lui réponds que c'est elle qui n'est plus de mon âge. Je bats en retraite au Montana, où le barman me fait goûter son nouveau cocktail : le « Tiramisu » (un café brûlant, une vodka glacée, un trait d'Amaretto, finir au Bailey's et au Kalhua). Ce grand verre a le goût d'un dessert italien tout en faisant le même effet qu'un coup de massue sur la nuque. Je sors de ma poche le carnet où j'ai recopié le questionnaire de *Shakespeare and Company* : « Quelle est la chose la plus folle que vous ayez jamais mangée ? » La réponse est ce verre. Il est temps de traverser la Seine ; j'ai des envies d'aventure.

L'hôtel Ritz ne sera rouvert qu'à la mi-février. Je ne pourrai donc pas finir la nuit au Bar Hemingway comme J.D. Salinger avec « Papa » le jour de la Libération de Paris. Mes pérégrinations m'emmèneront plus loin : au Pompon, j'ai surfé dans l'escalier avec deux filles qui avaient une fâcheuse tendance à s'embrasser entre elles ; au Madam j'ai dansé dans la cabine du DJ avec Laurent de Gourcuff sur *Kiss* de Prince enchaîné avec *Fame* de Bowie ; au nouveau Queen j'ai été attaqué dans l'arrière-salle, planqué derrière les rideaux, par un magnum de vodka polonaise enfoncé dans un seau à glace ; au Raspoutine j'ai pris un bain de mannequins avec la sublime moldave Alexandrina Turcan ; au Carmen j'ai rejoint le groupe pop marseillais Husbands et leurs groupies saoules après leur triomphe au Trianon (car le meilleur disque électro de l'année est encore français) ; à la Mano, le nouvel *after* de l'équipe du Baron, j'ai perdu conscience sur la piste de danse la plus bondée de la ville à 5 heures du matin. Heureusement que Lara m'a fait du bouche-à-bouche. Quand j'ai rouvert les yeux – telle la Belle au bois dormant, en moins fraîche –, j'étais assis à l'arrière d'un Uber qui passait devant le Bataclan. Je me suis souvenu du championnat du monde de Bostella organisé dans cette salle par le Caca's Club en 1986. Une soirée folle où 300 personnes s'étaient allongées par terre en rigolant. Le jour se levait et soudain ce souvenir m'a paru obscène, insoutenable de mauvais goût... Mais c'était il y a trente ans, comment pouvions-nous deviner que notre grappe humaine, notre mêlée festive annonçait le tas de cadavres, la « colline » de sang sur le même parquet ? La nuit se souvient de tout. Il ne faut pas chercher à tout comprendre, et se laisser porter par l'irrationnel.

À Paris, le respect dû aux victimes n'empêche pas la fête de battre son plein comme avant le massacre. Leur mort nous oblige-t-elle à vivre davantage ? Je ne le crois pas. Ces meurtres ne mènent nulle part. Ces morts sont absurdes, dégueulasses, incompréhensibles et vaines. Je n'oublie pas la douleur des blessés, qui chaque matin se demandent : « Pourquoi moi ? » Notre chagrin est éternel ; c'est la dette que nous devons à tous ces jeunes gens dont la liste est égrenée à la radio, dans ce taxi, à l'aube, nom, prénom, et surtout l'âge. C'est leur âge qui choque le plus. Ce soir j'ai croisé des centaines et des centaines de filles mutines et de garçons légers qui leur ressemblaient. Nous savons tous que ces morts ont été tirés au sort à la loterie des kalachnikovs. La plupart des tués étaient plus jeunes que moi. C'est le meurtre d'une génération. Ils sont morts et nous sommes vivants. Ceux qui sont vivants savent qu'ils ont eu de la chance d'en réchapper, et qu'il serait criminel de ne pas en profiter, tous les soirs, tant que Dieu leur prête vie. Ceci est notre guerre et nous allons la gagner par notre insouciance. La désinvolture parisienne vaincra les assassins frustrés. Notre taxi a longé le fleuve pour nous ramener à la maison. Il est temps de céder la parole à un grand artiste dépravé.

« L'aurore grelottante en robe rose et verte
S'avance lentement sur la Seine déserte. »

Nous remercions M. Charles Baudelaire pour cette conclusion pleine d'à-propos.

# APRÈS 2015

# Autocritique

Pourquoi un romancier se met-il en tête de faire du cinéma ? Certes pour déshabiller des actrices mais il y a trois autres raisons : 1) Pour changer de vocabulaire. 2) Pour sortir de chez lui. 3) Pour être moins seul. Le sujet de *L'Idéal* (2016) tenait en un seul mot : son titre. Quel est notre idéal aujourd'hui ? Vivre entouré de mannequins ? Fuir loin de la société ? Élever ses enfants dans une maison au bord de l'eau ? Faire la révolution ? Le capitalisme, le communisme, le nationalisme, le socialisme, le national-socialisme ? Nous nous trompons souvent d'idéal. La propagande sert à nous convaincre que nous serions heureux comme ci ou comme ça... Aujourd'hui le luxe est le nouvel opium du peuple. S'y complaire n'oblige pas à perdre toute lucidité à son sujet.

Je ne suis qu'un bouffon du roi, qui agite ses grelots pour éveiller les consciences. Beaucoup de critiques ont dit la même chose sur *L'Idéal* : « Frédéric dénonce la dictature de la beauté mais comme il dirige le magazine *LUI*, il se contredit et gnagnagna. » Ce n'est pourtant pas compliqué à comprendre : je décris le monde que je connais le mieux. Cela fait presque deux décennies que j'essaie de mettre en application la devise de Fassbinder : « Ce qu'on est incapable de changer, il faut au moins le décrire. » Oui, je tente de surmonter mes contradictions en les exposant plutôt qu'en les cachant hypocritement. Oui, je suis fasciné par la beauté physique et en même temps je la trouve « fashiste ». Oui, je suis révolté par l'injustice qui interdit aux femmes de vieillir, de grossir, et leur impose un modèle impossible à atteindre. Et en même temps je publie des photos de jolies femmes jeunes et minces, et même retouchées. Devrais-je m'abstenir de raconter ce que je vis ? N'est-il pas plus intéressant de critiquer ce qu'on est plutôt que de critiquer les autres ? Alors je cafte, je suis une balance, le Edward Snowden de chez Lapérouse. Je témoigne pour déculpabiliser mais je ne suis ni un saint, ni un exemple de pureté, et ne cherche pas à l'être. Mes contradictions sont ridicules et je les expose dans mon film – et dans ce texte – car ce sont aussi celles de la société dans laquelle je vis : la dictature de la beauté, nous en souffrons tous... délicieusement. Elle nous rassure. On s'y vautre. Et elle nous consume. C'est la douleur du désir insatisfait qui rend fous les djihadistes. Cette frustration, ce « fashisme » dont je vis, est un enfer et un paradis.

# La seconde d'après

Toutes les pensées sont des arrière-pensées. La parole a été donné à l'homme pour lui permettre de cacher ses arrière-pensées. Le bonheur a besoin d'hypocrisie ; le silence permet de cacher notre barbarie. La lucidité est une sorte d'arrière-pensée démasquée ; l'impudique se flatte d'exposer le fond de son cerveau. Même la sincérité est un déguisement : on fait croire qu'on n'a pas d'arrière-pensée, alors qu'on a comme arrière-pensée de faire croire qu'on n'en a pas. Dans un magazine nommé *Égoïste* il serait plus logique de garder ses pensées pour soi. Soyons honnêtes : à l'arrière de mon crâne, je rêve que cet article sera meilleur que celui du voisin. Mon arrière-pensée, en écrivant ceci, est la même que George Orwell dans *Pourquoi j'écris* : « J'écris pour que les autres pensent que je suis intelligent. »

Toute arrière-pensée n'est pas nécessairement honteuse ou sale. L'écrivain est un homme qui « arrière-pense » dans son coin ; la littérature est l'art de manipuler le lecteur en ne dévoilant pas tout ce qui se trame, ni qu'on vise le Nobel. L'écriture ne révèle jamais complètement le fond d'une pensée brillante et destructrice, sur laquelle l'auteur n'a pas de prise. Même Proust, j'en suis sûr, ne nous a pas tout dit sur ses calculs snobs, son arrivisme posthume, la vengeance qu'il exerça sur ses contemporains trahis.

La vie consiste à penser à autre chose que ce qu'on fait, ce qu'on écrit et ce qu'on éructe. L'homme pense trop, et si certaines personnes dissimulent leurs pensées, ce n'est seulement pas par peur d'être mises à nu, ni parce qu'elles sont obligatoirement malveillantes, mais aussi parce qu'elles veulent trop de bien à autrui : si l'on connaissait la gentillesse des taiseux, on risquerait de les canoniser de leur vivant.

Selon Descartes, c'est ce qui différencie l'humain de l'animal : sa capacité à arrière-penser. Je pense donc j'arrière-pense (donc je suis). D'autres philosophes affirment qu'il faut savoir « penser contre soi » mais trop souvent ils semblent d'accord avec eux-mêmes.

Liste des arrière-pensées dont je suis le moins fier : quand je flatte quelqu'un d'important en espérant un retour sur investissement ; quand je demande en mariage une femme pour coucher avec elle ; quand j'accepte un travail minable contre de l'argent ; quand je mens à un ami sur son livre pourri.

Liste des arrière-pensées dont je suis le plus fier : quand j'écris un texte ironique (un éloge exagéré, par exemple, pour que l'intéressé soit flatté tout en faisant ricaner le reste de la ville) ; quand je vote pour quelqu'un en espérant qu'un autre gagne les élections ; quand je fais un enfant pour que ma femme reste avec moi ; quand je pleure au cinéma pour ressembler à un type sensible ; quand je me coiffe mal pour qu'on admire ma nonchalance.

Souvent mes arrière-pensées ratent leur but : ainsi quand je démissionne d'un boulot en espérant qu'on me retiendra, ou quand je dis du mal d'un salaud en escomptant qu'il deviendra gentil.

Mon existence est une suite de gestes accomplis avec de secrets calculs machiavéliques : si j'offre des fleurs, c'est pour obtenir une faveur sexuelle ; si je paie l'addition au restaurant, c'est pour dominer les invités obligés de me remercier ; si j'embrasse un ennemi, c'est pour qu'il ne s'y attende pas quand je le poignarderai dans le dos ; et si je donne discrètement de l'argent à une œuvre de charité, je fais ici-même en sorte que ma générosité se sache.

Ai-je déjà vécu une seconde sans penser en cachette à la seconde d'après ?

Même si je me suicidais, ce serait avec l'espoir mégalomane qu'on me regretterait.

J'aimerais avoir des avant-pensées. Cela consisterait à parler en ayant longuement réfléchi auparavant. J'aurais dû avant-penser plus souvent.

Les arrière-pensées les plus célèbres de l'Histoire sont : Dieu qui donne différentes langues aux hommes pour éviter qu'ils ne construisent la tour de Babel ; la marquise de Merteuil qui ordonne à Valmont de larguer la Tourvel par orgueil bafoué et amour contrarié ; Hitler tout sourire promettant à Staline de ne pas l'attaquer ; François Fillon assurant qu'il ne sera pas candidat s'il est mis en examen (« les juges n'oseront pas », « on verra plus tard si je tiendrai cette promesse », arrière-pense-t-il très fort à ce moment-là).

Les arrière-pensées permettent d'avoir un coup d'avance sur ses interlocuteurs, à condition qu'on ne puisse pas les deviner. Un bon joueur d'échecs est prêt à sacrifier son fou pour piquer la reine au coup suivant. Avoir une arrière-pensée est une preuve d'intelligence mais il serait plus simple de toujours penser ce qu'on dit. Même les *Pensées* de Pascal sont en réalité des *arrière-pensées* : ce chrétien cherche à nous convaincre de croire en Dieu. Il déploie son raisonnement mais avec une arrière-pensée, qui est sa foi. Stendhal en revanche, n'a qu'une seule arrière-pensée : « Être lu en 1935. » C'était l'arrière-pensée de tout écrivain d'avant 1935 ; aujourd'hui ce serait plutôt qu'il existe encore des livres en 2035.

Souvent les arrière-pensées sont sexuelles. Personnellement, j'ai souvent essayé de me débarrasser de mes arrière-pensées à caractère pornographique en couchant avec n'importe qui. C'est ainsi que des arrière-pensées peuvent devenir des actes physiques. Il peut m'arriver de faire l'amour à quelqu'un en pensant à quelqu'un d'autre, mais un fantasme est-il une arrière-pensée ? Freud avait raison : comme nous ne pouvons pas baiser la terre entière, notre cerveau est encombré de désirs inassouvis et de frustrations perverses. Notre âme est un panier d'arrière-linge sale. Il prônait la thérapie par le verbe : la psychanalyse est la métamorphose d'arrière-pensées en confessions intimes.

Que serait un monde sans arrière-pensées ? On vivrait comme dans une émission de téléréalité. Tous les citoyens seraient filmés et enregistrés, leurs courriers espionnés, leur existence exhibée, tous les jours, volontairement. Il n'existerait plus de vie privée, toutes les pensées seraient publiques et instantanées, sur des médias mondiaux et gratuits. Un monde sans arrière-pensées serait terrible, invivable et inhumain. Il s'agirait d'un système totalitaire absurde et immonde, une Apocalypse épouvantable, la garantie du malheur absolu pour toute l'humanité. Ce serait le monde actuel.

# Sympathy for the Brindille

Il y a des êtres qu'on aime tout de suite, pour la vie, sans savoir pourquoi. Ma génération a grandi avec Kate Moss. Quand nous l'avons connue, elle avait 15 ans. François Mitterrand était président de la République. Elle posait en noir et blanc dans *The Face*. Les cons la trouvaient trop maigre, trop petite, trop plate. Avec Kate, il fallait choisir son camp : on était pour ou con. Sur les campagnes Calvin Klein, elle devint une icône : la « brindille ». Les gens la traitaient d'anorexique, et tous ses fans passaient pour des pédophiles. La gloire lui est tombée dessus très brusquement : il y avait de quoi devenir folle, et c'est un peu ce qui lui est arrivé. C'est son dandysme britannique qui l'a sauvée. Elle a traversé le temps avec grâce, légèreté, ironie. Kate a envoyé un message à toutes les femmes de sa génération : vous êtes libres ? Servez-vous-en. Vous pouvez casser des chambres d'hôtel avec Johnny Depp, Pete Doherty ou Jamie Hince, car quand on est une fille bien, on ne sort pas avec des footballeurs. Les top models sont les nouvelles rockstars. N'obéissez à personne et vous serez gagnante. Et si un paparazzi vous attrape en train d'inspirer des produits illicites, *what the fuck?* Cela servira votre réputation.

Longtemps je me suis demandé quand j'allais rencontrer Kate Moss. Je savais qu'on finirait par se croiser un beau jour (ou était-ce une nuit ?). La première fois, c'était il y a dix ans en Thaïlande, dans un restaurant transgenre : le Ka Jok See, à Phuket. Elle avait pris les platines et diffusa *Sympathy for the Devil* huit fois d'affilée. Quand je lui ai suggéré de changer de morceau, elle a proposé de me foutre son poing dans la gueule. Un black déguisé en Whitney Houston me suggéra de ne pas insister. La deuxième fois, c'était dans une villa à Saint-Tropez. Elle était assise à côté de moi dans un dîner chez un milliardaire russe. On se demandait tous les deux ce qu'on foutait là. Je lui ai demandé de passer huit fois *Sympathy for the Devil*. Elle a dévoilé ses dents de vampire cockney. « *Oh no. We need something stronger. We need... Wham!* » On a parlé de musique pop. Ce soir-là, elle n'a pas tenté de me frapper. La musique est la seule chose qui l'intéresse. Je l'ai revue souvent depuis. Au mariage de Jean-Yves Le Fur, en septembre dernier, elle a chanté *Respect* en duo avec Beth Ditto. Kate a une voix et un charisme extraordinaires. Le jour où elle sortira un disque, ce sera un carton planétaire. Mais elle s'en fout, évidemment.

Kate Moss vient de fêter ses 40 ans dans les îles Vierges. Elle a eu une fille avec le fondateur de *Dazed*, s'est mariée avec le guitariste de The Kills. Elle a l'air heureuse. Pour la première fois de sa vie, elle a ouvert à un journal les portes de sa maison londonienne. *Fuck it!* Devant l'objectif de Terry Richardson (le seul photographe aussi scandaleux qu'elle), Kate a posé nue, debout sur ses chiottes. Voulez-vous connaître le secret de l'éternelle jeunesse ? Il suffit de danser avec le diable.

# Lettre aux Espagnols

J'adore les généralisations hâtives, surtout si elles sont comiques. C'est tellement agréable de dire que les Russes sont tous des alcooliques et les Anglais tous des snobs. En même temps, s'il y a une chose qu'un écrivain doit fuir le plus violemment possible, c'est le cliché. Le talent consiste peut-être à écrire des vérités qui ne soient pas des banalités. Sur les Espagnols, je ne peux parler que de ceux que je connais. Déjà ce ne sont pas des Espagnols mais souvent des Basques de San Sebastian ou des Catalans de Barcelone. Ou des disc-jockeys d'Ibiza et des hippies de Formentera. Que puis-je en dire ? L'Espagne est de loin le pays où je me suis défoncé le plus souvent. À Irun quand j'avais 16 ans, il y avait une boîte de nuit nommée le Jenifer où les Français de Biarritz venaient parce que le gin-Kas y coûtait 4 francs : le barman acceptait notre argent bien avant l'invention des euros. C'est dans un caniveau d'Irun que j'ai vomi de l'alcool pour la première fois. Ensuite, entre Ibiza, Formentera et San Sebastian, c'est en Espagne que j'ai essayé toutes les drogues : herbe, cocaïne, ecstasy, gâteau au haschich... J'ai eu de la chance de ne rencontrer que des Espagnols cool. Je suppose que les Espagnols pas cool n'ont pas envie de me connaître. À la foire du livre de Bilbao, j'ai donné une conférence où je n'arrivais pas à articuler. J'ai pensé que les organisateurs allaient me casser la figure. Mais ils m'ont invité à dîner dans un restaurant super design avec David Lodge, qui m'a traité de « Don Quichotte », ce mythomane dont le valet ne cesse de se moquer. Dans tous les pays, il y a un grand roman fondateur. Les grands romans fondateurs sont généralement des monuments de prétention. Le plus grand texte de la littérature espagnole est un gag, un canular, un pastiche ; pour moi cela résume l'élégance espagnole. S'ils ont parfois l'air de se prendre au sérieux, au fond, ils ne le sont jamais. Ils font semblant de vivre normalement mais savent que tout l'univers n'est qu'une folie, une blague, un jeu, un moulin à vent. La France ne possède aucun roman aussi central : il faudrait un livre qui réunisse Rabelais, Montaigne, Molière et Beaumarchais. Inimaginable.

L'Espagne est sans doute le pays le plus aimé des Français. Nous avons « nos » Espagnols : Sergi López, Javier Bardem, Miguel Bosé, Antonio Banderas. On les déteste car on sait bien que si nos femmes ferment les yeux en faisant l'amour, c'est pour penser à eux. La marque Christian Lacroix a fait faillite mais le style hispanique a gagné depuis que le monde entier s'habille chez Zara. Je préfère ne pas m'exprimer sur Desigual.

Les Français sont obsédés par tout ce qui est espagnol. Le jamon iberico. Balenciaga. Les tapas. Les Chupa Chups. El Bulli. Pedro Almodovar. Même notre Premier ministre, Manuel Valls, est espagnol ! Ainsi que la maire de Paris, Anne Hidalgo. Le Musée Picasso de Paris est plus grand que celui de Barcelone. Quand le Musée d'art moderne de la Ville de Paris consacre à Michel Houellebecq une grande exposition, que montre-t-il ? Des photographies de l'Espagne. Ses usines, ses lacs, ses déserts, ses arbres, ses plages. Des paysages apocalyptiques. Une beauté vide, pour signifier une solitude et une angoisse qui nous est commune, celle de la destruction de la planète. Ce qui rapproche le plus les Français et les Espagnols est leur goût de la fête pour fuir la vérité. Nous aimons la musique forte qui empêche de parler du passé et du futur. Nous sommes deux empires colonisateurs déchus. Nous voulons briller encore quelques minutes, avant de disparaître.

# Les défauts des Espagnols

Chers Espagnols, le mois dernier on m'a dit que j'étais trop gentil avec vous. C'était pour me faire adopter. Du fayotage pur et simple, qui a bien payé : j'ai même reçu un trophée « *Icon de la Culture* » (*Caramba !*) lors d'une soirée à Madrid. Opération réussie ! Mais ce mois-ci, je vais me rattraper. Il est temps que je vous dise vos défauts. Déjà, vous parlez fort. Comme les Américains. Quel besoin de crier tout le temps ? Vous n'avez pas besoin de cela pour qu'on vous remarque. En plus j'en ai marre qu'on me parle tout le temps de la movida. Cela fait trente ans que tout le monde nous répète ce mot mais elle est finie depuis long-temps votre movida ! La movida espagnole, c'est comme la dolce vita italienne, en remplaçant les paparazzi par des drag queens. Et votre gouvernement qui n'existe pas depuis un an, on en parle ? Vous êtes comme les Belges, incapables de vous choisir des dirigeants qui tiennent la route. C'est n'importe quoi. Depuis *Don Quichotte*, vous n'en avez rien à foutre de la réalité, alors avoir un gou-vernement ou non, ça vous est bien égal... Quoi d'autre ? Ah : je déteste la paëlla. C'est dégueulasse ce truc. Vous avez réussi à inventer une mixture pire que notre bouilla-baisse. Immangeable ! Ça devrait être interdit. Qui a eu l'idée de mettre des moules avec la coquille et des gambas avec leur carapace dans un plat de riz jaune collant avec du poulet dedans ? Sérieusement on voit que c'est un plat imaginé par quelqu'un qui ne sait pas se choisir un gouvernement. Vous mélangez tout ce qui vous tombe sous la main dans une assiette géante.

Mais le pire chez vous, c'est votre embarras sur la guerre civile des années 1930. C'est là que vous me rappelez le plus mon peuple d'amnésiques. L'Espagne, comme la France, a du mal à affronter ce qui s'est passé pendant la guerre. Mon grand-père m'a souvent raconté qu'il avait vu brûler Irun depuis la plage de Guéthary dans le Pays basque. Les flammes étaient visibles de l'autre côté de la frontière. On racontait des choses horribles sur votre guerre civile : des Républicains qui avaient obligé des moines à avaler leur crucifix... Mon grand-père étant de droite, il ne m'a pas décrit les horreurs de l'autre camp, évidemment. J'avais 7 ans ; j'imaginais ces pauvres moines avec une croix coincée dans la gorge comme une autruche ayant avalé un réveil-matin. Votre silence sur ces horreurs ressemble au nôtre sur la collaboration avec les Allemands. Mon grand-père ne m'a rien dit sur les camps d'internement à côté de chez nous, dans les Pyrénées, où des centaines de milliers de Républicains espagnols étaient affamés, entassés, frigorifiés, dans des baraquements en bois, dans la boue, sous la neige. Parfois leurs enfants se battaient pour des épluchures de pommes de terre ou une carcasse de poulet. Les enfants étaient nourris après les chiens. Les réfugiés espagnols étaient gardés par des policiers français. C'est la honte de mon pays. Aujourd'hui ils ont été remplacés par des camps de réfugiés syriens, irakiens ou libyens qui fuient aussi la guerre. Rien n'a changé. On détourne le regard. La France est une mauvaise maîtresse de maison, qui reçoit toujours aussi mal. Si je vous taquine, mes voisins préférés, vous l'avez compris : c'est parce que je me sens coupable. Nos deux pays ont fait exprès de perdre la mémoire, comme quand on couche trop vite avec quelqu'un et qu'on fait semblant, le lendemain matin, de ne pas s'en souvenir. Cela nous arrangeait pendant des décennies de tout oublier. Aujourd'hui, il est temps de se remémorer. Les camps de concentration français ont mis soixante-dix ans pour devenir des lieux de mémoire. Vous devriez y penser, comme cet homme, Miguel Caballero Pérez, qui fouille la terre près de Grenade pour trouver le corps de García Lorca. Le moment est venu.

Je voudrais tout de même conclure sur une note optimiste : une phrase que je viens de lire dans un roman américain, le nouveau livre de mon ami Jay McInerney qui vient de sortir aux États-Unis. Il s'intitule *Bright, Precious Days*. On y retrouve Corinne et Russell Calloway, les personnages élégants de *Brightness Falls* et *The Good Life*. Au milieu du roman, un de leurs amis envisage de quitter l'Amérique pour s'installer en France. Et l'autre dit : « Non, ne va pas en France, va en Espagne ! » Pourquoi ? Parce que : « *Spain is the new France.* » Personnellement je prends cette phrase pour un compliment, et j'espère que vous aussi.

# Les algorithmes
## et Eduardo Mendoza

Facebook a censuré une photo de la guerre du Vietnam parce qu'elle montrait une petite fille toute nue. C'était à cause d'un algorithme. Netflix vous propose des films et séries en fonction de vos goûts. Ça c'est la version officielle. En réalité Netflix s'arrange pour que vous n'ayez pas envie de demander les films qu'ils n'ont pas en magasin. C'est encore la faute d'un algorithme. Google suggère des infos sur les sujets que vous avez précédemment tapés. On vous enferme dans une « bulle cognitive ». C'est toujours un algorithme qui est responsable. L'algorithme est le pouvoir suprême aujourd'hui. C'est un algorithme qui a battu le champion du monde de jeu de go. Pouvez-vous définir ce qu'est un algorithme ? Non ? Je vous rassure : moi non plus. Comme tout bon journaliste, je suis allé sur Wikipedia : « Un algorithme est une suite finie et non ambiguë d'opérations ou d'instructions permettant de résoudre un problème ou d'obtenir un résultat. » Comme vous le voyez, c'est beaucoup plus clair. Nous confions la rédaction en chef de ces nouveaux médias (Google, Facebook, Amazon et Netflix) à un robot qui vous fait croire que vous êtes le patron. Mais la pub est vendue. Donc vous êtes vendu. Vos habitudes de consommation, vos goûts et couleurs sont mémorisées et commercialisées.

Bientôt un algorithme vous dira quel plat choisir au restaurant. Ou quelle femme vous devez épouser. *Zuckerberg is watching you*. Je l'ai dit souvent depuis la publication de *99 francs* en l'an 2000 : méfiez-vous de ce qui est gratuit. Vous travaillez à l'œil pour enrichir des Californiens. Tout le temps que vous passez sur Internet, vous devriez être salarié. Dans *Matrix*, le méchant était un algorithme, l'agent Smith. Ce qui m'embête dans tout ça, c'est qu'on a donné les clés du pouvoir à des *geeks* et des *nerds*. Le monde actuel est entre les mains de mecs qui ne se sont pas amusés dans leur jeunesse, de frustrés sexuels qui jouaient à des jeux vidéo et passaient leur journée devant des écrans d'ordinateurs. La planète est entre les mains d'informaticiens boutonneux à lunettes qui ne sortent pas de chez eux et qui n'en ont rien à foutre de la démocratie ou de la vie privée. Mark Zuckerberg, Reed Hastings, Jeff Bezos et Larry Page ne sont pas des déconneurs. Ce sont des mecs qui connaissent toutes les répliques de *Star Wars* par cœur mais ont autant de fantaisie que l'agent Smith. Des mecs qui écoutaient Yellow Magic Orchestra mais ignoraient l'existence de Bob Marley – je sais pas si vous mesurez la gravité du problème. Des mecs qui se sont pris des râteaux avec toutes les filles jusqu'à leur premier milliard d'euros. Des mecs qui ne savent pas danser ni surfer ni skater ni breaker ni baiser. Des mecs complexés physiquement qui n'ont fait que se tirer sur la tige pendant leurs vingt-cinq premières années, des premiers de la classe en maths, des champions en algorithmes. Voilà qui nous gouverne actuellement. Ah il va pas être marrant le XXIᵉ siècle. À la fête d'ICON à Madrid le mois dernier, j'ai serré la main d'un jeune mec super beau, très souriant, qui ressemblait à un Big Jim (d'ailleurs Jean Paul Gaultier et

Carmen Lomana bavaient en le regardant). On m'a expliqué que c'était Albert Rivera, le président du parti Ciudadanos. On m'a présenté comme « l'écrivain français qui a gagné le prix ICON de la culture 2016 » et il m'a regardé comme si j'étais très important. J'ai adoré ce moment. Ce type a quinze ans de moins que moi et un jour il dirigera votre pays, je vous le dis. En France nous avons un gars équivalent, il se nomme Emmanuel Macron. Je suis assez triste car j'ai atteint l'âge où les dirigeants politiques sont plus jeunes, beaux et souriants que moi. Je ne peux pas conclure cette page sans remercier Eduardo Mendoza qui me l'a léguée en héritage. J'aurais dû le faire ici plus tôt. Un romancier capable de raconter l'histoire d'un extraterrestre perdu dans Barcelone déguisé en Madonna mérite qu'on se prosterne devant lui. Cher Eduardo, vous avez toute ma gratitude. Vous avez une immense qualité : vous n'êtes pas un algorithme.

# Acclamons la parole de Rihanna

Comme tout le monde, j'ai découvert M^elle Rihanna en 2007 avec sa chanson *Parapluie*. Il s'agit bien sûr d'un hommage direct à *Chantons sous la pluie* de Gene Kelly et Stanley Donen (1952) : « Tu peux t'abriter sous mon parapluie, luie, luie, hé, hé. » Je me souviens que j'étais dans une boîte russe, le clip était projeté sur tous les murs, elle dansait sous la pluie et tout le monde reprenait en chœur : « Sous mon parapluie, luie, luie, hé, hé. » La même année, le premier tube mondial de l'artiste barbadienne : « S'il te plaît n'arrête pas la musique » était parsemé d'allusions au fameux *Esprit Makossa* du saxophoniste camerounais Manu Dibango (« mamase, mamasa, mamakossa »). Le premier message de M^elle Rihanna, dès ses débuts, est donc limpide : respecte tes aïeuls, l'art ne tombe pas de nulle part ; il s'agit d'entremêler les comédies musicales de Broadway avec les rythmiques africaines ancestrales. L'autre message de M^elle Rihanna est plus politique : en 2011, son plus grand titre électro est un hymne à la réconciliation sociale dans les quartiers difficiles. Assise dans une baignoire sale avec un jeune toxicomane, dans une banlieue probablement classée zone d'éducation prioritaire, la chanteuse scandait cette antienne : « Nous avons trouvé l'amour dans un endroit désespéré. » Le clip de *Nous avons trouvé l'amour* raconte une rencontre passionnelle entre une chanteuse nue et un dealer aux cheveux décolorés à l'eau oxygénée. On les voit danser, s'embrasser, allumer des feux d'artifice, conduire une voiture à toute vitesse (citation directe de *La Fureur de vivre* de Nicholas Ray). Ils fument, boivent, et gobent des gélules bizarres qui font se dilater leurs pupilles, volent dans une supérette, se disputent sur un parking, le garçon lui tatoue le mot « Mienne » sur la fesse gauche, puis M^elle Rihanna vomit, et elle finit par quitter le jeune homme qui reste allongé sur le sol de sa chambre dévastée. Rarement a-t-on vu chez un artiste musical de cette envergure une dénonciation aussi violente des turpitudes du mode de vie occidental. D'autres chansons, tout aussi morales, ont suivi, parmi lesquelles on notera « J'adore ta façon de mentir » (aphorisme qui n'aurait pas déplu à Louise de Vilmorin), un *protest-song* féministe : « Fais-moi sentir que je suis la seule fille au monde » et l'écologique « Nous sommes beaux comme des diamants dans le ciel ». Ce n'est pas parce qu'à 26 ans M^elle Robyn Rihanna Fenty est la plus grande star musicale trash et sexy du monde actuel que nous devons ignorer son engagement clair en faveur de la défense des valeurs traditionnelles qui, seules, peuvent sauvegarder notre civilisation en danger.

# Je vous salue Marie

— Allô, Marie de Villepin ?

— *Yes? Who's calling?*

— *It's Frédéric from Paris. Remember me?*

— Ah, excuse-moi. Je me souviens très bien de toutes les fois où nous nous sommes rencontrés. Mais rappelle-moi où c'était.

— C'était toujours dans des dîners très ennuyeux d'où nous nous sommes enfuis avec des filles riches dans des voitures dangereuses.

— Tu as une excellente mémoire.

— Au fait, tu étais sublime dans *Saint-Laurent* de Bonello.

— Non, moi j'ai joué dans celui de Jalil Lespert.

— Oups, pardon. En tout cas tu faisais très bien Betty Catroux, la muse blonde.

— Merci. Je suis contente de ne pas avoir été coupée au montage comme dans *Inglourious Basterds* de Tarantino.

— Je voulais te demander d'être la muse du magazine *LUI* pour le numéro double de l'été.

— En quoi ça consiste ?

— Eh bien on te photographie sous toutes les coutures. Parce que tu nous inspires.

— Mon corps vous inspire ?

— Et avec votre esprit. On te posera des questions. Tu nous raconteras tes deux groupes de rock, tes amis

279

surréalistes à New York, ta vie de fille exilée d'ancien Premier ministre de la France, ton amitié avec Amber Heard et Rie Rasmussen, etc.

— Attention, ça risque d'être punk. Je vis en communauté avec des artistes bizarroïdes. On se filme, on fait de la musique, on s'envoie de la peinture sur le corps, on n'a pas sommeil. J'ai pas trop envie de parler de mon père. Je préfère te parler de Salvador Dalí, Patti Smith et Andy Warhol.

— C'est pour toutes ces raisons que je t'appelle. Tu as été l'égérie des parfums Givenchy, veux-tu être la mienne ?

— Bon d'accord. Tu vas me demander de me déshabiller c'est ça ?

— C'est pas moi, c'est Terry Richardson.

— Aucun problème.

— Marie ?

— Oui ?

— Tu es géniale. Tout le monde devrait être comme toi. Si je n'avais pas été marié, on aurait pu... toi et moi... Euh tu crois ?

— Eh bien non, je ne crois pas, désolé Fred.

— Marie ?

— *Yes?*

— Merci.

— *Sticky kisses from NYC.*

— Aggggh.

# L'héroïsme des discothèques

J'ai le souvenir de nuits féériques au Reina d'Istanbul. C'est une des plus belles discothèques du monde, une terrasse paradisiaque avec une vue splendide sur le Bosphore. La dernière fois que j'y suis allé, une chose m'avait frappé : toutes les clientes ressemblaient à Monica Bellucci. J'ai rarement vu autant de beauté concentrée en un seul lieu. Autre détail étonnant : tout le monde souriait. Les Turcs n'ont pas la fête blasée comme les Parisiens. Contrairement à nous, ils ne sortent pas pour faire la gueule.

Dans *Plateforme* (Flammarion, 2001), Michel Houellebecq imaginait un attentat dans une boîte de nuit en Thaïlande. Le 12 octobre 2002, un van explosait devant le Sari Club de Kuta Beach à Bali, tuant 202 personnes. C'est, à ce jour, le pire attentat jamais perpétré dans une discothèque. Mais la prophétie de Michel a inspiré d'autres tueurs.

Bataclan, Paris, 13 novembre 2015 : 90 morts.

Pulse, Orlando, 12 juin 2016 : 49 morts.

Reina, Istanbul, 1er janvier 2017 : 39 morts.

Il est temps d'ouvrir les yeux : cela va continuer. Ces crétins de tueurs s'attaquent désormais en priorité aux clubbeurs. C'est la première fois dans l'Histoire qu'agiter les bras sur un dancefloor peut être considéré comme un acte dangereux.

Qu'ont donc les terroristes contre les noctambules ?

Première vérité : ces crétins d'islamistes fanatiques flinguent les clubs parce qu'ils n'y rentrent jamais. Leur frustration extrême se mue en vengeance meurtrière. Ils sont souvent victimes du racisme des *face control* à la porte. Il est certain que le débile qui tient une kalachnikov dans une boîte à la mode devient instantanément la star la plus respectée du carré VIP. La solution à cette épidémie de massacres consisterait donc à arrêter les discriminations à l'entrée des *night clubs*.

Deuxième constat : ce que les assassins puritains attaquent, c'est l'hédonisme. Ils ne supportent pas l'existence de ces pratiques décadentes : la drague libre et le sexe rapide, les filles en bikini sur des podiums, les *backrooms* gays, la drogue aux toilettes, les couples qui se font et se défont en dansant, les bouteilles de vodka versées dans le gosier de jeunes *playboys* friqués en chemise ouverte, le plaisir de plaire, le jeu de la séduction, tous ces us et coutumes festifs les dégoûtent profondément. Ils veulent éradiquer les boules à facettes, les rayons lasers, Rihanna (avez-vous vu sa vidéo de *Work* avec Drake ? Décadence !), les shots de tequila, la coke et les joints et les pilules, les minijupes, les allumeuses en tee-shirt taille XXS avec nombril piercé, les disc-jockeys au crâne rasé qui crient dans le micro « *Shake your pussy Motherfuckeeers !* ». Mais en voulant détruire ces comportements, ils leur rendent hommage.

Troisième hypothèse : ils choisissent les discothèques parce que ce sont des endroits clos où les gens sont entassés, ce qui permet de tuer le maximum de monde en un minimum de temps. Faudrait-il donc prévoir des issues de secours plus larges et des vigiles armés pour protéger des fêtards qui s'autodétruisent ? Oui, et c'est urgent. Il paraît que le DJ du Reina a plongé pour sauver sa vie en laissant la musique pendant la fusillade. L'idée que ces victimes sont mortes en rythme, le son du *shooting* mêlé à celui des140 BPM (les Beat Per Minute devenant Bullet Per Minute) est une des images les plus révoltantes qu'on puisse imaginer. Les noctambules en train de fêter la nouvelle année se sont jetés sous les tables. Tétanisés, paralysés par la peur, comme dans un soudain « Mannequin Challenge » mortel. Attendant une fin aléatoire distribuée méticuleusement par un frustré sanguinaire. Tiens, toi, je te tue : pan. Et toi, et toi, et toi aussi. J'ai fondé ma réputation littéraire sur la caricature des *night clubs* et la description des turpitudes nocturnes... et aujourd'hui je m'incline avec respect devant le Reina, le Pulse et le Bataclan, devenus les temples sacrés de notre liberté si vulnérable, de notre joie de rire, d'aimer, d'être ivre et de danser.

# Je suis Vicky Cristina

Il n'est jamais bon d'écrire sous le coup d'une émotion. On risque de tenir des propos excessifs, de regretter son lyrisme ou pire : d'énoncer des poncifs. Tant pis, je prends le risque. Je ne m'habitue pas aux massacres. À chaque attentat, je ressens le même dégoût, la même envie de me battre contre cet ennemi invisible : la connerie. Vous vous rendez compte qu'il y a un type qui a trouvé intéressant de rouler sur des gens avec un camion ? Il a pensé que la solution à ses problèmes d'érection était de foncer sur des enfants, des femmes, des hommes en short et en tongs. Il a espéré que son Dieu serait fier de lui parce qu'il aurait écrasé des cages thoraciques avec ses pare-chocs et roulé sur des crânes avec ses pneus. À Nice, à Londres, à Berlin et à Barcelone, c'est la même stupidité camionneuse. Je ne suis pas seulement révolté par cette violence absurde ; tout être humain normal l'est. Je suis aussi en colère contre les manifestants anti-touristes en Catalogne, aux Baléares et au Pays basque. Ceux qui ont défilé quelques jours avant les attaques pour demander aux touristes de rentrer chez eux. À présent l'Espagne supplie les visiteurs de revenir. Ces nationalistes qui sont allergiques aux touristes doivent se sentir coupables aujourd'hui, pendant qu'on ramasse les cadavres de jeunes étrangers disloqués sur les Ramblas. L'Espagne, comme la France, a la chance d'être un pays qui attire le monde entier. C'est un honneur d'accueillir tous ces voyageurs qui nous apprécient. Ok, il est parfois pénible de voir des millions de crétins mal vêtus qui louent des Airbnb, se saoulent au gin-Kas et vomissent dans les rues du Barrio Chino, ou titubent dans la vieille ville de San Sebastian comme des hooligans. Le mouvement anti-touristes se développe aussi en France. À Biarritz il y a des autocollants dans les rues : « Parisien dégage, retourne à Paris Plage. » On peut comprendre ce mouvement : certains visiteurs n'ont pas le moindre respect pour la culture locale, font monter le prix des logements, draguent lourdement, sautent des balcons dans les piscines pour finir à l'hôpital... Ces quelques abrutis salissent le voyage. Mais les touristes ne méritent pas la mort. Oh, je sais ce que vous pensez : ce pauvre Frédéric mélange deux événements qui n'ont rien à voir. La critique du tourisme industriel n'est pas responsable des attaques de terroristes islamiques. Ce n'est pas moi qui mélange ces deux choses : c'est la réalité. Il y a des dizaines de millions de visiteurs qui viennent en Espagne chaque année. Cela représente 11 % du produit intérieur brut. Ce n'est pas seulement du fric déversé par des hordes d'idiots : c'est de l'amour, symbolisé par les deux Américaines du film de Woody Allen, *Vicky Cristina Barcelona* (2008). Oui, elles visitent les monuments comme une carte postale. Oui, elles sont naïves, elles ne voient pas la douleur des citadins rejetés à la périphérie, et elles ignorent que Neymar est parti au PSG. Mais ce matin je suis Vicky et Cristina. Je suis un touriste sans défense, assassiné parce qu'il aimait la Catalogne. J'espère que les Catalans allergiques aux touristes viendront se prosterner devant le monument que Barcelone érigera bientôt en mémoire des victimes du 18 août 2017.

# Manuel de survie
## sous la menace terroriste

Croyez-moi, j'ai sérieusement réfléchi à la question. Vaincre la mort exige trois choses : se retenir de se suicider, éviter les accidents et se protéger des attentats. On peut toujours reporter son suicide au lendemain. Les accidents, par définition, ne sont pas prévisibles, mais mieux vaut circuler dans des véhicules équipés de freins ABS et d'air-bags latéraux. Pour éviter d'inspirer des particules fines ou des pics d'ozone, il est recommandé de quitter les grandes villes. Ce qui évite aussi de s'exposer aux attaques des terroristes, car aucun djihadiste ne s'est jamais fait exploser en rase campagne.

Si vous êtes contraint de vivre dans une ville, le seul moyen d'éviter la menace d'attentat est de mettre en place une politique d'auto-sécurité où chaque citoyen est responsable de sa défense et de celle des citoyens qui l'entourent. Je propose une série de mesures concrètes :

– Cours d'auto-défense dès l'école primaire comme en Israël. Jouons au krav-maga à la place de la marelle. Exemple pratique : avec un magazine roulé, on peut frapper la pomme d'Adam de l'agresseur pour l'étouffer. Si l'on n'a pas de magazine, utiliser son coude. En cas d'irruption soudaine de l'ultraviolence, toute personne non entraînée est paralysée par la peur et la surprise. Le seul exemple d'attentat empêché (celui du Thalys Amsterdam-Paris le 21 août 2015) l'a été parce que le terroriste malchanceux est tombé sur des militaires américains spécialistes du *close-combat*.

— Stages de secourisme obligatoires. Trop de victimes d'attentats ne sont pas sauvées à temps, par méconnaissance des gestes élémentaires de survie. Par exemple, savez-vous dégager avec vos doigts la langue de la gorge d'une personne évanouie ? Connaissez-vous la PLS (position latérale de sécurité) ? Savez-vous faire un point de compression ? Si vous croisez quelqu'un qui hurle de douleur avec un couteau enfoncé dans le ventre et qui vous supplie de l'enlever, savez-vous qu'il faut laisser le poignard enfoncé pour ne pas aggraver l'hémorragie ? Savez-vous qu'il ne faut surtout rien donner à boire à un blessé (il risque de s'étouffer) ? Personnellement, si je vois un blessé qui saigne, je perds connaissance, ce qui n'est pas la meilleure façon de l'aider.

— Rétablissement du service militaire d'un an pour hommes et femmes avec entraînement au combat à l'arme blanche et au tir à balles réelles sur cible mouvante. La suppression de la conscription fut la pire erreur de Jacques Chirac. Le service militaire obligatoire permettait de jouer à la guerre sans se massacrer mutuellement. Je ne me suis jamais senti plus français qu'en enfilant mon treillis et mes rangers pour des randonnées de 18 kilomètres sous la pluie hivernale en forêt de Fontainebleau. On faisait mumuse avec des grenades pleines de plâtre ; certains paniquaient et perdaient une main. On se sentait devenir viril. L'État fournissait un exutoire à l'ébullition de nos hormones de mâles en rut. L'armée organisait notre djihad obligatoire d'un an. Les réservistes actuels sont un bon début mais ils ne sont entraînés que quinze jours dans des camps militaires ; je préconise de revenir à une année de formation intensive à la violence physique et à l'abrutissement collectif.

— Les grandes maisons françaises de couture mais aussi la grande distribution de mode plagiée (type H&M ou Zara) doivent mettre en vente des gilets pare-balles stylés et bon marché. Pour l'instant cet équipement coûte entre 400 et 700€ en vente par correspondance. Le port d'une armure doit revenir à la mode dans les pays occidentaux. Espérons que le kevlar sera trop stylé durant les prochaines fashion weeks. Sans parler de l'aspect hyper-sexy des carapaces de scarabées en céramique qui recouvrent les parties vitales. Bientôt les manipulations génétiques vont créer de nouveaux types de bio-kevlar en fil d'araignée, matériau ultra-léger et méga-résistant. De même qu'on interdit la cigarette, il conviendrait d'interdire à tout citoyen français de se vêtir de tissu transperçable.

— Interdiction de sortir de son domicile sans porter une arme : pistolet pour les détenteurs de permis de chasse, sinon poignard, épée ou sabre. Au minimum : toute personne qui se rend dans un lieu public sans au moins porter dans sa poche ou son sac à main un spray poivré sera passible d'une contravention. Puisque les barbares veulent le retour du Moyen Âge, les citoyens civilisés doivent s'adapter et redevenir médiévaux comme dans *Pulp Fiction*. On ne concevait pas, au XIIe siècle, de se promener dans les rues sans dague et heaume. Avant de se rendre à un concert de rock, un match de football, un feu d'artifice, dans une église ou une boîte de nuit, toujours vérifier qu'on a sur soi son gilet pare-balles, un casque de moto à portée de la main, ainsi qu'une arme défensive, taser, flingue paralysant ou bombe lacrymogène. L'habitant de pays démocratique doit cesser d'être une cible inoffensive pour devenir un disciple de Mad Max. Nous allons arrêter d'être DES PIGEONS HUMAINS DANS UN BALL-TRAP DE FANATIQUES.

— Tout citoyen doit ouvrir l'œil en permanence. L'entraide, l'assistance, la solidarité sont les valeurs de la démocratie du futur, qui ont renoncé à l'égalité en 1989 (chute du mur de Berlin) et à la liberté en 2004 (création de Facebook). L'homme civilisé, s'il veut avoir un avenir, doit cesser de regarder son téléphone en marchant. C'est la seule condition de sa survie. Il ne s'agit pas de se faire justice soi-même, seulement d'être prêt à intervenir en cas d'attaque. Un conseil : rester toujours le dos contre un mur. Essayer de garder des obstacles entre vous et les camions (poteau, arbre, voiture en stationnement). Au restaurant, installez-vous systématiquement près des issues de secours. Tel un parrain de la mafia, ne vous asseyez jamais le dos tourné à une fenêtre. En vous installant dans n'importe quel lieu public, imaginez des scénarios d'évacuation, visualisez ce que vous feriez en cas d'attaque, quel objet pourrait vous protéger ou éventuellement servir de massue. Quand la violence surviendra, vous n'aurez pas le temps de réfléchir. Vous devrez être prêt.

# L'affaire Weinstein par Modiano

*Dans le brouillard perdu de l'oubli nocturne* (c'est le titre). C'est compliqué... Les gens qu'on rencontre, on ne sait pas très bien où ils peuvent vous entraîner. La pente est glissante. Il y a des choses qu'on voudrait oublier mais dont on se souvient quand même... Ça commence dans un grand hôtel au bord de la mer... C'est bizarre, il y a d'autres comédiennes en robe du soir mais plus âgées... Tout le monde parle anglais. Les images reviennent comme dans un rêve... Des éclats de rire, des cinéastes connus, un grand type avec un menton en galoche... Quentin Tartino ou Tarentulo, un autre s'appelle Michel Sidvicius, mais c'est pas sûr... Et les actrices rient trop fort, c'est comme des rires enregistrés, comme des clowns un peu effrayants... Au centre de la soirée, le producteur est très gras : Monsieur Hervé, ou Harvey, il a un visage grêlé comme les hommes qui ont eu beaucoup d'acné dans leur jeunesse... La petite croit que les autres filles rient à ses blagues mais peut-être qu'il se moque d'elle au fond, elle ne sait pas... C'est flou, c'est étrange, à cause des verres de vodka les visages se mélangent et on ne sait plus qui a dit quoi. Ensuite la bande prend l'ascenseur et la petite les suit, comme hypnotisée... Dans le miroir elle contemple son rouge à lèvres qui ressemble à du maquillage de cirque. Les autres comédiennes ont maintenant disparu, elle est seule dans la suite présidentielle. Sur la table basse, une bouteille de champagne est débouchée et enfoncée dans un seau à glace... Monsieur Hervé a disparu lui aussi. C'est bizarre, elle entend l'eau couler dans la salle de bain... La télévision est allumée sur Fashion TV, où des mannequins défilent en maillot de bain devant des gens vêtus de noir, la petite se demande si elle doit rester ou partir mais elle est comme paralysée... Quand le gros producteur quitte la douche, elle ne sait pas s'il est mouillé ou s'il transpire, il dit : « *So you wanna be a movie star, huh?* » Il porte un peignoir blanc, un petit tuyau rose dépasse de sa robe de chambre, entortillé dans les poils frisés, comme une saucisse cocktail ou une tranche de pata negra roulée autour d'un grissini... « *Where is everybody?* » demande-t-elle. Elle réprime son envie de vomir son petit-déjeuner – l'histoire ne dit pas si elle l'a pris chez Tiffany's –, elle pense à Danielle Darrieux, est-ce qu'elle a dû passer à la casserole elle aussi ? « *Suck my dick or your career is over* », dit le producteur en versant un tas de poudre blanche sur sa main... Il inspire, puis éternue très fort deux fois, il glisse sur le sol de marbre et se retrouve sur le dos comme un éléphant de mer sur un iceberg à la dérive... La petite en profite pour s'enfuir, tant pis pour l'Oscar... Elle pleure en sortant de la chambre, elle écoute ses messages sur son portable... C'est étrange, le fils de Mia Farrow et Frank Sinatra veut lui parler de toute urgence... Elle le rappelle de l'ascenseur mais le téléphone ne passe pas. Difficile de savoir si elle tremble de peur ou de colère. Le jour se lève, la jeune femme se met à courir. Elle ne sait pas encore que, dans les semaines qui vont suivre, elle va déclencher la plus grande vague de dénonciations depuis la fin de la Seconde Guerre mondiale.

# Justice expéditive

Je suis content d'être le père de deux filles parce que...
en fait, j'aime pas les garçons. J'aime pas les garçons !
Je pense pas que les femmes soient meilleures que les
hommes mais je crois vraiment que les hommes sont
pires que les femmes.

Les hommes sont méchants avec les femmes parce qu'ils
ont peur d'elles. Les femmes en France n'ont pas eu le
droit de vote avant 1944. Ça veut dire que la démocratie
française n'a que 72 ans ! Je connais plein de gens qui sont
plus vieux que la démocratie française ! Ma mère est plus
âgée que la démocratie française !

Les deux idées qui précèdent ne sont pas de moi, je les
ai volées à Louis CK dans son dernier monologue pour
*Saturday Night Live*. Louis CK est mon idole. C'est le meilleur humoriste du monde. Le plus fin, le plus percutant,
le plus naturel. Un génie comique. Et il vient d'être viré
de FX et de HBO et son nouveau film *I Love You Daddy*
ne sortira nulle part. Son agent a également annoncé qu'il
cessait de le représenter. Car il a été accusé par plusieurs
femmes de s'être masturbé devant elles. Il a reconnu les
faits et s'est excusé. Mais c'est trop tard, c'est trop grave,
tant pis pour Louis.

Tout va tellement vite depuis l'affaire Weinstein qu'on
n'a pas le temps de respirer. Après Kevin Spacey, plus

connu sous le nom du président Frank Underwood, qui a été viré de *House of Cards* et effacé du prochain film de Ridley Scott (*Tout l'argent du monde* (2017), où il a été remplacé par Christopher Plummer) pour s'être frotté à un jeune acteur il y a 31 ans (en 1986), voici que Louis CK est accusé d'exhibitionnisme par des admiratrices. Une nouvelle forme de justice est née sur les réseaux sociaux. Inutile de perdre son temps en procès longs et pénibles : la justice est publique et immédiate. On dénonce un agresseur, s'il reconnaît les faits et demande pardon, il doit renoncer à son métier. C'est rapide, mais est-ce bon pour les victimes qu'il n'y ait pas de procès ? Je pose la question.

Le grand intervieweur Charly Rose vient d'être viré de CBS pour exactement les mêmes gestes déplacés que ceux que Donald Trump a commis sur plusieurs femmes, mais Trump est toujours à la Maison Blanche. Pourquoi ? Parce qu'il n'a pas d'employeur pour le licencier. Son employeur c'est le peuple qui l'a élu. Trump est accusé par seize femmes d'avoir touché leurs seins et leurs fesses. Certaines étaient mineures au moment des faits (les participantes d'un concours de beauté). Parmi ses accusatrices, une journaliste de *People* et une candidate de *The Apprentice* affirment avoir été plaquées contre un mur et embrassées de force.

Je suis un homme et je n'ai pas besoin de sortir mon ustensile en public, ni de forcer les femmes à faire ce qu'elles n'ont pas envie de faire. Pourtant c'est une galère de séduire, il faut développer des trésors d'ingéniosité pour se rendre vaguement désirable, des heures, des jours, des semaines, des mois, parfois des années de patience pour un baiser. Mais c'est ainsi et cela ne changera pas. Je suis malheureux pour Louis mais je vais bien rire quand ces femmes courageuses provoqueront la chute de l'homme le plus puissant du monde ; en réalité le plus impuissant.

# Raquel exagère

Écrire un texte sur Raquel Welch ne sert à rien : personne ne le lira. Les lecteurs de *Vogue* sont des gens censés ; ils ne s'intéresseront qu'aux photos de Helmut Newton. Comme je les comprends ! Mon écriture ne sert que d'alibi décoratif. Le sujet principal est une image. La domination de l'image sur l'écrit est ici confirmée de manière esthétiquement définitive. Jamais aucune de mes phrases ne pourra rivaliser avec l'animalité de Raquel Welch. Dans la presse de luxe, les textes sont parfois surnommés « le gris ». Je suis le gris qui meuble les pages autour de Raquel qui exagère en maillot Norma Kamali imprimé panthère. J'aurais voulu être son écrin de satin rose mais Raquel est un défi impossible à relever. Sa Majesté Raquel se tient debout devant un labrador noir en décolleté de lycra blanc, la Reine Welch est allongée sur le plongeoir d'une piscine en maillot une pièce Thierry Mugler et sandales Charles Jourdan. On est à Los Angeles, au Château Marmont, vers 1975. C'est ici que le photographe allemand va mourir au volant de sa Cadillac, en fonçant sur Sunset Boulevard contre un mur, trente ans après cette image.

Née en 1940 à Chicago, Jo Raquel Tejada est la fille d'un ingénieur en aéronautique bolivien dont elle a gardé la peau mate. C'est ce mélange de sang américain et latino qui lui a donné ce grain velouté, cette douceur de brugnon, avec ce contraste entre des yeux noirs et un sourire blanc (aujourd'hui seule Eva Mendes peut prétendre récupérer la couronne). Adolescente je l'imagine reine de son lycée, briseuse de cœurs, pom-pom girl... En ce moment la radio diffuse en boucle un tube qui parle d'elle : « *Oh I think I found myself a cheerleader*... » La « Prom Queen » fut vite repérée, chassée et lancée en Californie, comme serveuse, mannequin puis actrice. Les États-Unis sont un pays très bien organisé. Tous leurs plus beaux enfants sont regroupés dans la même ville (Los Angeles) : il leur suffit ensuite de les trier. Raquel Welch fut d'abord « Plus Jolie Fille Du Lycée », puis « Miss Photogénique », « Miss Californie », et enfin « Plus Jolie Femme du Monde ». La beauté en Amérique est une compétition permanente. Une femme comme Raquel Welch a passé son temps à gagner des concours simplement en montrant ses dents blanches et son clivage beige. Ce qui fait son *sex appeal* inimitable, c'est ce sourire carnassier. Raquel est une carnivore, une bombe victorieuse, une *self-made-woman*. Certaines stars de cinéma ont tout misé sur la fragilité (Audrey Hepburn), joué les victimes (Mia Farrow), ou les créatures évanescentes (Greta Garbo). Pas Raquel : c'est une dominatrice-née parce qu'à l'origine c'est un fauve. Un félin tournée dompteuse. Avant elle, le cinéma montrait des femmes inaccessibles ; à partir d'elle, ce sont des corps libérés et victorieux. Dans *Un million d'années avant J.-C.* (1966), chef-d'œuvre du film préhistorique (bien plus sexy que *Jurassic World*), elle porte un bikini en fourrure qui a révolutionné la condition féminine autant que la jupe courte de Bardot dans *Et Dieu créa la femme* (1956). Elle y interprète Loana de la Tribu de la Mer qui, armée d'une simple lance et d'une masse de chevelure laquée Elnett (assez en avance sur son temps), tue un allosaure et un ptéranodon, bestioles pourtant bien plus volumineuses qu'elle. Raquel Welch a imposé ses épaules, sa poitrine, sa silhouette d'amphore comme symbole sexuel triomphant pendant vingt ans, à partir de ce bikini en peau de zébu. « Un malheur à chaque levée de cils », comme dirait Alain Bonnand. Elle est la preuve que Charles Darwin ne s'est pas trompé : il y a bel et bien un progrès dans l'évolution des espèces. Il y a eu le singe, puis l'homme, puis Raquel Welch, puis les robots post-humains, bientôt.

Quand j'étais petit garçon, j'ai vécu de nombreux traumatismes, mais Raquel Welch fut sans nul doute le plus grave de tous. Par sa faute, j'ai longtemps confondu l'amour avec un maillot de bain imprimé panthère. Dans *L'Animal* de Claude Zidi (1972), elle envoie promener Jean-Paul Belmondo (qui avait pourtant embrassé Ursula Andress – autre icône du bikini – dans *Les Tribulations d'un Chinois en Chine* (1965)). Bébel interprète un cascadeur qui dit : « Je fais tout ce que je veux avec mon corps. » Et Raquel lui répond fièrement : « Moi aussi. » Tout d'un coup, la bombe sexuelle intersidérale venait chez nous, sur notre territoire, maîtriser un compatriote. Elle descendait de sa planète lointaine. Elle devenait possible. De mythe, elle devenait réalité. La réalité est plus douloureuse que le rêve, mais c'est le seul endroit où Raquel Welch pose pour Helmut Newton.

# Le contrat de sexe

Catherine Millet a eu une bonne idée sur France Inter vendredi dernier lorsqu'elle s'est écriée : « Bientôt on va signer un contrat devant un notaire avant d'aller baiser ! » En effet, il me semble qu'une bonne manière de régler une fois pour toutes le problème du désir sexuel serait de créer un contrat de sexe. De quoi s'agit-il ? Tout simplement de la réforme indispensable pour la clarification tant attendue des relations sexuelles dans les démocraties occidentales. Au lieu d'importuner autrui, de draguer lourdement, d'employer la menace, d'abuser de son pouvoir ou de proposer de l'argent, il est temps que les hommes apprennent à se comporter comme d'honnêtes séducteurs respectueux. Le contrat de sexe est un document imprimé et distribué par le secrétariat d'État chargé de l'Égalité entre les femmes et les hommes. L'idée est qu'il soit rapidement disponible à des millions d'exemplaires dans toutes les mairies, pour que les citoyens puissent se servir gratuitement et en disposer dans leur poche. Son fonctionnement est simple : chaque fois qu'un citoyen ressent une pulsion libidineuse envers un autre citoyen (il peut s'agir d'un homme qui convoite une femme, d'une femme qui a envie d'un homme, d'un homme qui veut un homme ou d'une femme qui désire une femme), il devra présenter ce document ronéoté à en-tête gouvernemental.

En haut du contrat, il devra écrire son nom et prénom, ainsi que celui de la personne abordée. Suit une liste de cases à cocher ensemble : « Je soussigné(e), NOM PRÉNOM, accepte en toute liberté et en pleine possession de mes facultés mentales :

— un bisou sur la joue

— une main sur la cuisse

— un baiser sur la bouche

— un baiser sur la bouche après avoir mangé des escargots à l'ail

— une caresse au bas du dos

— un "french kiss"

— une pénétration digitale, buccale, vaginale, anale (rayez les mentions inutiles)

— un cunnilingus

— une fellation

— un 69

— une masturbation commune devant un film porno

— une masturbation commune devant un film d'auteur primé à Cannes

— un jeu avec sex toys

— un gang-bang

— un gang-bang en gardant ses chaussettes

— être ficelé comme un saucisson avec une boule dans la bouche, suspendu par les pieds à une chaîne rouillée tout en étant fouetté avec des orties

etc, etc. »

Je ne développerai pas la liste exhaustive des positions et gestes figurant sur le contrat car certains lecteurs pourraient être choqués. (Par ailleurs, elle est disponible à la fin des *Cent-Vingt Journées de Sodome* du Marquis de Sade.) Il me paraît évident que ma proposition est de nature à dissiper enfin l'épineux mystère du désir, qui peut conduire aussi bien au mariage irréfléchi qu'au harcèlement le plus ignoble, voire à la violence la plus inadmissible ou aux crimes les plus abjects. Le contrat de sexe est valable une nuit mais renouvelable indéfiniment et annulable sur simple demande d'une des deux parties. Il a valeur de preuve juridique de consentement et peut être posté sur tous les réseaux sociaux en cas de litige.

Si vous trouvez que ma proposition est stupide ou scandaleuse, sachez qu'elle n'est pas de moi. Avant Catherine Millet, elle fut imaginée en 1870 par Leopold von Sacher-Masoch dans *La Vénus à la fourrure*. Il s'agissait alors d'un contrat d'esclavage : un homme était soumis aux moindres désirs d'une femme bottée qui inspira une des plus célèbres chansons du Velvet Underground (*Venus in Furs*). Récemment, le principe du contrat sexuel a été remis au goût du jour par *Cinquante nuances de Grey*, où c'est une femme qui est soumise à un homme. (Je précise que c'est une femme, E.L. James, qui a écrit *Cinquante nuances de Grey*.) Le but du contrat est simplement de se mettre d'accord au préalable sur la relation sexuelle. Si la personne qui vous plaît vous le jette à la figure ou le déchire, il ne faut pas insister. Si elle le remplit avec vous en gloussant et buvant des boissons alcoolisées, c'est bon signe. Reste ensuite à discuter sur chaque détail de la soirée à venir, ce qui promet des moments exquis et ludiques en remplissant le contrat. Il existe déjà de nombreuses applications de consentement sur smartphone (« LegalFling », « We-Consent », « Yes to Sex », « Want Me? ») mais je trouve que le contrat sur papier possède un charme érotique supérieur. Je serais heureux si ma modeste contribution permettait enfin à tous les êtres humains de jouir en toute sécurité.

# I Love You Woody

Nous sommes sous le pont de Brooklyn. L'image est en noir et blanc. Un écrivain tombe amoureux de Mariel Hemingway et on entend *Rhapsody in Blue* de George Gershwin et, *oh my God*, comme c'est beau.

J'avais 14 ans et ce film a changé ma vie. Sorti en 1979, *Manhattan* est le film de lui que Woody Allen aime le moins. Il est vrai qu'on peut lui préférer juste avant, *Annie Hall* (1977), qui est aussi une comédie romantique mais dont la construction est plus complexe, ou peu après, *Zelig* en 1983 : un faux documentaire inégalé sur un homme-caméléon imaginaire. J'ai vu tous les Woody Allen, il y en a 53. Et aujourd'hui comme beaucoup de membres du Woody Club, je suis embarrassé. Depuis que, la semaine dernière, sa fille adoptive Dylan Farrow a réitéré ses accusations d'agression sexuelle sur la chaîne américaine CBS, les amoureux de Woody Allen subissent une pression infernale. Ses acteurs le renient, disent qu'ils regrettent d'avoir travaillé avec lui, distribuent leurs salaires à des associations... Ceux qui ne le renient pas se font traiter de tous les noms. Amazon, qui a produit son prochain film *Rainy Day in New York*, va peut-être le sortir directement en ligne et non en salles aux États-Unis. Mais ses producteurs pourraient aussi décider de ne pas le sortir du tout comme Netflix avec le film de Louis CK. Ou d'effacer

Woody Allen de tous les films où il apparaît, pourquoi pas ? Ridley Scott l'a bien fait avec Kevin Spacey sans choquer personne (à part le courageux Jacques Mandelbaum du *Monde*). Ou bien des manifestants pourraient tenter d'empêcher les projections des films de Woody comme avec Polanski à la Cinémathèque de Paris ? En tout état de cause, il va devenir très compliqué pour Woody Allen de continuer à faire son métier.

Pourtant nous devrions distinguer la vie personnelle de l'auteur de son œuvre. Depuis que Proust a écrit *Contre Sainte-Beuve*, nous savons que, je cite, « l'homme qui fait des vers et qui cause dans un salon n'est pas la même personne ». Oui, il y a deux Woody : et l'homme privé ne nous regarde pas. À la rigueur il regarde la justice de son pays, qui l'a déjà innocenté deux fois. Mais nous pouvons, et devons, séparer l'art de l'artiste.

Le pire c'est que la folie actuelle ressemble à ce que Woody Allen a raconté dans tous ses films : au fond, il a toujours dit que la vie est absurde, qu'elle ne tient qu'à un fil, que rien n'a de sens et tout s'arrête sans raison, alors *Whatever Works*, ce qui marche pour vous est bon, le reste on s'en fout, on va tous crever, le monde est un chaos incompréhensible, il faut se débrouiller comme on peut avant la panique de la mort.

Employons un grand mot. Nous vivons une période de nouveau maccarthysme. Certes nous sommes révoltés par les porcs qui agressent nos filles mais cela ne justifie pas de basculer dans un système de délation numérique et de mise au ban immédiate sans procès équitable. Un journaliste du *Washington Post* est allé jusqu'à fouiller dans les archives personnelles de Woody Allen déposées à la bibliothèque de Princeton depuis trente-huit ans, et il en a déduit que Woody Allen était un dangereux pédophile parce qu'il a souvent pris des notes racontant des histoires d'amour entre un vieux libidineux et une jeune ingénue. Il y a même des appels au boycott de *Wonder Wheel* parce que Justin Timberlake quitte Kate Winslet pour sa belle-fille ! Mais c'est une fiction ! Un artiste doit-il désormais demander la permission de la justice avant d'inventer une histoire ? La fiction est-elle libre ou déterminée par la biographie de son auteur et la morale du moment ? La création doit-elle nécessairement être utile et faire le bien ? Judd Apatow vient de demander pourquoi Tarantino veut tourner son prochain film sur le meurtre de Sharon Tate ! Si on efface les acteurs ayant fauté et si l'on disqualifie les cinéastes pour leur vie privée, j'ai l'honneur de vous annoncer que le cinéma va mourir. On va surtout beaucoup s'ennuyer parce que les histoires les plus intéressantes sont aussi les plus dégueulasses. Si tous les romans doivent être gentils et les films respectueux des droits de l'homme, alors le XXI<sup>e</sup> siècle va être le plus ennuyeux de l'histoire de l'humanité.

# Cybersex

Je m'étais fait porter sous pli discret un vagin vibrant de silicone relié à un casque de *Virtual Reality* en 3D. Je l'avais caché dans un tiroir de la chambre et ne l'utilisais que lorsque ma famille s'absentait pour se rendre à la piscine. Les sensations procurées étaient sans commune mesure avec celles d'un vagin humain. Lorsque je glissais mon sexe mou et enduit de lubrifiant dans cet orifice connecté aux images pornographiques en caméra subjective tridimensionnelle, la trayeuse se mettait à le comprimer en rythme avec ses simili-lèvres plastifiées. Plongé au milieu d'un champ de seins et de fesses en action, l'érection était immédiate, la sensation de pompage hallucinante. Aucune membrane humaine, aucun muscle vivant ne pouvait rivaliser avec la douceur ferme du « premier masturbateur mains libres au monde », sa vitesse de caresse et sa précision tactile rendant la femme réelle complètement obsolète. Je comprenais enfin pourquoi les femmes préféraient le vibromasseur Hitachi à l'homme vulgaire et maladroit. Waterproof, rechargeable par USB et réagissant aux gestes érotiques du film, la machine combinait mouvements de va-et-vient et rotations, comme si ma bite était en train de baiser un trou serré, tout en se faisant sucer par une bouche possédant une dizaine de langues, capables de lécher 600 fois par seconde. Le plaisir montait très rapidement, surtout si l'actrice du film était Tiffany Thompson. Les vibrations de l'engin appuyaient crescendo sur le gland, la hampe du pénis était massée, étroitement électrisée par le latex à picots et stimulée par des billes dissimulées dans l'étui pénien artificiel à mouvement interne. Les ondes chatouillaient ma moelle épinière plongée au centre d'une partouze californienne à 360°. La jouissance était fulgurante, longue, intense ; je jutais par spasmes violents en feulant « oh putain oh putain oooh puuutaaain » et il fallait beaucoup de volonté pour résister à la tentation de recommencer immédiatement. Contrairement à la femme humaine, la machine ne se lassait jamais de traire ma pine. Il suffisait de passer le vide-couilles sous l'eau afin d'en nettoyer le sperme chaud et l'on pouvait réitérer la masturbation la plus orgasmique de son existence. Seul inconvénient de cette avancée technologique : après quelques couinements de goret, l'hédoniste numérique éprouve un GMS (Grand Moment de Solitude) lorsqu'il retire le casque digital de ses yeux et sort son sexe du trou rose gluant. Les nymphomanes virtuelles s'étant envolées, il ne lui reste que son rouleau de Sopalin pour pleurer. L'humanité progresse, c'est indéniable, mais la lingette désinfectante hypoallergénique lui demeure supérieure.

L'amour non biologique risque de provoquer l'extinction de l'humanité. Ce n'est pas forcément grave. L'humanité s'est choisi un nouveau destin : le virtuel a supplanté le réel. À Paris s'est ouvert le premier bordel de *Love Dolls*. Les clients paient pour pénétrer des poupées en latex. Le « Turbo Ignition FleshlightTM Artificial Pussy » règle définitivement la question du plaisir sexuel masculin sans nécessiter de conversations avec des personnes à problème, de rencontres hasardeuses, de dîners romantiques ou autres investissements fastidieux, souvent décevants, et numériquement risqués. Adieu dîners en amoureux, week-ends en Toscane, projets conjugaux d'investissements immobiliers. Le vagin artificiel ne dénonce personne sur Twitter, ne hashtaguera jamais nos nuits torrides. Le romantisme est mort dans un masturbateur Dorcel strié et gainé à vitesses multiples, la version masculine de l'Orgasmotron cher à Jane Fonda dans *Barbarella* (1968). Enfin, tout de même... Il me faut admettre que l'orgasme était plus fulgurant quand je fermais les yeux pour imaginer ma femme à la piscine, en train de se changer dans le vestiaire, abordée par une autre femme sous la douche, ou dévoilant au maître-nageur le haut de ses cuisses et son absence de culotte sous sa robe. J'imaginais le bout de ses seins durcir, elle tirait la langue quand il enfonçait ses doigts. *Oooh fuck not agaiiin.* Étais-je en train de tomber amoureux d'un vibromasseur en plastique ou de mon épouse vivante ?

# Les valeurs que nous défendons

En ces temps troublés, il me semble important de récapituler les quelques valeurs fondamentales sur lesquelles nous ne transigerons pas. Nous suggérons à nos lecteurs d'arracher cette page et de la punaiser au mur de leur chambre, à côté d'une photo de Lara Stone.

1 – La femme est l'égale de l'homme. Elle lui est même légèrement supérieure si elle porte un short en jean.

2 – La femme nue est supérieure à la femme habillée, mais il ne faut pas le dire en public.

3 – La femme nue est supérieure à l'homme nu, qui est généralement ridicule, à part Michael Fassbender.

4 – Quand on se fait quitter par sa femme, il ne faut pas louer un camion de 30 tonnes pour rouler sur des gens, car cela ne la fera PAS DU TOUT revenir.

5 – Il ne faut pas égorger les prêtres de 86 ans. Ni les prêtres plus jeunes. Ni les rabbins, ni les imams. Ni les athées. En fait, il ne faut égorger personne. Jamais. C'est une activité totalement stérile.

6 – À la rigueur, on peut égorger des cochons ou des agneaux pour les rôtir et les manger. Mais le meurtre doit avoir lieu en cachette dans des abattoirs, et à condition de les avoir étourdis auparavant pour qu'ils ne souffrent pas.

7 – Si l'on est très énervé par les bombardements en Syrie ou la défaite de l'équipe de France en finale de

l'Euro 2016, il faut se défouler sur un punching-ball dans une salle de boxe. Pas se faire exploser dans une boîte de nuit ou une salle de concert.

8 – Il ne faut jamais se suicider autrement qu'en avalant une boîte de somnifères tout seul dans sa chambre, comme Marilyn Monroe.

9 – On peut être catholique sans être pédophile.

10 – On peut être musulman et boire des mojitos.

11 – On peut être juif tout en mangeant du pata negra.

12 – La France est un pays accueillant. C'est une sorte d'éponge. Or « les éponges n'ont pas d'ennemis » (Woody Allen).

13 – Le reste du monde est totalement incompréhensible mais c'est ce qui rend les voyages passionnants.

14 – Le but de la vie n'est pas d'attraper des Pokemon avec son smartphone.

15-Le but de la vie est de faire l'amour le plus fréquemment possible. Le reste n'a AUCUN INTÉRÊT.

# Deux ans déjà

Hier j'ai retrouvé ce dessin de Georges Wolinski dans
mon déménagement. J'ai porté ma main devant ma
bouche. Ma femme m'a demandé pourquoi je faisais
cette tête. Ensemble nous avons contemplé cette fille
qui soulève sa jupe pour nous montrer la signature d'un
artiste décapité. Ce petit croquis est désormais sacré. Une
fille qui montre sa chatte mérite-t-elle la mort ? Les trois

quarts de la planète le pensent. Ici, nous pensons que le sexe n'est pas passible de la peine capitale. Personnellement, c'est mon unique religion.

Vous vous demandez sans doute pourquoi je suis si sérieux. C'est la faute à Naomi Campbell : quand elle montre ses seins en couverture, c'est un acte politique. Naomi Campbell milite pour qu'on voie plus de femmes noires dans la publicité et les défilés de mode. Elle soutient le mouvement « *Free the Nipple* ». Regardez bien la série de photos que Naomi Campbell nous a accordée : elle a toujours l'air de nous défier. « Cap ou pas cap ? »

Le but de ce morceau de papier est d'être votre reflet déformé, comme dans les miroirs du jardin d'acclimatation. Un magazine est une fiction réaliste. Je ne lis pas les journaux pour me reconnaître mais pour être épaté. C'est *LUI* que vous regardez mais c'est vous que vous voyez – en mieux. Parce que vous y trouvez vos rêves, vos colères, vos trouilles, vos vies fantasmées. OK, je suis bizarre aujourd'hui, parce que je vais avoir cinquante ans dans trois jours. *LUI* et moi, on a le même âge. Le confort dans lequel nous avons vécu depuis cinquante ans (*LUI* fut créé en 1963, moi en 1965, Naomi en 1970) ne doit pas nous anesthésier. Nous sommes les habitants du plus beau pays du monde, c'est vrai, sinon il ne serait pas la première destination touristique de la planète. Il y a beaucoup de choses à défendre en France. Notamment le droit de se moquer de la France, et de tout ce qu'on veut. Ce numéro est dédié à Francis Dumoulin, ancien résistant dans un maquis du Vercors, devenu le premier rédacteur en chef de *LUI*, qui vient de s'éteindre à 91 ans.

# Personne n'est innocent

En France nous avons un groupe de heavy metal qui s'appelle No one is innocent. (Je vous recommande d'écouter leur chanson *Silencio*, qui déménage pas mal.) Ces jours-ci, je pense souvent à ces trois mots : Personne / N'est / Innocent. Nous avons un nouveau président tout frais, un nouveau gouvernement tout beau, et au bout d'un mois, quatre ministres ont été virés pour des affaires immobilières ou des histoires d'assistants payés par l'argent de l'Europe. Je ne dis pas que ce n'est pas grave. Je n'en sais rien, et d'ailleurs la justice se prononcera dans quelques mois sur ces accusations. Ce qui me dérange, c'est cette quête de pureté, de plus en plus exigeante, de plus en plus effrayante. Certes, il est nécessaire que nos hommes politiques ne soient pas corrompus et il est préférable qu'ils soient honnêtes. Mais existe-t-il sur terre un homme exemplaire, à part le Dalaï-Lama ? Je suis mal à l'aise avec cette obsession de vertu. Ce qui me déplaît, c'est de voir les Français se réjouir de cette grande lessive. C'est d'entendre constamment le refrain du « tous pourris, sauf moi ». Les gens qui dénoncent les autres, qui montrent du doigt, sont-ils si purs et immaculés ? Nous ne cessons de voir punis ceux qui stigmatisaient les autres : Jérôme Cahuzac le vertueux Saint-Just révélé fraudeur fiscal, François Fillon choqué par la mise en examen de Nicolas Sarkozy mais non par la sienne, et maintenant François Bayrou, initiateur d'une loi de moralisation, « démissionné » pour financements présumés margoulins. Ce jeu de massacre peut amuser, comme le *Tartuffe* de Molière. Qui en sera la prochaine victime ?

Si l'on veut nettoyer la France, où s'arrêtera-t-on ? Pourquoi ne pas passer au karcher aussi la presse, l'édition, la télévision, le monde des affaires et du sport ? Moi, je sais qui je suis : un écrivain faible, imparfait, qui a fait des choses illégales, voire amorales, dans sa vie. Mon permis de conduire m'a été retiré. J'ai fait une garde à vue pour consommation de drogue. Je ne crois pas être malhonnête, mais je ne suis pas certain d'être complètement innocent. En tout cas, je me sens toujours coupable. C'est même ce sentiment de culpabilité qui a inspiré tous mes livres : l'impression de n'être pas un saint, de ne jamais être à la hauteur de la personne que je devrais être. La honte parfois, de manquer à mes devoirs, voire de vivre dans le péché, car cette hantise est tout ce qu'il me reste de mon éducation religieuse. J'ai même commis l'adultère ! Dans certains pays, je serais lapidé à mort. On respecte la loi tant qu'on le peut, mais est-ce qu'en France tout le monde ne triche pas un peu sur les bords ? Amendes impayées, femmes de ménage employées au noir, factures en retard, pistons, renvois d'ascenseur, combines diverses, qui ne se débrouille pas avec la légalité ? Qui n'a pas de conflits d'intérêts dans sa vie ? Vous qui lisez ceci, êtes-vous certain d'être meilleur que les autres ? N'avez-vous jamais téléphoné à un ami pour trouver un boulot à votre enfant ? Un seul exemple : si l'on enquêtait sur le mélange des genres dans le milieu littéraire, avec les relations complexes entre les critiques, les jurés, les éditeurs et les auteurs, ce serait la mort de la littérature nationale ! De quel droit donnons-nous des leçons que nous sommes incapables d'appliquer à nous-mêmes ?

Ne demandons pas l'impossible à nos hommes politiques. J'ai trouvé très juste ce qu'a déclaré François Bayrou dans son discours de démission, malgré sa grandiloquence qui a pu faire sourire : « La dénonciation du voisin qui vous gêne ou que l'on jalouse est entrée dans une nouvelle époque car la délation fait désormais système avec les réseaux sociaux. [...] Il n'est pas une vie humaine, collective ou personnelle, qui résiste à telle inquisition. » Quelle sera la prochaine victime clouée au pilori de Twitter et de BFM TV ? Je rigole en lisant *Le Canard enchaîné* tous les mercredis mais je ne veux pas qu'il se transforme en *Corbeau déchaîné*. Je n'aime pas cette apologie de la balance, où les citoyens rient du malheur d'autrui alors qu'ils font des choses bien pires en privé. « Nul n'est irréprochable, j'appelle à en finir avec cette chasse à l'homme », a déclaré Macron au Congrès, dans une tentative désespérée pour siffler la fin de la récré néo-maccarthyste. En vain. Je n'aime pas cette hypocrisie qui nous salit plus qu'elle ne nous lave. Je sais que je ne serai jamais innocent, ni exemplaire, et je désire des représentants vrais, avec des défauts qui me ressemblent. N'oublions pas que les hommes qui nous gouvernent sont des êtres humains, faibles, faillibles, comme nous. Bien sûr, nous ne souhaitons pas être dirigés par des voleurs ou des escrocs, mais j'ai très peur du monde qui se prépare, où nos gouvernants deviendront des machines, des robots, des logiciels impeccables, parfaitement inhumains.

# Jean d'Ormesson
# a gâché mes vacances

Jean d'Ormesson a gâché mes vacances. Je viens d'apprendre sa mort alors que je me dorais la pilule sur une plage de sable fin. Faute grave : je ne suis ni en Grèce, ni en Corse, mais un peu plus au sud, sur une île qui plairait davantage à Le Clézio, si vous voyez d'où je parle. Une plage reste l'endroit idéal pour tenter d'évoquer sa mémoire. Pardon, je vais ici vous livrer mes pensées comme elles viennent, en vrac. Après tout, telle fut souvent la méthode Jean d'O : à sauts et à gambades. J'ai un bon début avec l'océan, le soleil, le ciel, ses thèmes principaux. Il a tellement raconté ses bains de mer, le plaisir d'aimer, le bonheur de vivre. Un bon mot de lui me revient sans prévenir. Alors qu'ils nageaient à poil dans l'eau translucide d'une crique délicieuse, il confia à un ami : « Mourir quand on a eu une vie de merde, c'est un soulagement ; mourir quand on a eu ma vie, c'est la double peine ! » Je ne sais pas pourquoi mais j'ai souvent imaginé la mort de Jean d'O et je ne pensais pas qu'elle me ferait autant souffrir. Après tout, à 92 ans, il ne nous prend pas par surprise. On croyait s'être fait à cette idée, mais non : cette disparition tombe mal. On a besoin de gens élégants, beaux, érudits, bien élevés, dans cette époque grossière, laide, amnésique et malpolie.

Les voiliers passent au loin devant l'horizon, découpant le bleu en deux portions d'orange. Jean nous en a parlé souvent, de sa mort : c'était même son principal sujet. Maintenant, enfin, il sait. Il sait s'il y a quelque chose après, ou le néant effrayant, le silence vain. Le voilà fixé, pour l'éternité – on l'envierait presque. La dernière fois que je l'ai rencontré (à la Tour d'Argent), il m'a dit qu'il serait heureux s'il avait un lecteur, un seul, trente ans après sa mort. Je pense qu'il va en avoir beaucoup plus, et que dans les jours, les semaines, les mois à venir, des centaines de milliers de Français vont se précipiter sur ses livres pour demeurer en sa compagnie. Sa véritable carrière d'écrivain commence maintenant. On ne pourra plus lire d'Ormesson comme avant. Il ne sera plus là pour nous embobiner avec ses yeux bleus, ses citations, ses espadrilles et ses traits d'esprit. Ses livres vont devoir apprendre à se défendre seuls. Je pense que ce sont ses récits les plus intimes qui ne vieilliront jamais. C'est tout l'intérêt de la littérature : contrairement à l'Académie, elle peut vraiment vous rendre immortel. On pourra toujours entendre la voix espiègle de Jean d'O en feuilletant *Au revoir et merci, Le vagabond qui passe sous une ombrelle trouée, C'était bien, Une fête en larmes*. Ses livres de souvenirs épars, de digressions pudiques, de billevesées aristocratiques, ses recueils de joies et d'épiphanies fugaces : bien sûr qu'ils se répètent. Oui, c'est toujours le même livre parce que c'est toujours la même personne qui aime, qui rit, qui regrette. Qui ne bougera plus de ces pages. Cela va être miraculeux de passer des moments aussi gais avec un mort nouveau. On relira d'Ormesson après sa mort avec une gourmandise décuplée par l'émotion et la profondeur. Tout ce qui semblait léger, frivole, est soudain important, gravé dans le marbre. Les plages, Homère, Chateaubriand, un petit escalier blanc et bleu dans les Pouilles, une cousine aimée, Baudelaire, Roger Caillois, l'île de Kastellórizo, le coucher du soleil sur la Méditerranée, Racine, Corneille, le château disparu, la guerre à l'ENS : à l'époque où il les publiait, on se disait « c'est facile, c'est joli, c'est charmant ». À partir d'aujourd'hui, on se dira : « c'est facile, c'est joli, c'est triste ». La mort alourdit les mots.

Séparer le texte de son auteur est une tâche difficile, surtout quand l'artiste vient de tirer sa révérence. Certes, ses gros romans totaux ont aussi leurs défenseurs, notamment les éditions Gallimard, qui ont rassemblé *Au plaisir de Dieu*, *La Gloire de l'Empire* et *Histoire du Juif errant* dans la Bibliothèque de la Pléiade. Nul doute qu'un tome 2 réunira les autres grandes œuvres résumant l'univers et le temps : *Dieu, sa vie, son œuvre*, *La Douane de mer*, *Presque rien sur presque tout*, *Le Rapport Gabriel*. C'est sans doute le chagrin qui me fait préférer les facéties autobiographiques, les articles de journaux rassemblés par sa fille (*Odeur du temps*) ou le beau volume de la collection « Bouquins » (*Ces moments de bonheur, ces midis d'incendie*), avec ses oraisons funèbres, ses chroniques politiques, ses dialogues avec Emmanuel Berl... Ils donnent au lecteur l'impression d'une conversation qui se poursuit avec un honnête homme sans prétention, amusant et cultivé comme son frère ennemi Bernard Frank, qui savait tout mais en faisant mine de ne rien connaître. Tiens, une anecdote me revient : un soir, il y a une vingtaine d'années, après un dîner arrosé, nous sommes allés, avec quelques camarades germanopratins – BHL, Lambron, Enthoven... – chanter l'Internationale devant la maison de

Jean d'O, à Neuilly. « C'est la luuuutteeeeuuuu finaaale ». L'académicien n'était pas un couche-tard mais il ouvrit sa fenêtre et interpréta les deux couplets suivants, dont nous ignorions les paroles. La droite du Neuf-Deux clouait le bec de la gauche caviar.

Aux détracteurs, aux snobs gauchistes qui se sont moqués de lui toute sa vie, ou qui ne l'ont pas pris au sérieux parce que lui-même avait la politesse de ne pas le faire, j'ai trouvé la parade. Voilà : imaginez que, comme moi, vous êtes en vacances au bord de la mer. Vous avez bien sûr emporté quelques romans épais et concernés par la douleur du monde. Du lourd, comme on dit. Vous êtes quelqu'un de sérieux : vous lisez engagé, en fronçant les sourcils. Les fariboles de Jean d'O, même décédé, très peu pour vous. Mais je vous en prie, faites ce test, en toute honnêteté. Sur une étagère de l'hôtel, vous tombez sur un vieux d'Ormesson jauni, par exemple *Je dirai malgré tout que cette vie fut belle* où il revient une fois de plus sur sa vie, *Le Figaro*, l'Unesco, Bossuet, Colbert, Fouquet, ses passages chez Pivot, les jolies femmes, la mythologie, la ronde des planètes, Plutarque, une contrerime de Toulet, Paul Morand et Aragon, et ce Dieu qui n'en finit pas de se taire. Bizarrement, tout intellectuel prétentieux que vous êtes, vous risquez de vous faire avoir. Vous lirez d'Ormesson plutôt que les romanciers concernés[1], parce que son style est fluide, simple, allègre, parce qu'il saute du coq à l'âne avec simplicité, fraîcheur, drôlerie, mélancolie, parce qu'il ne vous « prend pas la tête », parce qu'il transcrit la vie dans sa beauté et sa vérité, sans « se la péter », tout en vous permettant de réviser un peu votre inculture.

---

1. Peut aussi se lire en deux mots (note de l'auteur).

C'est la stricte réalité : d'Ormesson, pour les snobinards, a toujours été l'écrivain qu'on lisait en cachette. Réjouissez-vous, les pisse-froid ! Grâce à sa mort, vous pouvez enfin assumer de lire d'Ormesson à la terrasse du Flore. J'ai souvent ressenti cette impression merveilleuse : à quel point le style de Jean vous donne l'impression d'être en vacances. Sa mort vient de gâcher les miennes, mais son écriture m'en a donné tellement que je lui pardonne ce trépas malvenu. Les écrivains dont on finit réellement les livres sont les seuls qui durent. Seul le plaisir a le dernier mot. Il est l'onction ultime. La mort va offrir à Jean d'Ormesson la dernière médaille qui lui manquait, son diplôme suprême : la postérité.

# La folie dure

De très loin l'on entendait le vrombissement des infrabasses saturant l'air bleu. On était monté ici pour chercher le silence des grands espaces, un refuge en haut du monde, loin du vacarme urbain, une accalmie entre deux ciels, la trêve hivernale, le calme blanc, la beauté immaculée des cîmes... Peine perdue : tout était détruit, laminé par un atroce boum-boum disco dont l'écho rebondissait jusqu'à la vallée.

Une nouvelle Folie douce vient d'ouvrir à Megève, en haut du Mont Joux, au centre d'un des plus splendides cirques naturels des Alpes du Nord, d'où l'on peut apercevoir le Mont Blanc, le dôme de l'Europe. Mais les chamois, les aigles, les marmottes, toute la vie sauvage fuit la zone, traumatisée par le bruit des animateurs ivres qui beuglent dans un micro : « Est-ce que vous êtes là ? » Oui, malheureusement, on est là, tel est notre drame. Aurais-je changé ? Cette nature majestueuse me semble injuriée par l'eurodance. L'endroit se nomme La Folie douce mais en vérité son absurdité et sa vulgarité en font plutôt l'emblème de la folie dure d'un *homo festivus* au sommet de sa débilité. Il existe des établissements similaires à Val d'Isère, Méribel, à l'Alpe d'Huez et à Val Thorens : la teuf se démocratise en haut des pistes. L'hédonisme antique était une ascèse, rien à voir avec l'idée d'importer les dancefloors sur les neiges éternelles. C'était tellement plus drôle de faire la fête quand elle n'était pas obligatoire. À présent que les pistes de ski sont devenues des boîtes de jour, ma fête à moi consiste à lire Philippe Muray en ronchonnant, cerné par les décérébrés qui gesticulent sur les tables en chaussures de ski, doudounes et bonnets fluos. Un DJ démago lève les bras en s'imaginant qu'il est le David Guetta de Saint-Gervais, une chanteuse s'époumonne (faux) : « Can uuu feeel iiiit? », un piètre danseur se tord le coude car il croit que la tecktonik est toujours à la mode. Muray aurait vomi cette invasion festive de nos alpages. Je précise que le restaurant adjacent (La Fruitière) est exquis, le service très aimable, le décor simple et la cuisine irréprochable. Pas question de se fâcher avec toute l'équipe.

La « discothèquisation » du monde est achevée. Dans toutes les villes, les magasins de fringues sont devenus des *night clubs*, les aéroports et les gares diffusent de la musique électro, partout les hommes veulent vivre comme des « teuffeurs » dont toute l'existence serait une boîte de nuit. Le modèle de tout occidental contemporain est désormais le fêtard d'Ibiza, avec ses cheveux longs, ses lunettes de soleil et sa chemise ouverte, qui lève les bras avec un verre de vodka-Red Bull dans chaque main. Il se réveille en dansant, il va au bureau en moonwalk, il déjeune dans la foule abrutie avec Fun Radio dans les oreilles, et même quand il veut fuir en haut des téléphériques, des enceintes bastonnent les BPM pour l'empêcher de douter. Le totalitarisme disco est le contraire de la fête que nous prônons : un plaisir pour orgueilleux.

# La guerre des habits

Jamais nous n'aurions imaginé, il y a trois ans, que la question de la nudité féminine serait à ce point au centre des préoccupations de la France. *LUI* est d'abord le caprice inconscient d'une bande de potes qui fantasmaient sur le passé glorieux d'un magazine sexy dans un pays libre. Mais le mois dernier, en août 2016, notre Premier ministre Manuel Valls a déclaré publiquement : « Marianne a le sein nu ». Il est temps d'employer un mot sérieux : la nudité est devenue, sans le vouloir, un enjeu POLITIQUE. Je suis convaincu que le nichon sera le thème central de la prochaine présidentielle. Tout de même, la vie est dingue. Vous décidez de publier un magazine avec des nanas à poil et soudain toute la nation s'empare de ce sujet pour en faire un débat national. Cet été, des policiers armés ont demandé à des femmes de se déshabiller sur des plages françaises. Nous n'en demandions pas tant ! En 1964, quand *LUI* venait de naître, le gendarme de Saint-Tropez pourchassait les nudistes. Aujourd'hui c'est le contraire, il pourchasse les femmes en burkini. Des femmes aux seins nus ou aux jupes trop courtes se font traiter de sales putes dans un coin du pays, tandis que d'autres, dont le corps est intégralement couvert, se font verbaliser et évacuer comme de dangereuses terroristes. Quel spectacle fascinant. Il est temps que je me prononce sur cette question fondamentale. Je pense que les femmes doivent faire ce qu'elles veulent de leur corps. Le montrer, le cacher, le dévoiler, le voiler, jouer avec le tissu, s'habiller puis se dévêtir LIBREMENT. Je suis un homme et permettez-moi de l'écrire noir sur blanc : je ne demande aucun pouvoir sur le corps des femmes. Je sais que je n'en aurai jamais, et cela ne m'intéresse pas. Ce n'est pas aux hommes de décider comment les femmes s'habillent ou se déshabillent. De toute façon, à chaque fois que je supplie une femme de se dévêtir, généralement elle refuse, et c'est alors que je la désire le plus.

# Le championnat du monde de l'orgasme

Mes amis, l'heure est grave. L'humanité va au-devant de périls incommensurables. Le monde est en train de basculer : l'Apple Watch va révolutionner notre vie sexuelle. Cette montre numérique est capable de compter vos battements de cœur. Or William Masters et Virginia Johnson ont démontré qu'un orgasme multiplie nos pulsations cardiaques par deux. Par conséquent, il est désormais possible de mesurer si une femme simule. Imaginez les conséquences gigantesques d'une telle découverte ! Une actrice porno ukrainienne, Kristina Vashchuk, vient de créer un site internet nommé *Yonitale* dont le but est de filmer des orgasmes féminins « vérifiés » avec la montre connectée. Elle a même breveté une « Échelle du Plaisir » (*Pleasure Scale*) qui classe les différents types d'orgasmes en fonction de la vitesse des BPM. Et elle projette bientôt d'organiser un « Championnat du monde de l'orgasme certifié », avec une finaliste par pays.

Vous me voyez venir à cent kilomètres, moi l'homme des cavernes. La mort de la simulation féminine, c'est aussi celle de l'égoïsme masculin. Depuis des millénaires, l'homme est incapable de savoir si la femme jouit ou s'ennuie au lit. Cette longue période de mystère est à présent révolue. Désormais si votre petite amie possède une montre Apple, elle sera en droit d'exiger un « high-score » quotidien (autour de 130 BPM), au lieu de faire semblant de grimper aux rideaux pour ne pas froisser votre petit ego de playboy. Cette révolution est la véritable victoire du féminisme. Finie la comédie ! Une pointe de nostalgie machiste me tenaille toutefois... C'était tout de même joli de voir les frigides gémir, agripper les draps, cambrer les pieds, pousser des cris bizarres, tous ces efforts attendrissants qu'elles faisaient pour nous flatter... Comme il était fascinant de ne pas savoir... De ne jamais être certain à 100 % de l'efficacité de nos efforts... Certes, il existait des indices (par exemple, les femmes fontaines) mais aucune « preuve de plaisir réel » n'était fiable comme le chiffre fatidique de la cybermontre. Certaines tremblaient pour de faux, d'autres se pâmaient silencieusement. Impossible de savoir si les bons coups mentaient. Nous avons vécu dans le flou durant 300 000 ans et maintenant c'est terminé.

Messieurs, attendez-vous au pire : le rapport sexuel va devenir comme un examen du baccalauréat. Vous pourrez toujours refuser que votre partenaire porte une montre connectée au poignet, mais vous passerez alors pour un paresseux effrayé par le verdict. Cela dit, il y a tout de même un espoir. La nuit dernière, quand j'ai demandé à ma femme d'essayer la fameuse montre, elle a refusé : « Ah non, ça va me déconcentrer, c'est le meilleur moyen de ne pas y arriver ! » Victoire : la peur du fiasco vient de changer de camp.

# Manifeste *Reboot*

Il y a ceux qui se laissent surprendre par la mort, mais on peut aussi être surpris par la vie. Le problème des hommes est simple : leurs ventres grossissent sans faire de bébés. Ne possédant pas d'usine à vie interne, ils passent leur existence à fabriquer d'autres choses : des châteaux, des fusées, des centrales nucléaires, des livres, des films, etc. Nous avons tous besoin d'une renaissance. C'était un beau mouvement, au xvi<sup>e</sup> siècle. Aujourd'hui on dirait *Reboot* mais c'est la même idée : repartir sur de nouvelles bases. La culture européenne de la Renaissance a zappé le Moyen Âge pour revenir aux fondamentaux de l'Antiquité gréco-romaine. En revenant en arrière de dix siècles, la société de cette époque fit un immense bond en avant. Aujourd'hui, l'équivalent d'un tel mouvement consisterait à laisser tomber tout ce qui nous fout dans la merde : Internet, la bouffe empoisonnée, les machines qui veulent notre place, l'hégémonie des GAFA. Voilà le vrai ennemi. Le mouvement *reboot*, dont ceci est le premier manifeste mondial, n'est ni luddiste, ni conservateur : il est humaniste. Pourrions-nous réhabiliter ce mot qui n'a rien de dépassé ? La défense de l'homme, remettre l'humanité (et les humanités) au centre de nos préoccupations, se battre pour sauver homo sapiens contre l'idéologie transhumaniste qui infecte tous nos logiciels. La guerre contre le terrorisme a complètement éclipsé le principal affrontement du moment : la guerre entre les humains et les post-humains. Ce combat est bien plus dangereux que la lutte entre les sunnites et les chiites : il s'agit de préserver notre espèce.

Voici ce que je propose : on repart de zéro. On garde l'essentiel : la démocratie, les droits de l'homme, la sauvegarde de l'environnement, la liberté sexuelle, l'égalité femmes-hommes. Sur tout le reste, il faut se poser une seule question : est-ce bon pour l'humanité ou pas ? Exemple : les migrants. Ce sont des Terriens comme nous. On les rejette à la mer ou l'on se débrouille pour accueillir ces voyageurs ? Quelle est la réponse la plus humaine à votre avis ? Même chose pour les robots, les drones létaux automatisés, les voitures autonomes, les caméras à reconnaissance faciale, les notations de citoyenneté, la culture dématérialisée... Si ces outils nous facilitent l'existence, on garde. S'ils nous nuisent, on jette.

C'est tout de même fou, toutes les élucubrations qu'on peut écrire quand, à 50 ans, on se retrouve avec une nouvelle fille dans les bras.

— Il faut tout réorganiser dans le monde entier, tout !

— Mais bien sûr, chéri ! En attendant, tu peux lui faire chauffer son biberon ?

# Save the Nipple

C'était après les 130 meurtres parisiens. En fin de nuit, rongé par la culpabilité judéo-chrétienne et la tequila gold, j'ai déjà senti monter en moi la fibre humanitaire. Oui, après deux ans d'errance sans autre but que de déshabiller des mannequins, il me semblait avoir besoin d'une légère dose de sainteté. Mon « Manifeste *Reboot* » du mois dernier – où j'appelais de mes vœux la renaissance d'un humanisme post-numérique et altermondialiste, sans trop savoir ce que tout cela signifiait – avait suscité de nombreuses réactions sur les réseaux sociaux. La majorité affirmait en substance : « Bravo les gars, on est avec vous, y aura-t-il des Ukrainiennes à la manif ? » L'autre moitié des gens posait à peu près cette question : « Mais qu'est-ce qui vous prend de parler politique dans un journal d'obsédés ? »

Même les jouisseurs bourgeois sont en quête d'utilité sociale. Assouvir ses moindres désirs dans la vie, c'est chouette, mais comme disait Baudrillard : « Que faire après l'orgie ? » Il est temps que cela se sache : je ne suis pas qu'un fêtard consumériste. Je veux le beurre (l'hédonisme matérialiste) et l'argent du beurre (l'héroïsme altruiste). C'est aussi cela, être un individu européen. Ma vieille culture m'oblige à un comportement chevaleresque, un minimum de tenue, un vague reste de courtoisie vis-à-vis de notre prochain. C'est si luxueux, d'habiter un continent démodé... Il y a un prix à payer ; on ne peut pas snober éternellement le reste de la planète.

Après mûre réflexion et moult *brainstormings* dans une cave obscure de la rue Saint-Benoît, j'ai pris LA décision qui fait de moi un militant engagé : SAUVER LES SEINS. Après le mouvement « *Free the Nipple* », je lance une nouvelle bataille... « SAVE THE NIPPLE » ! Les douze top models qui ont accepté de poser pour Luigi & Iango vont nous permettre d'aider à protéger l'avenir des nichons sur la terre. S'il n'y avait plus de poitrines de femmes, ce magazine mettrait la clé sous la porte. Une partie de l'argent généré par notre sublime calendrier servira à financer la recherche contre le cancer du sein. Cela fait du bien d'être bon. J'ai l'impression d'être le Glucksmann du téton. Et je peux vous dire que même les hommes sont concernés. En rentrant de mon dîner avec François Damiens, je me suis regardé dans la glace : mes seins sont beaucoup plus gros que ceux d'Anja Rubik.

# Mauvais Genre

On m'a proposé d'être l'invité d'honneur du festival Le Livre à Metz. J'ai demandé aux organisateurs pourquoi ils n'avaient pas appelé David Foenkinos, comme tout le monde. Ils m'ont répondu : « Le thème de cette année est : mauvais genre. » Je ne sais pas trop comment le prendre. D'un côté, je me réjouis de porter cette étiquette de *bad boy*. De l'autre, j'ai le sentiment d'usurper ce titre. Je ne comprends toujours pas pourquoi notre couverture du mois dernier a fait scandale. Virginie Ledoyen y posait nue devant l'objectif de Terry Richardson, tenant une chatte entre ses mains. Si ceci est le comble de la provocation, Serge Gainsbourg et Salvador Dalí doivent bien glousser dans leur tombe. La situation actuelle est effrayante : dans notre époque atrocement conformiste, la moindre plaisanterie potache devient l'ultime forme de subversion. Les organisateurs du Livre à Metz avaient sans doute cherché à joindre avant moi Cabu et Wolinski, mais ils n'ont pas répondu. C'est la seule explication plausible au grand honneur qu'ils m'ont fait, et dont je me vante (un peu trop) ici même.

Je suis un timide qui aime choquer en rougissant. Je ne voudrais pas crever comme d'autres patrons de presse plus courageux que moi, mais – je ne peux pas faire autrement, c'est physique – j'ai toujours envie d'emmerder ceux qui prétendent régenter ma vie. Ce magazine fonctionne comme une classe d'élèves turbulents, gardés par un pion irresponsable qui est sorti fumer une clope dans la cour du lycée. Au fond, le 7 janvier, on a découvert que les blagueurs sont les personnes qui dérangent le plus aujourd'hui. Ils ne sont pas dangereux, pourtant ils sont en danger. Résolutions pour cette année : continuer de me moquer de moi-même quand je suis attaqué. Rester à la fois marié et obsédé. Résister à la tentation du *cocooning* (le mot anglais pour dire « prison ») mais accepter d'être heureux autant que possible. Donner la parole à Nabilla autant qu'aux Pussy Riots. Et surtout cultiver le « mauvais genre » et les blagues pourries qui énervent les abrutis.

# La fin de mon travail

C'est une vieille utopie que viennent de réanimer Benoît Hamon (avec son projet de « revenu minimum d'existence ») et Penelope Fillon (avec son emploi fictif) : être payé pour glander. Dans un monde où la robotisation va multiplier le chômage par cent, nous devons cesser de présenter l'oisiveté comme une tare. Ne rien foutre va devenir la norme. Les travailleurs seront certes récompensés de leurs efforts : ils gagneront plus que les chômeurs et tant mieux pour eux. Mais les chômeurs seront majoritaires. En fait l'idée fait son chemin depuis *Le Droit à la paresse* (1880) de Paul Lafargue, le gendre de Karl Marx. Beaucoup d'étudiants le citaient encore en mai 1968. Peut-être que Jeremy Rifkin, l'auteur de *La Fin du travail* (La Découverte, 1997), en faisait partie.

Dans le système capitaliste, le plus souvent, nous avons le choix entre l'argent et le temps. On ne peut pas avoir les deux. Soit on travaille sans vivre, soit on vit sans travailler. Préférez-vous être riche et débordé ou pauvre et cultivé ? Avoir un gros compte en banque sans voir vos enfants ou passer votre journée avec eux dans la misère épanouie ? Ces questions ne sont pas si absurdes : la religion bouddhiste les pose déjà depuis vingt-six siècles. En outre, le chômage choisi est une forme de sagesse imposée par la catastrophe écologique. Puisqu'on ne peut plus surconsommer, il faut apprendre à limiter nos besoins, et gagner des heures plutôt que des euros. C'est une autre forme de richesse, peut-être supérieure (et nette d'impôts). J'imagine un dialogue philosophique entre un businessman et un chômeur :

Le businessman : – Moi je gagne 100 000 $ par mois, pauvre clochard !

Le chômeur : – Et moi j'ai vingt-quatre heures de libres par jour, sinistre aliéné !

Le businessman : – J'ai une grosse voiture, minable cloporte ! (Son portable sonne.) Ah, excuse-moi pauvre merde, je dois prendre cet appel.

Le chômeur : – C'est ça, vas-y, réponds quand on te sonne, cadre inférieur !

Je vous raconte ces sornettes parce que j'ai une bonne et une mauvaise nouvelle à vous annoncer. La mauvaise : je quitte le magazine *LUI* après trois années merveilleuses de plaisir, d'élégance, de culture et de beaux nichons. La bonne : je quitte Paris avec ma famille pour regarder la mer sans rien faire de la journée. Bon allez, je vous laisse : j'ai un coucher de soleil urgent à contempler. *Smiley* avec des cœurs à la place des yeux.

# Pour saluer Molinier

On n'oublie pas la première fois que l'on rencontre une œuvre de Pierre Molinier. C'était à la librairie *Un regard moderne*, il y a vingt ans. J'y accompagnais un ami punk, proche de la mouvance « Bazooka ». Il s'appelait Bruno Richard, surnommé « le Ragondin ». Je ne sais pas ce qu'il est devenu ; aux dernières nouvelles, il est en arrêt-maladie. Il dessinait des filles attachées et torturées, puis photocopiait ses textes pornographiques à l'agence TBWA de Plas où je faisais mes gammes comme concepteur-rédacteur. Jacques Noël, le libraire de la rue Gît-le-Cœur (rue où vécut Baudelaire), vendait ses recueils à quelques psychopathes sous le pseudonyme : « Elles sont de sortie ». C'est Bruno qui le premier me parla de Molinier, cet homme étrange qui s'habillait en femme et photographiait ses jambes gainées de soie. Jacques Noël, le libraire le plus encombré de France, disparut sous une pile d'incunables branlants. Quelques minutes plus tard, alors que nous le croyions définitivement perdu, enseveli sous des bédés trash et des bondages de Nobuyoshi Araki, il réapparut avec des pantomimes célestes de Pierre Molinier.

Ce qui me frappa n'était pas la bizarrerie fétichiste, ni la transgression des genres, mais l'extrême soin apporté à la création de ces images hybrides, entre le photomontage et la peinture surréaliste. Le contraste entre ces bouquets

de jambes kaléidoscopiques, ces créatures fanstasmago-
riques, et leur auteur corseté, Narcisse sublimé au physique d'expert-comptable, me fit éclater de rire – un rire
sans doute défensif face à l'aspect clownesque de ce petit
homme travesti qui se masturbait devant ses autopor-
traits féminins et les retouchait avec son sperme. Mes
deux camarades me regardèrent avec consternation.

— Il faut respecter les obsédés. Admire la maniaquerie
du travail.

— Pardon, mon rire est celui de la transgression carna-
valesque de Mikhaïl Bakhtine. Il s'agit de subvertir les
tabous politiques par le pouvoir émancipateur du rire.

Ouf ! On se justifie comme l'on peut. J'ignore si Pierre
Molinier était hétéro ou homo, et je m'en fiche toujours
autant. J'ai scruté ses créations attentivement. Je n'avais
jamais rien vu de pareil. Cet homme solitaire avait créé
un monde à part, comme une sorte de Facteur Cheval
de la jarretelle. Il ne l'avait pas fait pour transformer les
codes ou révolutionner l'art contemporain, il l'avait fait
parce qu'il ne pouvait pas jouir autrement. Le génie ne
travaille pas pour autrui, il creuse ses obsessions égoïstes,
il invente sa propre beauté. Il balaie tout sur son chemin,
notamment la société, pour accomplir son désir. Le génie
est la force d'une forme. Pierre Molinier n'a pas innové
pour le plaisir d'innover, mais pour le plaisir tout court.

Vingt ans plus tard, je suis invité chez Christophe
Joron-Derem avec ma femme Lara, Simon Liberati, Eva
Ionesco, Vincent Darré, Jean-René Van der Plaetsen...
Une belle brochette d'esthètes aux goûts malsains, une
bande de pervers dont la police des mœurs tolère encore,
provisoirement, l'érudition répugnante ? Non : l'œuvre de
Molinier a cessé d'être cachée sous des piles d'ouvrages

pornos poussiéreux au fond des ruelles baudelairiennes. Elle a gagné une renommée internationale. « L'homme-putain » suicidé en 1976 est aujourd'hui reconnu comme un grand artiste : en langage publicitaire, on peut dire qu'il est passé de l'*underground* au *mainstream*. Sur les murs de la maison de maître Joron Derem, place de la Madeleine, nous contemplons des délires androgynes, des courbes hermaphrodites, des rêves omnisexuels, des montages auto-érotiques avec voilette et talons aiguilles. Je bois du whisky en reluquant ces godemichets officiels. La semence de Molinier est désormais encadrée au-dessus des cheminées de l'élite parisienne. Ce que je retiens de son parcours extraordinaire, c'est que le scandale finit toujours par être récupéré par l'aristocratie. C'est arrivé si souvent dans l'histoire de l'art que nous n'avons pas assez de place ici pour en énumérer les exemples : le Caravage, Théodore Géricault, le marquis de Sade, Gustave Courbet, Modigliani, Van Gogh et Gauguin, Dada, *Ulysse* de Joyce et *Histoire d'O* de Pauline Réage... Pardon d'écrire cette réalité désagréable : les vrais artistes crèvent dans la souffrance, la misère et l'anonymat ; puis, des décennies plus tard, l'élite leur rend hommage entre deux risottos aux truffes. C'est sa seule chance de vaincre son ennui.

# L'appel du 2 novembre 2017
## contre les réseaux sociaux

Bonsoir, quel jour sommes-nous ? Le 2 novembre ? Alors je lance l'appel du 2 novembre.

Françaises, Français, Facebookiennes, Facebookiens, Instagrameuses, Instagrameurs, Twitteuses et Twitteurs, le moment est venu de quitter tous ces réseaux asociaux pour revenir à la vraie vie.

J'ai fait l'expérience pour vous. Il y a un mois, Facebook a censuré une jolie photo de Mireille Darc aux seins nus que j'avais postée en son hommage. J'ai alors supprimé ma page Facebook. Si je vous parle de ce non-événement, ce n'est pas pour me glorifier d'un acte qui ne demande aucun courage, mais pour vous décrire ce qui se passe quand, comme moi, on arrête d'être inscrit sur les réseaux sociaux : RIEN.

Il ne se passe rien.

Facebook est une addiction dont le sevrage ne provoque aucun manque. Normalement si l'on vous coupe l'électricité, le téléphone ou France Inter, vous ressentez un changement dans votre vie mais pas avec Facebook : le fait de ne plus pouvoir envoyer des phrases, des photos ou des vidéos à des amis virtuels, le fait de ne plus pouvoir lire leurs injures ou leurs compliments, n'a rien changé à ma vie. Tout cela c'était du vent, du vide qui me faisait perdre mon temps et stimulait une mauvaise partie de moi : ma quête de *likes* impossible à rassasier.

Que sont les réseaux sociaux en vérité ? Prenons les un par un.

Facebook au départ c'est un annuaire d'université. Ce sont des curriculum vitae avec votre photo, vos hobbies, vos musiques préférées, votre situation amoureuse-c'est-compliqué, que vous envoyez sur la toile comme des bouteilles à la mer. Quand vous allez sur Facebook, c'est comme si vous adressiez votre CV à des DRH pour être embauché dans une entreprise qui n'existe pas.

Instagram, c'est autre chose. Je me souviens, quand j'étais enfant, certains amis de mes parents, revenant de voyage, organisaient régulièrement des soirées diapositives où ils nous projetaient leurs photos de vacances sur un écran. C'était long, c'était chiant, le seul intérêt de ces soirées diapo était les apéricubes dans un bol sur la table basse. Instagram c'est une soirée diapo sans apéricubes et qui ne s'arrêterait jamais, une soirée diapos 24 h sur 24, 7 jours sur 7, 365 jours par an.

Quant à Twitter, tous ceux qui ont déjà pris un taxi parisien ont eu à subir parfois les commentaires passionnants du chauffeur sur l'actualité politique, du genre « Macron s'en fout plein les fouilles, la France est gouvernée par la banque Rothschild, tout ça c'est le complot judéo-maçonnique ! » Twitter, c'est ça : un média qui transforme tout le monde en chauffeur de taxi exprimant rageusement sa *fake news* sur l'actu, ou, ces derniers temps, en délateur anonyme.

L'usage embarrassant qu'en fait le président des États-Unis aurait déjà dû conduire à un boycott massif de ce réseau social inepte qui prétend qu'on peut articuler une pensée en moins de 140 signes.

Les *social networks* ont été inventés il y a exactement dix ans ; on commence donc à avoir un peu de recul. Si parfois, exceptionnellement, ils nous ont permis de revoir des camarades de lycée ou de correspondre avec des inconnus à l'autre bout de la planète, ils ont surtout été un déversoir de tout ce qu'il y a de pire en nous, notre narcissisme, notre haine et notre bêtise à base de vidéo de chatons ou de décapitations. Ils nous ont rendu plus seuls, plus frustrés, plus stupides et plus malheureux. Ils ont permis à quelques *nerds* de devenir milliardaires en vendant des publicités ciblées par l'espionnage de notre vie privée.

Hier le *Canard enchaîné*, qui n'a pas de page Facebook, rappelait que Facebook abrite ses sociétés dans le Delaware et en Irlande afin, je cite, de « payer des clopinettes aux impôts ».

Quand tout le monde éteindra les réseaux dits sociaux, l'humanité redeviendra peut-être... sociale. Je rêve du jour où Facebook ne sera plus qu'un gadget passé de mode, l'équivalent numérique du scoubidou.

# La drague à l'heure de #metoo

Sandrine Kiberlain vient de déclarer dans *Marie Claire* : « Cela m'est nécessaire dans la vie de me faire draguer, de savoir que je peux plaire, tant qu'il y a consentement, c'est la plus belle chose du monde. » Elle a raison, Sandrine, c'est beau l'amour, encore faut-il savoir le faire élégamment.

Personne n'en parle depuis cinq mois mais il me semble que le seul moyen de draguer une femme aujourd'hui, c'est précisément d'évoquer #balancetonporc. Envoyez l'ambiance cocktail.

(Musique jazzy)

Bonsoir Mademoiselle, allez-vous me hashtaguer si je tente de vous aborder ? Est-ce un outrage sexiste si je vous affirme que vous êtes outrageusement sexy ? Me dénoncerez-vous sur Twitter si je vous offre quelques shooters ? Ah, vous tenez à partager l'addition ?

Parfait, bonne idée ! Vive le féminisme... Enfin, le féminisme, c'eut été de m'inviter. Bah oui, après deux mille ans d'oppression masculine où les hommes payaient les consommations pour dominer les femmes, il est temps de rétablir l'équilibre, c'est aux femmes de payer nos caïpirinhas pendant les vingt prochains siècles.

Pitié non, ne m'instagramez pas avec la légende « balance ton radin » ! C'est difficile pour nous, on ne sait plus comment vous aimer. Oui, j'ai prononcé le mot. N'ayez pas peur ! Je n'ai pas dit « Je t'aime », pas encore, ça c'est dans deux caïpis. La deuxième tournée c'est moi qui la paierai et je vais vous expliquer pourquoi.

Parce que je suis un homme.

Je paie pour toutes les brutes épaisses qui m'ont précédé depuis le paléolithique. Je paie pour Barbe-Bleue et Harvey Weinstein, je paie pour James Bond et Casanova, pour Don Giovanni et Bret Sinclair, pour Ulysse qui a laissé Penelope trop longtemps, je paie pour Belmondo dans *À bout de souffle* (1960), mais aussi pour Jean Rochefort dans *Le Cavaleur* (1978), je paie pour le faux président Frank Underwood mais aussi pour le vrai président Donald Trump.

Oui, je paie pour mon sexe fragilisé par votre sex-appeal, Madame, si déstabilisé par votre beauté, si vulnérable face à votre puissant smartphone.

Bon, si vous tenez ce genre de monologue, la dame est partie depuis dix minutes, donc vous pouvez finir seul les verres qu'elle a intégralement réglés avant de NE PAS vous laisser son 06. Ou alors... J'ai peut-être une autre suggestion.

Vous êtes dans un train et la fille assise en face de vous a mis ses écouteurs sur les oreilles pour se protéger des importuns... Elle regarde par la fenêtre le paysage qui défile, en écoutant *Amsterdam* par Coldplay... Il ne faut surtout pas la déranger... Contentez-vous de l'aimer en silence... Et peut-être, si vous avez beaucoup de chance et de patience, d'élégance et de distance, peut-être qu'à un moment, la belle inconnue tournera la tête lentement, miraculeusement, pour poser ses yeux sur vous.

# Une frayeur grosse comme le Ritz

Un homme effrayé n'a rien d'élégant. La panique a toujours quelque chose de débraillé, en particulier si elle vous saisit dans un hôtel cinq étoiles. J'hésite à raconter la plus grosse trouille de ma vie, parce que j'ai honte d'avoir eu si peur pour rien. La lâcheté des uns fait rire les autres – ou les effraie : la peur fait peur. J'aimerais vous y voir, à ma place. Imaginez la situation : vous prenez un verre avec Alina Gurdiel, votre amie espagnole et néanmoins attachée de presse, au bar Hemingway du Ritz, place Vendôme, à Paris. Nous sommes le 9 janvier 2018, trois ans après le massacre de *Charlie Hebdo*. Arrêtez de rigoler s'il vous plaît. J'en ai marre que tout le monde se marre quand je raconte cette histoire.

Le bar est une minuscule bonbonnière beige, dont les murs sont couverts de photos de l'auteur de *Pour qui sonne le glas*, avec un coin bibliothèque et une vieille machine à écrire posée sur le comptoir. Vous venez de prendre un cours de Moscow Mule avec le barman Colin Field, Anglais exquis, à l'humour pince-sans-rire. Le secret, affirme-t-il, tient au zeste de citron vert pour lier la vodka et le gingembre. Vous dégustez votre verre glacé quand soudain la serveuse se met à hurler : « Partez ! PARTEZ TOUS ! » Elle n'a pas la voix de quelqu'un qui plaisante. Elle a vraiment crié le plus fort possible, avant de traverser le bar en courant. La clientèle du bar est essentiellement composée d'Américains parlant très fort, mais soudain le silence s'installe. S'agit-il d'un canular pour une émission de téléréalité ou d'une attaque terroriste ? Une seconde après, trois hommes cagoulés de noir, armés, pénètrent dans le bar. Ils se déplacent très vite ; pourtant dans mon souvenir, ils marchent au ralenti. Si c'était une plaisanterie, elle serait d'un goût douteux. On n'entend plus un bruit à part la playlist de Noël diffusée dans les haut-parleurs : *White Christmas* par Bing Crosby.

« *I'm dreaaaming of a white Christmaaas,*
*Just like the ones I used to knoooow...* »

S'il vous plaît, ami lecteur, juge de mon antihéroïsme, je vous demande d'imaginer votre état si vous n'entendiez plus que cette voix de crooner, avec quinze clients du bar allongés par terre, planqués derrière le comptoir ou sous les tables, et l'autre douzaine qui a disparu dans les couloirs du palace, et un gros gars cagoulé, brandissant une hache, qui gueule avec l'accent du Neuf-Trois : « Dégagez ! On va pas vous faire de mal ! » Personnellement j'ai détalé comme un lapin, avant de faire demi-tour pour revenir chercher Alina qui n'arrivait pas à courir avec ses talons. Nous avons fui dans le seul endroit abrité dont je connaissais le chemin : les chiottes du sous-sol.

Nous n'avons pas descendu les marches de l'escalier ; nous les avons survolées. Je crois que personne n'a jamais trouvé le chemin des toilettes aussi vite, même Kate Moss durant la *Fashion Week*. Une fois enfermés à clé dans les WC pour dames, j'ai suggéré à Alina de ne pas rester derrière la porte : une balle perdue est si vite arrivée. Nous nous sommes accroupis autour de la cuvette comme deux alcooliques en fin de nuit. Bing Crosby fredonnait toujours sa mélopée de Noël :

*« May your days be merry and briiight...*
*And may all your Christmases be whiiiite. »*

À cet instant précis, j'ai compris que je détesterais cette mélodie suave pendant le restant de mes jours. Mais combien de temps durerait le restant de mes jours ?

Alina chuchotait : « C'est pas possible, c'est pas vrai, t'as pas peur ? » Et moi, pour la rassurer, je répétais : « Oh lala, oh lolo, ouh loulou, oh la vache. » Alina et moi n'en avons jamais parlé, mais je me doute bien que, comme moi, elle pensait à ses enfants. Ma femme était de nouveau enceinte. Il fallait rester en vie pour élever tous ces bébés récents. Afin de détendre l'atmosphère, j'ai plaisanté : « Publier *Une vie sans fin* et crever la même semaine... C'est n'importe quoi. » Alina ne me trouvait pas drôle, et puis nous devions rester silencieux. Nous étions comme dans *Panic Room* de Fincher, bloqués dans un espace exigu sans autre chose à faire que d'attendre et d'écouter, sans bouger, ni respirer, ni gargouiller. Même prier, je n'ai pas osé. Je craignais que Dieu ne punisse mon revirement de dernière minute, légèrement intéressé.

C'est alors que nous avons entendu le crépitement. Comme des pétards dans une fête foraine. Étrange impression quand on perçoit pour de vrai le bruit des flingues qu'on est habitué à entendre au cinéma ou dans les séries télévisées. Tac-tac-tac, les premières rafales de fusils automatiques. Pas de doute : des dizaines de coups de feu provenaient de l'étage supérieur, cela ne pouvait être une canalisation défectueuse. Alina a pris sa tête dans ses mains. Pour nous, ces tirs, c'était la clientèle de l'hôtel qui se faisait massacrer comme au Bataclan.

C'était la certitude d'une mort imminente. Au mieux, nous allions remonter les escaliers et enjamber des piles de corps ensanglantés. Plus que la mort, c'est cette vision macabre qui m'effrayait. Et la douleur. Si les balles n'entraient pas directement dans mon cerveau ou mon cœur, mais dans mon estomac, ma rotule ou ma mâchoire comme Philippe Lançon le 7 janvier 2015 ? J'ai parlé à Alina de J.D. Salinger, qui a rencontré Hemingway dans ce bar où nous étions, fin août 1944 : « Écoute, ces deux génies ont vu des horreurs bien pires que tout ce qui peut se dérouler au-dessus de nos têtes. Et ils s'en sont sortis. » Alina n'a pas été rassurée, mais évoquer la guerre de Salinger m'a aidé, d'une certaine façon. Il ne fallait pas réagir en victime mais en soldat. Mon téléphone ne captait rien alors que celui d'Alina passait très bien. Je tiens à le spécifier par écrit : en cas d'attentat, mieux vaut être abonné à Orange qu'à SFR. Je lui ai demandé de mettre son portable en mode silencieux. Elle a alors envoyé un sms à son mari.

« Je suis au Ritz avec Frédéric. Qu'est-ce qui se passe ? »

Son mari n'a pas tardé à répondre :

« Je ne comprends pas... »

Effectivement, le premier sms n'avait guère de sens. Il est assez inhabituel qu'une épouse demande à son mari pourquoi elle est à l'hôtel avec un autre homme. Alina a renvoyé deux sms plus clairs.

« On est enfermé dans les toilettes, il y a des détonations partout. »

« Et des gens armés qui sont entrés. »

Son mec a alors compris qu'elle ne blaguait pas.

« Aucune info, tu peux parler ? »

« Non, je capte mal. Tu peux appeler la police ? Surtout n'appelle pas l'hôtel, je ne sais pas ce qui se passe, il y a peut-être une prise d'otages. »

« J'appelle la police. Restez à l'abri surtout. »

La playlist de « Christmas songs » avait enchaîné sur *Let it Snow* par Frank Sinatra. Le décalage entre cette comptine pacifique et les détonations de flingues donnait l'impression d'habiter un film de Tarantino.

*« Oh the weather outside is frightful*
PAN PAN PAN
*But the fire is sooo delightful*
PAN PAN
*Since we've no place to go*
PAN PAN PAN PAN
*Let it snow, let it snow, let it snow »*

Je ne sais plus combien de temps nous sommes restés enfermés au sous-sol. Un quart d'heure ? Vingt minutes ? Nous étions assis par terre. Nous ne parlions plus beaucoup. Nous attendions des nouvelles. Nous voulions qu'on nous oublie mais aussi qu'on ne nous oublie pas. Nous n'avions qu'une interrogation, non formulée mais pensée très intensément : que faire si les détonations se rapprochaient ? Les oreilles fonctionnent mieux dans ces situations : on guette le moindre pas, le premier frottement, toute bribe sonore.

Je répétais à Alina comme une sorte de mantra : « T'inquiète pas, tout va bien se passer : je suis immortel. » J'ai même évoqué, brièvement, la possibilité d'un hold-up. « Si c'était un attentat, ils auraient tiré tout de suite en entrant dans le bar. C'est peut-être un simple braquage. » Alina continuait de scruter son téléphone. Soudain, un sms de son mari :

« J'ai eu le cabinet du préfet. C'était un vol à main armée. C'est fini, ils sont neutralisés. Ne bougez pas encore. »

Cher Christophe Ono-dit-Biot, sache je t'ai aimé tendrement à ce moment-là, presque autant que ta femme. Nous avons encore attendu quelques minutes, puis j'ai retiré mes chaussures et entrouvert la porte. Alina disait « Non, n'y va pas ! » mais je voulais me rattraper, en jouant les Bruce Willis. En haut de l'escalier, je suis tombé sur un homme en uniforme avec le mot « Police » inscrit dans le dos. Lui n'a pas vu Bruce Willis mais un grand froussard en chaussettes, tenant ses chaussures à la main, qui chuchotait en tremblant :

— M'sieur, M'sieur, c'est fini ?

— Oui, c'est bon, vous pouvez remonter.

Je suis redescendu chercher Alina. Planquée dans les toilettes mitoyennes, la serveuse qui avait donné l'alerte venait de sortir de sa cachette, elle aussi. Nous sommes tous les trois remontés dans le bar, enjambant des débris de verres, apercevant les vitrines cassées, et un homme allongé au sol, en train d'être soigné dans l'entrée de la rue Cambon. Impossible de distinguer s'il s'agissait d'un flic ou d'un gangster : ils portent les mêmes cagoules noires. Au bar Hemingway, nous sommes tombés sur quatre Américaines blondes qui finissaient une bouteille de champagne, au milieu des policiers et des éclats de verre. À l'extérieur, la rue était barrée ; des caméras de télévision étaient parquées derrière des barrières de sécurité. La porte du bar avait été fracassée à coups de hache. Colin Field était parti juste avant l'attaque : le mardi est son jour de congé. Nous avons plaisanté avec l'autre barman : cela ne pouvait pas être une coïncidence, Colin était forcément le cerveau du casse du Ritz. LOL. La meilleure chose à faire était de finir nos verres. Mon Moscow Mule piquait le nez. J'ai dit à la serveuse :

— Il est très pimenté votre cocktail !

Tous les rescapés ont gloussé, pensant que je blaguais. Aux États-Unis existe une célèbre blague de ce genre sur l'assassinat de Lincoln durant une pièce de théâtre : « *Other than that, Mrs Lincoln, how was the play?* » (« Et à part ça, Madame Lincoln, comment était la pièce ? »)

J'ai tendu mon verre à la serveuse pour qu'elle le goûte. Mais elle m'a répondu très poliment : « Le chef ne rate jamais ses cocktails. Ce qui vous pique le nez, Monsieur, ce sont les gaz lacrymogènes. »

Cette histoire finit bien : le Ritz ne m'a pas fait payer l'addition.

# Lettre à mon futur fils

Cher Léonard, je suis à Lausanne en attente de ta naissance. Ta mère étant à moitié suisse, j'ai bien peur que tu ne sois pas pressé d'arriver. D'ailleurs le troisième héritier du prince William t'a pris de vitesse lundi dernier. N'étant pas roi d'Angleterre, c'est vrai qu'il n'y a pas le feu au lac. En attendant ta venue, je t'ai écrit un poème. Il s'agit d'un honteux détournement de *If* de Rudyard Kipling.

Si tu peux voir une attaque à main armée
Sans être lâche ni ridicule,
Au bar du Ritz, un soir de janvier
Avant de finir ton Moscow Mule ;

Si tu peux tomber amoureux comme un fou
Sans insister lorsque l'amour te repoussera ;
Si tu connais le prix de tout
Et la valeur de ce qui ne s'achète pas ;

Si tu peux tondre ta pelouse en buvant de la bière,
Nouer une cravate sans regarder ta glace,
Te réveiller à côté de la même femme, été comme hiver
Sans flipper comme un gros dégueulasse ;

Si tu peux jouer au tennis un lendemain de teuf,
Si tu peux lire en entier des romans de Le Carré
Jouer au strip poker devant les plus belles meufs,
Et quand t'as une paire, faire croire que t'as un carré ;

Si tu sais admirer le soleil qui se couche
Sans proférer de bêtises métaphysiques,
Éviter de raconter tes rêves avec ta bouche
Et ne jamais poster de tweets politiques ;

Si tu sais tuer une araignée
Et même des insectes bien pires
Si tu sais porter les valises sans râler
Et, sans agressivité, faire rire ;

Si tu sais lire les journaux sur papier
Et régler ton rétroviseur
Si tu sais cuisiner un magret
Et regarder le ciel pour donner l'heure ;

Si tu sais aimer sans tromper,
Et partir avant de mentir,
Être fidèle sans t'emmerder,
Et donner du plaisir avant de jouir ;

Si tu n'es jamais violent mais toujours fort
Si tu sais que le courage est de savoir dire non
Mais avant tout de reconnaître ses torts
Et aussi de dire aux cons qu'ils le sont ;

Et si à ton tour tu te retrouves père
Dans trente ans s'il te plaît, je ne suis pas pressé
Il faudra que tu saches fixer des repères
Mais surtout changer les couches sans stresser ;

Alors tu seras digne du sexe masculin
Et tu seras le roi du *french kiss*
Quand tu seras viril tout en restant féminin,
Tu seras un homme, mon fils.

# Mélancolie de la victoire, Moscou, le 15 juillet 2018

Je dois admettre que je suis verni. C'était la première fois de ma vie que j'allais voir un match de football dans un stade. Et c'était la finale de la Coupe du monde. Et la France a gagné.

Le match avait pourtant très mal commencé. Je n'avais plus d'ongles tant j'ai eu peur durant une première mi-temps étrange. Dans la loge où j'étais invité, un maître d'hôtel insistait pour me servir continuellement de la vodka glacée. Je vous assure que c'est éprouvant de voir un match dans des conditions aussi brutales. L'auteur de cet article a la voix enrouée. Mais ce n'est pas le breuvage local qui m'a coûté mes cordes vocales, c'est la frayeur. J'avais un drapeau français noué autour du cou, qui me tenait chaud. La moiteur de l'air annonçait l'orage. Je comprends enfin le sens du verbe « s'époumoner ». Les joueurs sur la pelouse sacrifiaient leurs poumons autant que les supporters français, pourtant nettement minoritaires. Non loin de moi, 300 supporters croates criaient « Croatia » à chaque fois que je beuglais « Allez les Bleus », comme un écho amplifié et déformé. Ils n'avaient pas l'air commode ; je me suis même demandé s'ils ne me prenaient pas pour un Serbe. Il y avait de l'électricité dans l'air. À un moment, les Pussy Riots ont ajouté un zeste de punkitude moscovite sur le terrain. Il faudra que je pense à leur envoyer un bouquet de fleurs dans leur camp de travail en Mordovie. Honnêtement, vu des gradins, le début de ce match oscillait entre le génie divin et la blague potache. Si la France avait gagné 2/1 sur un *autogoal* et un *videopenalty* (comme ils disent ici), la victoire aurait manqué de panache. Notre gardien de but a eu la courtoisie de rendre un point à l'adversaire. Je ne suis pas spécialiste de sport mais je m'étonne que personne n'ait salué le geste de Hugo Lloris, sans nul doute le plus fair-play de toute l'Histoire du football mondial : la France ne voulait pas d'une petite victoire à l'arraché. Ce sont les buts spectaculaires de Pogba et Mbappé qui ont donné à cette rencontre tout son panache. Dieu que la victoire fut belle sous le déluge. L'orage qui grondait depuis la mi-temps a explosé juste après le coup de sifflet final. Nous étions tous trempés jusqu'aux os. Le bain de foule est devenu un bain tout court. Des fleuves nouveaux sont nés aux abords du stade. Les Russes ont offert à Emmanuel et Brigitte Macron la piscine dont ils rêvaient à Brégançon.

Cependant, quelque chose me manquait pour savourer la victoire. Quand on est sur place, dans le stade, on comprend moins ce qui se passe que devant sa télé. Les joueurs sont loin, on ne voit leurs visages qu'épisodiquement, sur des écrans géants, mais sans entendre les commentaires émus de Lizarazu. J'ai confié mon amertume à Olivier Guez, envoyé spécial d'un journal concurrent, qui m'a dit : « Tu ne le savais pas Frédéric ? Les loges sont le pire endroit pour apprécier un match ! » Les prix Renaudot sont vraiment des enfants gâtés. Le public du stade étant majoritairement russe et croate, la joie semblait disséminée. J'étais groggy, je me sentais seul au milieu de la foule indifférente, devant une équipe de fourmis qui s'étreignaient sur une pelouse verte. Certes, mes amis russes me congratulaient gentiment, et même les Croates avaient renoncé à me trucider. Mais tous les Français qui étaient présents au stade Loujniki pourront témoigner de cette étrange sensation : crier « On est les champions » est très frustrant devant des gens qui ne le sont pas. Soudain j'ai compris ce que le foot provoque : une envie d'être français, non par chauvinisme crétin, mais par peur physique de la solitude. En pleine mélancolie du gagnant, je me suis précipité à l'ambassade de France, la maison Igoumnov, un bâtiment de briques rouges, rue Bolchaïa Iakimanka. C'est là que l'osmose s'est produite. La fraternisation était totale. Une marée bleue-blanche-rouge déferlait en plein centre de Moscou. Les visages étaient mouillés mais pas à cause de la pluie : tout le monde pleurait. Des grappes de patriotes dérivaient sur des océans de bière, au milieu des buffets servis dans les jardins de la résidence. Des écrans géants montraient l'avenue « Deschamps-Élysées » en liesse. Des filles en maillot bleu dansaient avec des garçons déguisés en Napoléon. C'était débile d'être aussi beaux, beaux parce que contents d'être débiles, de chanter sans avoir rien fait, à part regarder des joueurs gagner un jeu. Ce qui se déroulait là n'était pas du nationalisme franchouillard mais le bonheur à l'état brut, incompréhensible et irrationnel. À la fin de *L'Humeur vagabonde*, en 1955, Antoine Blondin définit son utopie : « Un jour nous abattrons les cloisons de notre prison ; nous parlerons à des gens qui nous répondront ; le malentendu se dissipera entre les vivants. » Et il conclut par cette phrase célèbre : « Un jour nous prendrons des trains qui partent. »

Je comprenais enfin ce que Blondin voulait dire. La joie n'existe pas tout seul, il faut la partager, sans quoi elle ne sert à rien. Le 15 juillet 2018, à Moscou, j'ai senti mon pays vibrer à l'unisson. Être fier de sa patrie permet de se rapprocher des autres.

Ensuite, j'ai pris un avion qui rentrait.

# Jours tranquilles à Neuilly

Un jardinier en salopette taille les haies de lauriers avec un sécateur rouge. Le 8 mai 1968, j'ai deux ans et demi ; j'habite une maison avec parc dans un quartier résidentiel bourgeois de la banlieue ouest de Paris. Je pédale sur un tricycle rouge autour d'un chêne centenaire. J'apprends les règles du croquet : à l'aide d'un maillet, il faut faire passer une boule en bois à travers des arceaux, mais mon frère semble plus enclin à viser mes tibias. Ma nurse allemande se prénomme Ann-Gret ; après une adolescence militante dans les Jeunesses hitlériennes, suivie d'une grosse déception militaire, elle s'est réfugiée chez nous avec son loden vert et son chignon gris. Elle promène Charles et moi autour de la mare Saint-James. Nous jetons du pain de mie aux canards pour qu'ils sortent de l'eau. Les marronniers de l'avenue de Madrid sont en fleurs. La brise emporte les pétales blancs dans les airs, comme s'il neigeait au printemps. Les rues et les jardins de Neuilly-sur-Seine sont blanchis par le pollen qui colle à la rosée ; certains résidents allergiques sont pris de quintes de toux. Un policier en képi siffle quand des garçons en culotte courte jouent au football sur la pelouse interdite. Ce sera la seule infraction notable de la journée. Un homme portant un chapeau blanc pêche dans le lac ; je n'avais jamais imaginé qu'il puisse nager des poissons dans cette eau croupie. Je m'allonge sur le gazon pour regarder le soleil à travers les feuilles des arbres. Les rayons s'infiltrent entre les branches remuées par le vent. Quelques nuages cotonneux glissent dans le ciel comme les cygnes sur le lac. La surface de l'eau brille tant qu'elle pique mes yeux. Sous mes paupières, la lumière forme des arabesques orange et turquoise. J'appuie mes poings sur mes yeux fermés pour transformer les phosphènes en losanges psychédéliques qui me tournent la tête. Je n'entends que le chant des oiseaux, les rires d'enfants et les cris des nounous qui appellent des prénoms en anglais, allemand et français avec l'accent espagnol.

Ce matin, mon père a mis une cravate pour aller travailler dans son bureau aux Champs-Élysées ; ma mère nous attend à la maison en jupe écossaise. Je croque un morceau de pomme, je souffle sur un pissenlit pour envoyer ses pistils dans les airs, comme la figurine dessinée sur le dictionnaire Larousse, qui « sème à tout vent ». Au Jardin d'Acclimatation, je tourne sur des chevaux de bois. Les platanes et les pins deviennent mobiles. Les barques sur le lac, les voitures décapotables et Ann-Gret disparaissent de mon champ de vision, puis reviennent, puis disparaissent, et réapparaissent. Je voyage, immobile dans l'odeur de gazon coupé. Devant moi, Charles sur son cheval blanc est le seul point fixe ; le reste du monde défile à toute vitesse sur fond d'orgue de barbarie. Les troncs d'arbre dansent, un vendeur de glaces arrive et repart, des massifs de roses jaillissent avant de s'évanouir. Lorsque le manège s'arrête, je réclame de l'eau. Ann-Gret me tend mon biberon. Une guêpe vrombit près de mon oreille. Je cours pour lui échapper. Pris de frayeur, Charles recule de trois pas et se cogne la tête contre le grillage des autos-tamponneuses. Ann-Gret le gronde alors qu'elle devrait souffler sur sa bosse. Charles pleure ; nous rentrons à la maison qui se situe à cent mètres. De ma poussette, je vois la cime des marronniers qui forme un toit : les feuilles vertes sont des pointillés abstraits qui clignotent dans la blancheur. Le ciel est traversé de tourterelles qui fuient – on les comprend : le Tir aux pigeons est proche. Les roues à rayons du landau émettent un cliquetis rassurant sur le trottoir de la rue de la Ferme. Le bois de Boulogne est une forêt magique parsemée de grottes, de châteaux, de chevaux, de jardins multicolores, de montagnes russes, de grandes cascades et de bosquets remplis de statues, arrosés par des jets d'eau.

Notre maison est protégée par une grille surmontée de pointes vertes. À la télévision, les actualités en noir et blanc annoncent l'intronisation de Monseigneur Marty, nouvel archevêque de Paris, portant la mitre et la crosse en la cathédrale Notre-Dame, puis des échauffourées entre la police et les étudiants devant le café-tabac Le Cluny, à l'angle des boulevards Saint-Michel et Saint-Germain (mais le reportage ne diffuse pas le son des explosions). Cinquante ans plus tard, je sais qu'Alain Geismar a pleuré ce jour-là rue Saint-Jacques, pas seulement à cause des gaz lacrymogènes, mais parce qu'en ce 8 mai 1968, à la suite d'une négociation secrète avec le gouvernement, les étudiants de la Sorbonne ont failli renoncer à la révolution, avant de se raviser dans la soirée. Ce fut « une journée de doute et d'amertume ». Tous les mouvements sociaux traversent ces moments d'incertitude, où la tentation de renoncer alterne avec l'envie de tout foutre en l'air. Par exemple, à l'heure où j'écris ces lignes, cinquante ans plus tard, les cheminots en grève hésitent comme ce jour-là, quand j'avais deux ans et demi, entre la résignation et la colère. « C'est l'heure de la sieste », dit maman. Or je ne veux pas dormir. Dans mon petit lit à barreaux, je sanglote en regardant le réverbère de la rue qui me rappelle l'allumeur du *Petit Prince*, dont j'écoute souvent le disque, lu par Gérard Philippe : « à mille miles de toute terre habitée... J'étais bien plus isolé qu'un naufragé sur un radeau au milieu de l'océan ». Je pleure de rage et de haine impuissante. Je veux jouer avec mon frère. Je veux encore un câlin de ma mère. Je ne veux pas être traité comme un bébé. Je suis un grand garçon, merde : pas question de dormir à 14 h 30 ! La porte de ma chambre est fermée. Ma mère est redescendue dans le salon, Ann-Gret ne viendra pas (elle ne cède jamais), Charles s'est endormi. Après cinq minutes de furie solitaire à m'égosiller pour rien, je cesse de couiner. Je contemple encore un peu le mobile qui tremble au-dessus de mon lit d'enfant, dont la boîte à musique a arrêté d'interpréter en boucle la *Petite Musique de Nuit* en plein jour. Je distingue un morceau de ciel bleu par la fenêtre. Je sèche mes larmes et j'arrête de gigoter en vain. J'appuie sur mes paupières pour faire apparaître de nouvelles visions géométriques, qui vont progressivement se transformer en rêve. C'est la première fois que je renonce à la révolution, mais pas la dernière.

# Ma première fiction

Robert McLiam Wilson m'a demandé d'écrire une nouvelle de fiction pour *Charlie Hebdo*. Voilà une phrase doublement classe. Déjà, être contacté par l'auteur d'*Eureka Street*, c'est mieux que de recevoir la médaille de chevalier des Arts et des Lettres comme Douglas Kennedy. Quant à écrire dans *Charlie*, comment refuser un tel honneur ? Je m'étais d'ailleurs porté candidat le 8 janvier 2015 auprès de Marie Darrieussecq, ayant entendu dire qu'il y avait quelques places vacantes. Mais écrire dans *Charlie*, c'est comme entrer à l'Académie française ou prendre un trait de cocaïne : on ne réclame pas, on ne refuse pas, on ne s'en vante pas. C'est pourquoi je considère l'e-mail de McLiam Wilson comme l'apothéose de ma carrière littéraire. Une sorte de consécration mondaine, analogue à celle de J.D. Salinger quand il est entré au *New Yorker* en 1946. Être publié par *Charlie Hebdo* permet d'avoir le beurre et l'argent du beurre : tu passes à la fois pour un héros et un punk à chien. En fait, mon seul problème avec la proposition de Bob, c'est la « nouvelle de fiction ». N'ayant aucune imagination, je n'ai jamais écrit de fiction de ma vie. Je veux bien essayer mais depuis deux semaines, je cherche, je me gratte la tête, je soupire en mâchouillant le bouchon de mon feutre, je creuse les rides de mon front comme un député LREM entendant ces deux mots : « Alexandre,

Benalla. » Quelle histoire pourrais-je bien inventer dans un journal aussi satirique ? Il me semble que la fiction chez *Charlie* ne peut pas faire abstraction de l'épouvantable histoire de ce journal. L'endroit où l'on écrit déteint sur ce qu'on écrit. Par exemple, mon style n'est pas le même quand j'écris dans *Le Figaro Magazine* ou quand j'écris dans *LUI* : dans le premier organe, j'ai remarqué que j'employais moins souvent le mot « cambrure ». Comment rédiger une fiction dans *Charlie Hebdo*, un journal qui n'a jamais fait que déconner avec la réalité ? Robert me demande une fiction alors qu'il n'y en a jamais une seule dans son canard, abruti d'Irlandais de mes deux ! Même quand *Charlie* organise un concours de nouvelles auprès de jeunes de moins de 22 ans, les gagnants ne racontent que des histoires vraies. Arrêtez de demander aux autres ce que vous êtes incapables d'écrire vous-mêmes ! Je suis fier de désobéir au journal le plus désobéissant. Ce texte va confirmer ce que nous savons depuis Jean-Jacques Rousseau, à savoir que la non-fiction est le gage de la littérature de qualité. De toute façon, que peut comprendre à Rousseau un alcoolique belfastois qui croit sincèrement que James Joyce est un écrivain important ?

Donc mardi dernier, me voilà parti à la rédaction de *Charlie Hebdo* pour exposer mon point de vue à Robert McLiam Wilson. Il m'a donné rendez-vous à midi. Les contrôles de sécurité à l'entrée du journal le plus menacé au monde sont plus fastidieux que dans un aéroport israélien. Tout d'abord vous devez présenter une pièce d'identité à un gendarme du GIGN casqué, passer un détecteur de métal, vider vos poches, être palpé par un autre policier encagoulé. Puis on vous remet un badge à code-barres qui ouvre un sas automatique. Là, un autre portique effectue votre échographie par scanner, une nouvelle porte blindée se débloque et trois cerbères à oreillettes Bluetooth vous accompagnent dans une salle éclairée au néon. Ils vous posent alors tout un tas de questions, pendant qu'un chien vous renifle les couilles.

— Que venez-vous faire à *Charlie* ?

— Un de leurs collaborateurs m'a commandé un texte.

— Sur quel sujet ?

— Je l'ignore.

— Vous ignorez de quoi vous allez parler ?

— Oui.

— Mmm. Et comment s'appelle le journaliste qui vous commande d'écrire sans savoir sur quoi ?

— Robert McLiam Wilson.

— Je suis désolé mais son nom ne figure pas sur l'organigramme du journal.

— Non, il est pigiste, chargé de recruter des signatures externes.

— Un étranger ?

— Oui. Il est irlandais.

— Ouh la la.

— Ne vous inquiétez pas, il n'habite pas à Vincennes.

Cette fine allusion à une vieille affaire d'État fit un bide monumental. Ces gendarmes étaient nés bien après le règne de François Mitterrand. Le berger malinois – probablement toxicomane – fourrait sa truffe dans mon jean Notify. J'ai enchaîné :

— Pourquoi êtes-vous si inquiets ?

— Ce journal reste visé par une centaine de fatwas internationales. En outre, la DGSE a identifié un projet de nouvel attentat qui serait perpétré par un faux journaliste infiltré. Nous avons de bonnes raisons de penser que le *modus operandi* serait de faire exploser un chroniqueur extérieur... Quelqu'un comme vous.

— Vous dites ça parce que je suis barbu ou parce que j'ai une tronche de suicidaire ?

— (Silence) Nous n'avons pas le temps de plaisanter.

— Je vous rappelle que *Charlie Hebdo* est un hebdomadaire à but comique.

— Nous sommes chargés de sécuriser la satire française sans la pratiquer.

— Je comprends. La frivolité est une affaire sérieuse.

Deux fonctionnaires de police se tenaient face à moi : un moustachu debout et un glabre assis. Le glabre assis portait un gilet pare-balles et me scrutait silencieusement. Je sentais qu'il avait une question à me poser, une question qu'il avait préparée depuis un bon moment et dont il savourait à l'avance l'effet qu'elle allait provoquer. Il s'est lancé :

— Monsieur Beigbeder, vous écrivez sur un ordinateur ?

— Oui.

— Vous avez la Wi-Fi chez vous ?

— Tout à fait.

— Alors pourquoi avez-vous besoin de venir physiquement dans les locaux pour remettre votre papier ? Vous n'avez pas entendu parler de l'existence des e-mails ? Ou bien cette nouvelle technologie est-elle trop moderne pour vous ?

Là, son collègue moustachu a pouffé dans ses poils. Il tenait un taser dans la main droite et la laisse du chien dans la main gauche.

— Waow. Vous êtes fort, ai-je rétorqué. Eh bien, je travaille à l'ancienne, voyez-vous. J'appartiens au monde d'avant, celui des conférences de rédaction, des déjeuners en ville, des rendez-vous où l'on parle des trucs qu'on va écrire la nuit d'après... Je ne suis pas inscrit sur les réseaux sociaux, je déteste parler au téléphone, et les sms me font mal aux doigts. J'ai besoin de contacts humains, les yeux dans les yeux. Les rédacteurs en chef sont mes muses. Ils m'inspirent. Sans conversation préalable, l'écriture journalistique perd tout son sel.

— Et vous voulez lui parler de quoi au juste, à l'Irlandais ?

— Je voulais lui demander ce qu'il avait contre l'autobiographie.

— Ah je vois. Vous n'avez pas d'imagination et vous voulez prévenir le journal que votre nouvelle sera un exercice de nombrilisme parisianiste ?

— Exactement.

— Vous êtes le troisième depuis ce matin.

Cette fois, j'avais mis dans le mille. Les flics semblaient convaincus de ma sincérité. Le moustachu a rangé son taser ; le glabre a rangé son pistolet-mitrailleur ; le chien a rentré sa langue dans ses babines. L'entretien avait duré environ vingt minutes. Finalement, les gardiens du temple ont passé un coup de téléphone à la rédaction et choisi de me laisser entrer, à condition de m'accompagner jusqu'au bureau de Bob. J'avais l'impression d'être devenu Tom Cruise dans *Mission impossible*. Il y avait trois digicodes différents à composer pour accéder au dernier étage, où nous devions franchir un long couloir métallique, strié de rayons lumineux rouges. L'un des officiers de sécurité désactivait les lasers par reconnaissance de son iris : il exposait sa rétine dans une guérite holographique avant de nous laisser passer. Au fond d'un corridor en métal noir uniquement éclairé de diodes électroluminescentes bleutées, j'ai reconnu Robert qui jouait aux fléchettes en visant un portrait de Boris Johnson. En me voyant, il a grimacé, puis planté une aiguille sur le gros nez de l'ancien maire de Londres.

— *Yeah! Ten points!* Qu'est-ce que tu fous là, Freddy ?

— Bonjour aussi, Bob.

L'auteur de *Ripley Bogle* a fait signe aux *bodyguards* de me lâcher les deux bras.

— N'ayez crainte, ce garçon est sans danger. Malgré tous ses efforts pour avoir l'air d'un *bad boy*, ce n'est qu'un bourgeois noctambule incapable de faire du mal à autre chose que ses narines.

Il a saisi une bouteille de Jameson dix-huit ans d'âge.

— Combien de glaçons dans ton whiskey, *Darling* ?

— Robert, je te rappelle qu'il est midi.

— Tu vieillis. *Cut the bullshit.* Qu'est-ce qui te prend de venir me déranger à Fort Knox ? Tu as terminé ta fiction ?

— Oui.

# Remerciements à

*CHARLIE HEBDO*
*ÉGOÏSTE*
*ESQUIRE* (Russie)
*FEMMES*
*LE FIGARO MAGAZINE*
*FRANCE INTER*
*GQ*
*ICON* (Espagne)
*INTERVIEW* (Allemagne)
*LIBÉRATION*
*MADAME FIGARO*
*LE MONDE*
*LIRE*
*LUI*
*LA REVUE DES DEUX MONDES*
*TRANSFUGE*
*VOGUE*
*VOICI*

# Table des matières

*Composition et mise en pages*
*Nord Compo à Villeneuve-d'Ascq*

CET OUVRAGE
A ÉTÉ ACHEVÉ D'IMPRIMER
SUR ROTO-PAGE
PAR L'IMPRIMERIE FLOCH
À MAYENNE EN OCTOBRE 2018

N° d'impression : 93281
*Imprimé en France*